やわらかアカデミズム
〈わかる〉シリーズ

よくわかる
歴史社会学

佐藤健二/野上 元/祐成保志
[編著]

ミネルヴァ書房

はじめに

■よくわかる歴史社会学

　書名のとおり，本書は歴史社会学の入門書・教科書です。ただ実は，歴史社会学の入門書・教科書というのはこれまであまりありませんでした。ですので本書を手に取ってくださった読者のためにも，ここではまず，次のふたつのことを説明しておく必要があるのではないかと思います。それはつまり，これまで歴史社会学の入門書・教科書があまりなかったのはなぜか，そしてそれを踏まえ本書がどのような狙いで編まれたかということです。

　前者については，「歴史社会学」にはたんに「歴史的な視点を重視する社会学」というくらいの意味しかなかったから，という答えがありえます。この定義にしたがえば，歴史社会学は社会学のひとつの「分野」を名乗るほどの独自性をもたず，社会学という学問にある「傾向」のひとつということになるでしょう。そうであれば「歴史社会学」という名乗りにはあまりこだわらず，とにかく社会学すればよろしいということになるかと思います。歴史社会学の入門書・教科書は必要なく，社会学一般，あるいは家族，都市，文化といった分野の教科書における歴史的な視点の解説があれば十分だということになるでしょう。

　もちろん歴史研究を進めるためには，たとえば歴史資料をめぐる独自のノウハウが必要です。けれども，歴史研究を進めるためのノウハウを得たいというだけであれば，むしろ社会学の一分野の教科書としてそれを提示するよりも，過去を扱うことを学問としてのアイデンティティとしている歴史学による歴史研究の入門書（たとえば松沢裕作・高嶋修一編『日本近・現代史研究入門』岩波書店，2022年）のほうが参考になるのではないかということがあります。これも「あまりなかった」消極的理由として挙げられるでしょう。

　そうしたことがあり，数少ない試みを除き，これまで歴史社会学の入門書・教科書はあまり編まれてこなかったように思います。たとえば筒井清忠編『歴史社会学のフロンティア』（人文書院，1997年），筒井清忠編『日本の歴史社会学』（岩波書店，1999年）などは数少ない試みにあたると思います。この2冊の試みは，社会学の古典を参照することで確保される歴史的視点の重要性，およびそこから社会学各領域の歴史研究に進むことの必要性をそれぞれ示唆しています。

　さらにもう1冊，筒井清忠編『「近代日本」の歴史社会学』（木鐸社，1990年）には「近代化」をめぐる社会構造と精神構造（心性）の変容を捉えるという問題意識が提示されています。1990年代くらいまでの日本の社会学には「（日本型）近代化を捉える」という共通の課題がありましたので，ここでいう「歴史社会学」とはむしろ社会学一般を指していたといえるわけです。逆に言えば

i

「近代化」を論じるという共通課題のもと，歴史的な視点の必要性に関しては暗黙のうちに共有されていたわけです。

　ただ，いつしか「近代化」を捉えるという共通課題は消え，さまざまな社会学的な関心による歴史研究の簇生という現状に至っています。個別のテーマにおいては社会学の各分野の問題関心に応じた歴史研究が進められていますが，主流としての「近代化論」が消えた後，社会学における歴史研究の必要性の是非はうまく示されていません。これが，歴史社会学の入門書・教科書がこれまであまりなかったことをめぐる状況です。

　少し視点を変えてみましょう。本書はどのような狙いで編まれたか，ということです。

　社会学は，社会調査を実施する学問です。インタビュー調査や参与観察，あるいはアンケート調査によって，社会学的な問題関心に基づいた同時代社会への認識を深めようとします。特に「社会調査士」資格の制度化以降，社会調査法の入門書・教科書の充実にはめざましいものがあります。

　ですが，そこには大きな穴があるように思えます。それは，「過去の社会についての社会調査はどのように行えばよいのか」というものです。社会学にはその古典より現在に至るまでの歴史研究の蓄積があるのに，なぜかそれが社会調査という枠組みからは外されてしまった現状があるようにみえます。歴史的な視点から社会学の探究を進めてきた人間からすると，調査される社会が「現在」だけになっていることには違和感を覚えます。過去の社会も，「調査」されるべき対象であろうと。本書はそこを補完するものです。つまり本書には，「歴史研究という社会調査の教科書」という狙いもあります。

　それだけではありません。本書は，「なぜ社会学で歴史研究を進めなければならないのか」という問いを出発点にもった「入門書」としても編まれています。「近代化」に限らないさまざまな社会学的な問いを歴史研究において展開することにどのような可能性が孕まれているか。その自由な探究として，多様な「歴史社会学たち」がありうるということを示したつもりです。知識を伝える「教科書」であると同時に，探究の世界へと誘う「入門書」であることもめざしています。

　近代化論的な関心をもつ社会学だけでなく，社会学各領域の関心に基づいた歴史研究が数多くあり，さらに「社会（学）とはなにか？」を歴史研究において問い直す探究も加わり，歴史社会学はまだまだ輪郭のはっきりしない研究分野です。そこには「探険」しかありませんが，その拠り所となるのは「歴史資料」であり，そこに関わる「調査」という身体的な実践であることは動かしようがありません。そしてここでいう「歴史資料」の範囲は歴史学が扱う史料より遥かに広大であり，歴史研究も「社会調査」であると主張することの意味は社会学にとって無視できないものでしょう。本書はそのことを遂行的に示そう

はじめに

＊　＊　＊

Ⅰ章「歴史社会学への招待」は執筆者たちがそれぞれの歴史社会学をどのように展開してきたのか，いわば歴史社会学の「育て方」を解説しています。あらかじめ定まった入口や順路があるわけではなく，自らの問題関心と理論的な研究対象と入手可能な資料をめぐって，独自のルートを切り開くことの重要性と魅力が語られます。

Ⅰ章が個々の研究者ごとの〈多様性〉を強調するのに対して，Ⅱ章「歴史社会学入門」は歴史社会学の方法としての〈共通性〉を論じます。そもそも社会学とはどんな学問なのか，歴史社会学と歴史学はどこまで同じで，どこが違うのか，歴史社会学は資料に対してどのように向かい合うのか，そして歴史社会学はどのように資料と出合うのか，といった主題が扱われます。

Ⅲ章「歴史社会学的想像力の諸相」は，再び歴史社会学の〈多様性〉に焦点をあて，そのアプローチの広がりを伝えることをめざしています。身近にあるモノやありふれた出来事に含まれた歴史を，想像力を駆使して読み解き，「社会」としか呼びようのない力の作用を明らかにする作業の面白さを感じてもらいたいと思います。

Ⅳ章「さまざまな歴史資料・データ」は歴史社会学の〈共通性〉に着目して，基礎的な資料・データについて解説します。歴史社会学は印刷物や文書を重視してきましたが，映像やデジタルデータ，そして過去の社会調査を見逃すことはできません。さらに，語りを記録して資料を作り，残すことも歴史社会学の重要な役割です。

Ⅴ章「歴史社会学の世界」は歴史社会学の古典として読み継がれるべき書物を紹介するブックガイドです。ここで取り上げた研究は，社会学の初志に込められた歴史的な視点，1970年代以降の社会史が与えたインパクト，日本の実証的な社会学における歴史研究，現代社会論としての歴史社会学という観点から選ばれた書物で，歴史社会学の〈多様性〉を体現しています。

歴史社会学の〈多様性〉と〈共通性〉を縒り合わせるように進んできた本書は，Ⅵ章「収集・分析をはじめる前に」で両者を取り結ぶべく最後の着地を試みます。研究を駆動する問い，「データの質」の解読，「代数学／幾何学／博物学」という3つのアプローチ，「構造」の把握の重視と「個」への注目の両立，そして歴史社会学とはなにか，といったテーマが論じられます。

＊　＊　＊

本書は次のような読者を想定しています。

一番数多いものと予想されるのは，社会学に興味をもちながら，特に過去の

社会や現象に興味がある人，社会の変化あるいはその現在における「あらわれ」に興味がある人でしょうか。本書に取り組むことで，社会学という「窓」から多様な視点で過去・歴史をみることができるようになると思います。広がった視点からさらなる探究に進むためのブックガイドの機能も本書はもっています。

　特に，卒論執筆を考え始めた3〜4年の学部生も主要な読者として想定しています。卒業論文であれば，好きなことをテーマにして書いていいはずです。社会学する楽しみ，「調べて書く」楽しみを存分に味わいたいのであれば，歴史社会学においてはどんなテーマでも可能なこと，つまり歴史社会学的想像力の自由さをまずは本書から読み取ってほしいと思います。そして自由さを満喫しながらも，なぜあなたのもつ問いやテーマが歴史的な研究で進められなければならないかについても少し考えてみてほしいのです。同時代を調査していれば十分である（かもしれない）社会学が，なぜ過去の探究を必要とするのでしょうか。そのテーマとの出会い方が固有の鍵になっているはずです。

　また読者のなかには，修士論文という「学術論文」に取り組んでいる大学院生も想定しています。卒論とは違い修論となると，個人的に楽しいので調べているというだけではなく，その探究にどのような社会学的・社会科学的な意義があるのかを説明しなければならないはずです。このあたりは，ちょっと卒論とは違う書き方が求められているはずで，それは大変な苦労だと思います。それでもやはり本書からは，歴史社会学においてはどんなテーマでも可能なこと，その自由さをまずは読み取ってほしいと思います。資料選択やデータの取り扱いについては，より配慮できるようになっているとよいでしょう。あなたの社会学的な問いや分析は，どのような資料のあり方・取り上げ方によるものなのでしょうか。インタビューや参与観察，アンケートといった社会調査に基づく社会学の論文と同じように，「はじめに」や「序章」といった論文の一部分にでも（歴史社会学的な）資料論・データ論を付け加えておくとよいでしょう。

　そして，「単著」をめざすような浩瀚な博士論文（この分野では特にそれが求められるといえるでしょうか）を書かなければならない博士後期課程の院生。個人的な関心だけで突っ走れたのはすでに過去のことになっているでしょうか。社会学的・社会科学的な意義の説明も多少は上手くなっているはずです。それでもなお，どうしてこのテーマで研究をしているのだろうと自問自答が続いているはずです。そんな人も本書は読者として想定しています。そして，やはり本書からは，どんなテーマでも可能なこと，資料・データを探し出すテクニック，そして歴史的資料選択やデータの扱い方を学び取ってほしいと思います。

　もちろん，このような狙いは無視してくださっても構いません。この「よくわかる」シリーズの強みは，見開きで纏められたそのコンパクトさにあります。気になった項目から読んでゆくのもよいでしょう。まとまりの無さはむしろ意

図したものです。とはいえそれゆえに，通読したら「歴史社会学的想像力」のようなものが芽ばえることがあるのではないか，そんな風に考えてもいます。

* * *

　ミネルヴァ書房の涌井格さんには本書に関わる膨大な作業に携わってもらいました。ありえないほど刊行が遅れてしまったのはひとえに編者の怠惰によるところが大きいのですが，そのような状況のなかで粘り強く進行を管理してくださったことには感謝のしようもありません。そして私たち執筆者が集う場を提供し，編者に加わることをご快諾くださった佐藤健二先生。本書が「方法としての歴史社会学」というコンセプトを表現する教科書・入門書に十分なり得ているかは自信がないのですが，そのコンセプトのラディカルさとそれを標準化しようとする本書の試みとのあいだには眼に見えない鋭い対立があり，本書はどこまでもその対立の近似でしかないということを痛切に感じました。佐藤先生の秘書役を長く勤めた湯浅桂さんにも感謝の意を表したいと思います。

　編者である野上と祐成の打ち合わせは，お互いの研究室で延々と続けられました。そのどれもが楽しい時間でした。そして，お互いの研究テーマの来歴をよく知った仲間だけでなく，多くの若い執筆者の協力も得て，歴史社会学の多様性を表現できたことにも感謝したいと思います。

野上　元・祐成保志

もくじ

■よくわかる歴史社会学

はじめに

I 歴史社会学への招待

1 メディアの重層を読む ………… 2
怪物のうわさ

2 音楽文化の歴史社会学 ………… 6
ジャンルが背負う歴史性

3 戦争の歴史／社会学 ………… 10
「社会学の出番」なのか？

4 「心の病」の歴史社会学 ……… 14
メンタルヘルス文化の過去と現在

5 セクシュアリティ ……………… 18
エロに歴史あり

6 家と家族 ……………………… 22
近現代におけるその変容

7 住宅問題の構築史 …………… 26
住まいをめぐる反復と反転

8 つながり社会と無縁社会 …… 30
「無縁」のもつ新しいつながりの可能性

9 祭り ……………………………… 34
世代を超えた継承をもたらす歴史の作用

10 社会学史 …………………… 38
歴史社会学としての社会学史

II 歴史社会学入門

1 社会科学のなかの社会学 …… 42
「意味」を問い，「理解」をめざす学問

2 社会学における歴史分析の
意義 ……………………………… 46
史料にふれて社会を知る

3 歴史社会学における
異文化理解 …………………… 50
「作品」がつなぐ過去と現在

4 歴史社会学の居場所 ………… 54
歴史社会学に／だけにできること

5 資料の生態 …………………… 58
社会学的な歴史資料論／資料のメディア論

6 資料の宇宙 …………………… 62
図書館・文書館というフィールド

III 歴史社会学的想像力の諸相

1 ファミリーヒストリー ……… 66
自分のなかに歴史をよむ

2 裁判記録 ……………………… 68
討論形式で見出される多元的な「過去」

3 消費者／〈消費者〉 ………… 70
消費を問題化する社会記述そのものの
歴史性

4 女性専門職 …………………… 72
近代「女医」の歴史社会学

5 自殺 …………………………… 74
「意志的な死」の成立

6 被害者 ………………………… 76
「同情を寄せるべき他者」に関する規範の
変容

7 摂食障害 ……………………… 78
逸脱的な食行動はなぜ問題化されたか

もくじ

8 趣味 80
概念史からことばの意味を解きほぐす

9 日常生活の観察 82
対象としての大衆／主体としての大衆

10 持ち家と賃貸 84
レジームが生み出す傾斜

11 山車 86
歴史を具象化したコモンズとその作用

12 民謡 88
資本主義と複製技術が再編した
オーラルな文化

13 「時代」 90
社会学の強みを活かすために

14 馬券 92
モノ／メディアの「てざわり」

15 クィア・ヒストリー 94
非規範的な性の歴史をたどる

16 消臭 96
ケアワークの領域の拡大

17 「〇〇力」ということば 98
実在から動態へ

18 科学技術 100
「科学の体制化」と科学技術立国批判

19 養育 102
子の養育とその担い手の歴史性

20 食 104
日常的な営みの共同性とその歴史性

21 論文 106
知識の制度

22 宗教組織 108
信仰運動と組織改革運動のダイナミズム

23 エアコン 110
日常を覆う密閉空間の人工空気

24 ミュージアム 112
近代が生んだパブリックな歴史の場

IV さまざまな歴史資料・データ

1 新聞・雑誌 114
出来事の「語られ方」をとらえる

2 言論・言説 116
思考や認識をめぐる歴史資料

3 芸術文化の資料とは 118
音楽の創作，演奏，流通

4 映像・映画 120
歴史／社会を映す鏡

5 広告・CM 122
時代の価値観を映し出すテクスト

6 インタビュー調査 124
声の背景を聞く・声なき声を聞く

7 組織文書 128
組織の自意識と社会認識

8 地図 130
空間を重視する歴史社会学

9 全集・著作集 132
個人アーカイブのテクスト空間

10 デジタルデータベース 134
デジタル空間で歴史を編む

11 社会調査アーカイブ 136
歴史資料としての調査データ

12 マイクロデータの二次分析 ... 138
計量歴史社会学

vii

V 歴史社会学の世界

1 現在の歴史的探究 …………… *140*
マックス・ウェーバー「プロテスタンティズムの倫理と資本主義の『精神』」

2 比較社会学のファウンダー … *144*
エミール・デュルケム『自殺論』

3 礼儀作法が作り出す支配の構造 ………… *148*
ノルベルト・エリアス『文明化の過程』『宮廷社会』

4 不定形な対象をどうとらえるか ………… *152*
ルース・S. コーワン『お母さんは忙しくなるばかり』

5 空気の管理による社会的区分 *156*
アラン・コルバン『においの歴史』

6 病気のイメージの歴史 ……… *160*
スーザン・ソンタグ『隠喩としての病い』／サンダー・L. ギルマン『病気と表象』

7 家と同族団を軸に伝統都市の200年を描く ………… *164*
中野卓『商家同族団の研究［第二版］』（上・下）

8 組織としての家と宗教 ……… *168*
森岡清美『真宗教団と「家」制度［新版］』『真宗教団における「家」の構造［増補版］』

9 「生と社会」の厚い記述 ……… *172*
内田隆三『国土論』

10 個の人生にあらわれる構造の呪縛 ………… *176*
見田宗介『まなざしの地獄』

VI 収集・分析をはじめる前に

1 「問う」ことからはじまる …… *180*
素材の発掘と問題の構築と

2 資料の社会的存在形態の解読 … *182*
「データの質」の問題

3 資料分析の方法論 …………… *184*
代数学／幾何学／博物学の想像力

4 リストの力 ……………… *186*
全体を観察する作法

5 固有名詞の力をコントロールする ………… *188*
構造変動としての歴史

6 個人をどうとらえるか ……… *190*
「フィールドとしての個人」と「n 次資料」

7 歴史社会学とはなにか ……… *192*
歴史性の厚みにおける再帰性

さくいん

やわらかアカデミズム・〈わかる〉シリーズ

よくわかる
歴 史 社 会 学

I　歴史社会学への招待

メディアの重層を読む
怪物のうわさ

　メディア論は，さまざまな主題の歴史性を論じようとするとき，意外にも有効な視角をあたえてくれる。メディアという概念をどう理解し，いかに使うか。そこにおいて，社会学的な想像力が試される。

　メディアは，一般に情報伝達の媒体を指す。しかし考えるべきは伝達の機能だけではない。なるほど，20世紀にはラジオ・テレビなどによる broad-cast（広範囲に投げること；散布；放送）の機能がしきりに論じられた。19世紀に顕在化したマスコミュニケーションという問題設定のなかで，メディアの「疑似環境」としての特質が現代社会論の核に据えられた。近年ではコンピュータ画面上のサイトや SNS など，ネットワーク上の交信手段もメディアとして論じられる。にもかかわらず，メディアの概念を狭義の通信に関わる情報技術だけで理解するのは，歴史社会学としての用意がやはり不十分である。むしろイニスやマクルーハンが論じたように，人間はいわゆる情報だけでなく，あらゆる技術や物質や環境をメディア，すなわち媒体として活用してきた。移動手段としての車も，武器としての刀や機関銃も，人間の身体そのものも，それを包む服や口紅等々も，じつはさまざまな媒介力をもち，メディアとしてとらえることができる。この視座は，社会学的想像力の可能性それ自体である。

怪物の名前：クダンの考察

　私自身がメディアの理解を自分の分析枠組みと主題のなかで活かしはじめたのは，やがて資料の「社会的存在形態」論へと拡張されていくことになる，流言の研究素材との出合いのなかで，である。

　修士論文のひとつの主題として近代日本の社会意識研究に取り組んでいた頃，戦時下の流言を記録した憲兵隊資料に行きあたった。当時は，その資料のごく一部分しか存在が知られていなかった。埋もれかけていた資料の全体を，作成に関係した研究者の所蔵資料から発掘し分析したのが，私の最初の歴史社会学の試みであった。なぜ軍の組織である憲兵隊が一般社会の流言を調査し，記録し，報告したのか。その憲兵隊の資料を，だれが，どこで書写し，いかなる経緯で残存したのか。そうした疑問は，その時代の社会意識のあり方やとらえ方の再検討を示唆することとなり，発見したことも多かった。

　「クダン」という予言する怪物も，この戦時下の憲兵隊資料にあらわれる。「空襲除けのまじない」や「神様の出征」などの奇妙な話題とともにあって，

▷1　イニス，H., 久保秀幹訳，1987,『メディアの文明史』新曜社。マクルーハン，M., 高儀進訳，1968／森常治訳，1986,『グーテンベルクの銀河系』竹内書店／みすず書房。

▷2　南博・佐藤健二編，1985,『近代日本庶民生活誌4　流言』三一書房。「関係した研究者」とは，この資料を分析し「太平洋戦争中の戦時流言」という論考を『社会学評論』2巻2号（1951年）に載せた，東京大学新聞研究所の池内一教授である。

▷3　佐藤健二，1995,「クダンの誕生」『流言蜚語』有信堂高文社。

当初はかつて論じられていた「奇瑞流言」の一例かとも思った。内容を簡単に説明すると、クダンはことばを話す牛の子の怪物で、生まれて何日も経たずに死んでしまう。人面獣身のすがたで描かれ、流行病や豊作を予言する[4]。その予言が正しく的中するので、世の中では証文の末尾に「仍如件」（よってくだんのごとし）と書く、という。事実とは思えない出来事で、たわいない素材に見えた。しかし、クダンの再検討は、身体化された知識とメディアとの関わりという観点から「うわさ」という社会現象を考える、格好の実験室であった。

　民俗学の口承研究者たちは、当時「学校の怪談」や「口裂け女」のような現代的なうわさを、「都市伝説」として研究の素材にしていた[5]。ただ、民俗学では「伝承」が重要だと考えるあまり、伝播を実際に担ったのは下級の宗教者のような非常民ではないかという詮索にとどまっていた。理論枠組みも信仰の衰弱を説く「カッパ」（河童）の水神零落説を応用したり、あるいは「人面犬」を「人魚」と結びつける人類学の境界論・両義性論を動員したり、社会心理学の「社会的不安」や「集合的無意識」からの解釈にとどまっていたりして、どれもがもっとも重要なポイントである「予言」の説明に失敗していた。

　まず、対象の記録をできるかぎり網羅しようとした。「かわら版」という前近代の木版印刷物のなかに2例があることはすぐに見つかったので、さらにそれ以外の資料集成などに探索を拡げた[6]。先行研究者たちが言及している『道聴塗説』『猿猴庵日記』等々の随筆を探り、桜田勝徳ら民俗学者たちの古い採訪記録に記された事例も拾いあつめた。多くの資料に人面をもつ獣の図がついていること自体も、偶然ではないという印象を得た。収集資料の内容を分析するなかで浮かびあがってきた6つの論点と、その諸要素がそれぞれの資料にあらわれているかどうかをチェックし整理したのが、表 I-1-1 である。

　「予言」という要素が、この奇想を貫く本質のひとつであることは、表の整理からも明白である。クダンの誕生を担い手の集合的不安に還元するのはあやうい。人間の生活には、さまざまな局面で、いろいろな不安がある。だから、この集合性や不安の説明は事後的な正当化、つまり無理なこじつけになりがちである。生成のメカニズムの説明には、クダンそのものの表象と予言とを、明確かつ内在的に結ぶ必要があった。

　細かな論証は省くが、私の解釈の第一のポイントは、クダン（件）が漢字と

▷4　「クダン」『綜合日本民俗語彙』第2巻、平凡社、1955年。

▷5　常光徹，1990，『学校の怪談』講談社。野村純一，1995，『日本の世間話』東京書籍。

▷6　小野秀雄，1960，「大豊作をしらす件と云獣なり」『かわら版物語』雄山閣。中山栄之輔，1974，「件獣之写真」『江戸明治かわらばん選集』人文社。

表 I-1-1　資料中の6つの論点

記述内容	流言資料			民俗資料			新聞	かわら版			随筆		
資料形態	①	②	③	④	⑤	⑥	⑦	⑧	⑨	⑩	⑪	⑫	⑬
(1) クダンという呼称	○	○	○	○	○	○	○	○	○	△	△		
(2) 件の文字	○	○	○					○	○	○	○		
(3) 獣身人面の図					△			○	○	○	○	○	○
(4) 予言	○	○	○	○	○	○	○	○	○	○	○	○	○
(5) 災難のお守り	○				○	○		○	○	○	○		
(6) 如件の知識		○			○	○		○	○			△	

注：この表は、「資料形態」ごとにまとめているかのようにみえるかもしれないが、そうした観点で整理したものではない。資料①〜⑬までは、その資料が言及している内容の年代順に振られている。この並べ方も、眼前の事象を説明するために、歴史を召喚するという歴史社会学の関心に根ざす。つまり、①が戦時下の流言で現代に近く、資料は⑨の慶應年間、⑪〜⑬の文政年間へと時代を遡っていく。いずれにせよ形別に整理したようにみえるのは、まったくの偶然である。

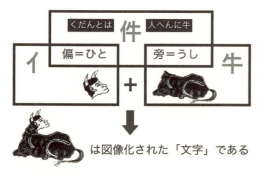

図 I-1-1 文字の図解

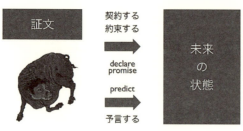

図 I-1-2 証文の予言力

図 I-1-3 空白を埋める解説

出典：佐藤健二, 2024, 『論文の書きかた』ちくま学芸文庫, p. 181, p. 183, p. 185。

いう文字の絵解きだということにある。不安の表象でも、神の妖怪化でもない。つまり図 I-1-1 のように、人面獣身の絵で示されたのは、文字そのものである。そしてその背後には、読み書きの知識が求められ、習練が必要になった社会がある。書字の知識と習練とが日常的な生活の技術となった社会、すなわちリテラシー（読み書き能力）が必要な生活が、クダンという怪物の表象の基礎にある。

そこにおいて、第二のポイントである証文の知識や体験が作用する。証文の終わりの一文への言及は、偶然ではなかったのである。証文が媒介する人間の利害や幸不幸が、なぜ文字の知識やリテラシーの感覚と結びつくのか。

借金や譲渡の際に書かれる「証文」は、未来に関わる誓約である。もし違えたら、満座で笑われ辱められてもかまわないとか、代わりに土地を差し出すとか、いわば未来の時間に属する約定であり、結果の保証である。それは図 I-1-2 の「予言」と同じ建てつけをもつ。クダンの話したことは正しく的中するという言説は、証文という文字記録のもつ未来を規定する力の、経験や知識や想像において生まれる。実際、無筆で文字が読めなかったために、あるいは文言に不注意だったために、ひどい災難にあったという教訓は、世間話でもくりかえされていた。

私の解釈の第三のポイントは、説明・解釈の空白を埋める物語という論点である（図 I-1-3）。これは流言を支える心性が、かならずしも妄信や確信でないことを示唆した。流言は誤謬を信じ、不安や恐怖にとりつかれるという特異な状況からだけ生まれるのではない。「くだんのごとし」のフレーズは、声で耳に刻みこまれ、日常に埋め込まれた常識ではあったが、なぜそういうのか、由来も語義もわからない。その理解の「空白」すなわち説明できない「謎」に、ひとつの解説があたえられる。この話がすこしひねった笑い話として、あるいは謎かけのような「空言(そらごと)」として、仲間内で生まれた可能性は、流言理解の幅を笑い話の場にまで拡げるものだった。

もちろん、話される場がちがい、遠くに拡がれば、伝えられていった先では別な受けとめ方や想像が生まれる。つくられた冗談として、あるいはパロディとして了解されていた話も、別な集団は本当の怪奇として受容し、さらなる強調の尾ひれをつけていくかもしれない。「かわら版」は印刷物として、なんの縁もないところに話題を運ぶ。つまり口承の直接対面だけが、流言現象を支えているわけではない。さまざまなメディアの重層のなかに、複数の動機を動員するゲーム

▷7 佐藤健二, 2012, 『ケータイ化する日本語』大修館書店。

として流言が存在するとの解釈は，この論文のひとつの達成であった。

❷ メディア空間での他者認識：ケータイ電話の考察

このクダンの分析では，見られ書かれる文字や，印刷物にまつわる実感が重要かつ効果的な補助線であった。それは，すでに『読書空間の近代』(弘文堂，1987年) の頃から考えていた「声」のメディア論的な特質を，さらに深く考えようとする試みにつながっていく。

ケータイのメディア性を分析した私の書物の副題に，「モバイル時代の〈感じる〉〈伝える〉〈考える〉」を補った理由もそこにある。新しい機器や道具そのものよりも，それを使いこなす身体のメディア性を考察したかったからである。光をあてたのは，電話がつくりあげる空間における身体である。見えてきたのは，あるいは声のメディア性であり，視覚や皮膚感覚における共存・近接が禁じられたメディア空間における他者認識の変容であった。

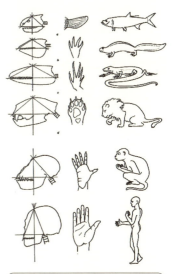

図Ⅰ-1-4 脳と手と体勢の相関

出典：『身ぶりと言葉』49頁。

モバイル機器としてのケータイの分析が，人間という動物における「声」としてのことばのメカニズムの理解からはじまるのは，身体が言語の技術的・形態的な基礎であり，メディアであることへの根本的な理解が必要だったからだ。

人類学者のルロワ＝グーランは，人間への進化の原動力を二足歩行に遡って再構成した。人間の誕生を脳の能力の増大に還元するのではなく，脳の変化をもひとつの過程として含む身体の体勢の変容で説明する。「手」が前肢としての機能から解放されて，道具としての創造性を高度化させ，「口」がものを咥えて運搬する機能から解放されることで，言語という文化の独自の自律性と複雑性とが生み出された。それは「声」のもつ記号性と身体性の共有でもあった。ことばは意味が共有されているから伝わるのではない。音声の共鳴という身体性と社会性こそが基盤であり，意味や共感を生み出す言語という文化の本質であった。そこにおいて，身体の共鳴から言語の共有を説明する図Ⅵ-3-2の理解が生まれる。「私の耳」は「他者の耳」，意味の響きをなつかしむ。

ことばは，拡張されたもうひとつの身体であり，われわれはそれをメディアとして使いこなしている。ことばはもうひとつの「手」で，イメージや意味のように現実の手ではつかめないものを動かし，思考や感覚を手渡すことができる。あるいは文字を通じて論理を鍛え，内面の内省を積み上げ，理念の共有を創造する，もうひとつの「脳」である。それはまた，透明なもうひとつの「皮膚」として，ことばそれ自体の冷たさやあたたかさを感じ，あるいは傷つき痛み，温もりに癒される。もちろん「拡張」は不均等で，緊張や矛盾やすれちがいの不幸をも含む。『ケータイ化する日本語』の携帯電話の分析は，そのメディア空間の「奥行きのない平板さ」「第三者の役割の縮小＝他者の存在の希薄化」「公共性を立ちあげる力の衰弱」などを考察している。
(佐藤健二)

▷8 ルロワ＝グーラン，A., 荒木亨訳, 1973, 『身ぶりと言葉』新潮社。グーランは，二足歩行という身ぶりの進化こそが，手の解放や口の解放を生み出し，脳の発達をうながしたと論じた。二足歩行を安定的につづけるためには，平衡を維持しつづける筋肉と体勢センサーとの協働が必要であり，その課題を解決するCPU（中央演算処理装置）として，脳の機能が発達した。じつは声としてのことばもまた，同じく身体を「管楽器」として使い，気道を通る息（空気）を筋肉でコントロールしつつ，耳のセンサーとの協働において声帯の振動を適切に管理することで生まれる。それは二足歩行において実現している調整と，同質の複雑さをもつ。図Ⅰ-1-4は，その進化を集約している。

▷9 この修辞は, J. コクトーの詩の堀口大学訳のパロディである。『ケータイ化する日本語』の30頁の中見出しに使ったが，ほとんど気づいてもらえなかった。

I 歴史社会学への招待

 音楽文化の歴史社会学
ジャンルが背負う歴史性

▷1 スモール, C., 野澤豊一・西島千尋訳, 2011, 『ミュージッキング』水声社。

1 音楽の過去と現在

「ミュージッキング」という表現に象徴的なように,昨今の音楽研究は作品や録音物といった「モノ」よりも現在の音楽実践を総称する「コト」に目を向けるようになってきた。

音楽をめぐるさまざまな現象の社会学的な考察は,まさに日々刻々と変化する現在の音楽文化を対象としている。変化する現在をなんとかとらえようとすることは,社会学が誕生した頃からの目標のひとつであったから,現在の音楽にもそうした目が向けられるのはごく当然といえよう。しかしながら,これらのアクチュアルな音楽現象の研究は,「今,現在」のことを扱っているだけなのだろうか。

確かに,多くの人が聴いている音楽は,現代社会に鳴り響いているに違いない。しかしそれはどのような音楽だろうか。「どの種類の音楽か」を考えた瞬間に,音楽現象は歴史の負荷を帯びることになる。なぜなら,クラシック音楽にしても,ポピュラー音楽というカテゴリーにしても,ジャズ,フォーク,ロック,ヒップホップ,そしてオペラや交響曲にしても,特定の音楽の種類——つまり「ジャンル」(genre)を想定したときに,その音楽は時間を重ねて生まれたという現実が同時に立ち上がってくるからである。音楽のジャンルとは,ある時点に突然始まったのではなく,似た特徴をもつ音楽が生み出され,それが時間を経過しても受け継がれ,淘汰されてくるなかで結晶化したのであり,今後も変化する可能性のある暫定的な型である。

私たちの生活において,音楽ジャンルの名称は比較的自明なものとして流通している。「ポップス」や「ロック」というジャンルはある種の分類を示し,その用語を使うことによってコミュニケーションは容易に成り立つ。舞台芸術である「オペラ」や「ミュージカル」も同様で,これらは多様な音楽を語るうえでわかりやすい識別指標として機能している。作曲する側が従来のジャンル名称に依拠して新作を作ることも少なくない。あえて従来のジャンルの枠に収まらないような挑戦を試みることがある一方で,「オペラを書く」「ジャズにアレンジする」など,ジャンルに則った創作も一般的である。これらのジャンルの用法は,記述的用法と規範的用法として大別することができるだろう。

しかし,それぞれのジャンルの本質を厳密にとらえようとするとうまく説明

できない。そもそもジャンルとはいったいなにを指しているのか，なにがその要件になっているのかとあらためて考えると，定義ができず，その定義のしにくさ自体が歴史的な経緯を背負っているからだということを認めざるを得なくなるだろう。

❷ 「ジャンル」と「様式」

　日常会話においても，研究領域においても，多くの場合，「音楽ジャンル」は自明の確たるものとして扱われる。ジャンルにこだわって議論するのは音楽学・音楽美学かポピュラー音楽研究の専門家くらいだろう。それ以外の人々にとって，音楽経験のなかで「ジャンル」の本質なるものにこだわる必然性はほとんどない。

　しかしここでは，音楽現象を研究するという立場から，少し立ち止まって考えてみよう。人々があるアーティストの音楽を好んでいる場合，通常はそのアーティストの楽曲や歌唱という個人的な特徴に愛着を抱いているものである。そうした個人的特徴は，芸術分野では「様式」（style）ととらえることが多い——といっても，様式とは個人的な創作特徴にのみ使われるのではなく，「バロック」といったある時代の様式，あるいは「フランス風」といった国ないし地域ごとの様式など，さまざまな範囲で使われる。作風の特徴を記述的にカテゴリー化する「様式」に対して，「ジャンル」は，同様に分類・カテゴリーに関わる用語ではあるものの，少なくとも個人に対して使用されることはない。「個人様式」はあっても「個人ジャンル」はない。「ジャンル」とは複数の創作者の作品の積み重ねから成り立つ共通項を備えている概念なのである。ジャンルはまた「作曲家と同時代の人々が理解しあい同意しあう場」でもあり，ある程度まで共通了解されたルールや手続きという前提のうえに作曲がなされ，またその楽曲は受容されるのである。クラシック音楽分野でいえば，「オペラ」というジャンルとは，作る側も受容する側も歌で綴る物語であるという認識を共有している。「そういうもの」として作り，聴くのである。

　音楽におけるジャンルとは，楽曲の形式であったり（例：フーガ），演奏機会であったり（例：ミサ曲），演奏場所であったり（例：室内楽），楽器編成であったり（例：弦楽四重奏曲）と，じつは基準に一貫性がなく混乱している。音楽は再現芸術ゆえに多様な受容形態があるからこそ，さまざまな切り口からジャンルが区分されてきた。それは20世紀のポピュラー音楽についても同様である。[2]「ジャズ」や「ブルース」，「ロック」といった音楽ジャンル概念も，曖昧な状況から生み出され，時期や地域によってさまざまな解釈を経て定着してきた。はじめはジャンルとまではいえなかったようなカテゴリーも，現在ではジャンルとして一般的に知られていたりする。それはつまり一定の共同理解の場として機能しうる段階になったということであり，ジャンル意識は，長期にせよ短

▷2　たとえば「ロックか否か」という議論の中心にあるのはビート数や楽器編成の問題だけではなく，大衆に迎合するキャッチーなポップスとの違いを強調するといったように，どこか精神性を含んだ議論となっていることも少なくない。

期にせよ時間の積み重ねのうえに緩やかに成立しているのである。私たちが日常的に使用しながらも，特にその内容について深く顧みずにいるジャンル概念は，じつは歴史性を背負っている。

③ 「ジャンル」の歴史性から見えてくるもの

　すでに定着しているジャンル概念の歴史的成立経緯を，今さら探る必要はないかもしれない。しかしジャンルの本来的な意味が音楽制作や受容の場で浮上することもある。ジャンルがもつ歴史性とは，単純に過去の成立経緯に関する知識ではない。その時々の社会的な意味づけがジャンル特性のなかに織り込まれている。ここで例としてジャズを取り上げてみよう。ジャズという音楽ジャンルは現在では流行り廃りの激しい大衆音楽ではなく，クラシック音楽のように固定ファンあるいはマニアを擁しており，世界的に見てもたいていはいわゆる高学歴層に好まれるインテリの音楽となっている。しかしこのジャンルが知られ始めた当初は決してそのような位置に置かれてはいなかった。

　ジャズの起源は，アフリカの黒人文化がアメリカ大陸のフランス領だったニューオーリンズで生み出したものとされ，その語源については諸説ある。ジャズという名称はさまざまな使われ方をするようになり，やがてバンド名やプログラムに使われるようになると，ある程度定着したとみなされる。そうして「ジャズ」という名称が定着していくと，その音楽ジャンルが流布する勢いはさらに増す。特に1920年代には，ラジオ放送という時代の波に乗り，ジャズは最先端のポピュラー音楽として，世界中で愛好された。爆発的な人気の一方でジャズは「ニグロの音楽」として白人社会から敵視・蔑視されてもいた。当時のポピュラー音楽の重要な流通経路だったショーやレヴューの舞台もまた，このジャンルを広めることに大きな役割を果たした。また，ブロードウェイの音楽出版社からは似たようなヒット曲が次々と売り出された──そうしたジャズの大量生産を実際に担っていたのはユダヤ系移民たちであり，黒人ではなかった。ジャズはヨーロッパの白人社会が作り上げてきた音楽の慣習からは想像もできないような新しいリズムをもたらし，敵視と賞賛とを招いた。その後，とりわけ人種差別政策が激しかったナチスにおいては，ジャズは人間を堕落させる頽廃的な黒人文化と位置づけられ，抑圧された。

　このように，第二次世界大戦の戦前から戦中，戦後を通じて大衆的音楽ジャンルとして広まったジャズは，その演奏家たちがニューヨークのバーに集まって競うように即興セッションを行う習慣からまた新たな展開を遂げる。ミュージシャンたちがそれぞれの楽器による超絶技巧を即興で披露することで，ジャズは徐々に集中して聴き入る対象へと，つまり「鑑賞」するに値する音楽へと変貌していった。演奏家が相互に演奏を楽しむ音楽から鑑賞対象になるということは，ジャズが社交やダンスではなく芸術的なジャンルに転換したというこ

とを示唆する。高度なテクニックをもつミュージシャンたちが競い合うコンテストのような形式は，ジャンル自体の技術面を高め，結果として芸術性――「聴くための音楽」という特徴をまとうことになる。

　ジャズというジャンルの価値観の変化に目を向けるとは単に史実を確認する作業ではない。価値観の変化の経緯と変遷を知ることによって，社会と関連する問いが次々に浮かび上がる。ジャズにとって根源であるはずの黒人性は，ジャズがじつは白人のユダヤ人によって大量に提供されていたことに照らしてみれば，単純に担い手の属性からいえることではないとわかる。大和田がいうように白人社会の底辺に位置するユダヤ人労働者階級が黒人たちをその下に置くことによって差別を拡大しながらジャズを享受していたねじれが確認できる。また他方，担い手の属性では規定できないにもかかわらずジャズが保持する黒人性とはなにかという問いにもつながる。ジャンル成立時の特性であった黒人性なるものは，ジャズが音楽として自立した鑑賞対象になってもなお，ジャンルの本質を表すとして時折浮上するのであり，その意味でジャズはなんらかの本質を期待されているのである。そう考えるとき，ジャンルは単に音楽の特徴を示すのではなく，受容する人々の信念の集合体でもあることがわかる。これは現在の音楽受容に直結する問題でもある。

　また，ジャズの音楽的本質ともいえる即興性も，その歴史を見ることによって次なる問いにつながる。演奏合戦のような場で生み出される即興的名人芸こそがジャズを鑑賞対象に引き上げたことをふまえれば，ジャズという音楽の評価対象はヨーロッパ的な意味での「作曲」ではなく，むしろ演奏の次元にあることが明らかになる。ジャズの変遷はヨーロッパの芸術音楽が徐々に即興性を排していったのとは正反対の動きであり，その変遷から見えてくるのは，作曲家と演奏家の地位の差異である。現在でも作曲という行為は，楽曲をひとりの作曲家が一から完成型にまで仕上げる作業のようにみなされているが（実際にはさまざまな分業によって成り立っている），ジャズのような音楽の出来上がり方はそうした作曲概念を根底から覆し，さらには作曲家とは何者かという問いにまで行きつく。ジャズにおいて作曲された楽曲とは演奏次元での素材というべきものであり，実際の音楽に仕上げるのは演奏者となる。これと同型のことがサンプリングにもいえる。既存の楽曲の一部がディスクに固定された素材として断片的に活用されるサンプリングは，ジャズのアレンジと同様の問題提起を可能にし，音楽の創作行為において，技術・技巧がどのような役割を果たしているのか，それは創造性や芸術性にどのように関わるのか，そこには金銭的な対価が認められるのかといった問題にも発展しうる。

　音楽その他の芸術・表現領域の歴史性に注目するとは，このように現在自明視されている概念を問い直す行為でもあり，それこそがひとつの社会学的営為なのである。
　　　　　　　　　　　　　　　　　　　　　　　　　　　　（宮本直美）

(参考文献)
ヘンクマン，W.・ロッター，K.編，後藤狷士ほか監訳，2001，『美学のキーワード』勁草書房。
大和田俊之，2011，『アメリカ音楽史』講談社。

Ⅰ 歴史社会学への招待

 3 戦争の歴史／社会学
「社会学の出番」なのか？

1 戦争と社会学との「浅い」関係？

　戦争は，共同体の一大事として，人々がその生死までを含めて深く関与させられる巨大な事件・社会現象である◁1。特に近代以降の戦争においては，「国家」の名のもとに戦争が社会に介入する。介入は一方的・収奪的になるときもあるが，その遂行に必要な人的・物的資源を最大限に引き出すために「社会改良」的な面をもつこともある。「国家の存亡」が賭けられる戦争に対し人々は無関係でいられず，「国民として」戦争に巻き込まれてしまう。そういった意味で，「社会／国家」への考察抜きには近代以降の戦争を語ることはできない。

　ただ逆に，社会学の歴史にとって戦争の対象化が不可欠であったかどうかを考えると，じつはそれほどでもないようにみえる。1920〜30年代の一部の試みを除けば◁2，「戦争社会学」は社会学の明確な一領域とはなってこなかった◁3。近代における戦争と社会の関係の根深さを思えば，不思議なことである。

　ただ，あたかもそれをなぞるかのように，近年において戦争は，社会にとっての例外状態とみなされるようになってしまっている。かつて国家が採りうる外交の一手段として考えられていた戦争は，その後国際社会での違法化（平和に対する罪）が進み，その代わりに平和主義が長い歴史をつくってきた。自衛のための戦争を除き，現在では多くの国および国際法において戦争（武力の発動）が紛争解決の手段として認められることはない。戦争をひとつの「社会現象」と考えてしまうことには少なからぬ違和感があるはずだろう。

　このまま戦争と社会学はすれ違ってしまうのだろうか。近年のきわめて重要な社会学的業績において少しでも戦争が関係しているテーマがあるかどうかを思い浮かべてみればよい。かつては例えば普仏戦争後の1897年に出されたデュルケムの『自殺論』では，社会統合の強弱に関するごく普通の変数のひとつとして「戦時期／平時」の違いが扱われていた。

　もちろん，戦争に対する社会の関与が限定的になったとはいえ，現在の世界から戦争がなくなったわけではない。戦争が禁じられていても，いや禁じられていて皆がそれを守ろうとしているからこそ，1931年の満州事変や2022年のウクライナ侵攻のように，ルール違反による利益獲得にチャンスが生まれてしまう。しかも，ほぼ人類の歴史といってよい戦争の歴史が作り出してきた社会の「例外状態」に関する経験の蓄積は，非常事態の長期化・常態化を伴う生政治

▷1　蘭信三・石原俊・一ノ瀬俊也・佐藤文香・西村明・野上元・福間良明編，2022-2023，『シリーズ戦争と社会』（全5巻）岩波書店。

▷2　高橋三郎，[1974] 2013,「戦争研究と軍隊研究」福間良明・野上元・蘭信三・石原俊編『戦争社会学の構想』勉誠出版。たとえば岡村重夫，1943,『戦争社会学研究』柏葉書院。

▷3　清水亮，2021,「日本における軍事社会学の受容」『社会学評論』72(3)。

や文化政治と結びつき，日常に埋め込まれているために批判的に対象化することの難しい，巧妙な統治の技術となってしまっている。[4] このため「戦争と社会」をあらためてテーマ化する領域として，現代社会論と歴史社会学が結びついた「戦争社会学」の試みが必要だということになる。[5]

社会現象としての戦争の多くは，過去つまり歴史のなかにある。戦争をテーマとする社会学において，どのように歴史が呼び出されるか，考えてみよう。

② 戦争社会学（1）：社会変動論／社会科学との協働

戦争がくりかえし起こる時代にあっては，戦争の原因論は社会科学における重要なテーマだった。人口動態や景気変動といった経済的要因，人間本性や民族性といった心理的要因，組織論・政治的・地政学的要因など，人間社会におけるさまざまな要素が原因として吟味された。[6]

また戦争は，社会のあり方を大きく変える契機となってきたので，戦争の原因論に限らず，その歴史的影響論も重要になる。社会構造がなぜ，どのように変わるかについての探究は社会学では社会変動論と分類されるが，ここに戦争が大きく関わることがある。そして戦争はふたつの種類の社会変動を生む。戦争の準備によって変わる社会と，戦争の結果によって変わる社会である。限定した名称でいえば，前者は戦時動員論，後者は戦後改革論と呼ばれる。

それぞれの射程が戦時期／戦後期・占領期を越え，もう少し長くなることもある。たとえばゾンバルトは，戦争の準備は規格化された大量の需要を生み，流通や交通・通信の発達をもたらすため資本主義の誕生をうながすとしたし，[7] またジャノヴィッツは，総力戦が唱えた国家をめぐる普遍主義は，戦後，これに基盤をもつ福祉国家の誕生をうながしたという。[8]

歴史を振り返ってみれば，たとえばアメリカでは，1944年制定のGI法が復員兵の社会復帰や住宅取得，大学進学をうながし，その規模は戦後社会のあり方に大きく影響を与えるほどであった。日本でも，日清・日露戦争が産業化を推し進めて1920〜30年代以降の都市化・大衆社会化を準備したし，厚生省（現在の厚生労働省）の設置は日中戦争開始直後の1938年にあたる。また戦時動員のための社会政策・思想には占領改革を先取りしていた面があり，戦後日本社会は戦前・戦時より準備されていたとする議論もある。[9]

資本主義や福祉国家の誕生・発展と戦争とは無関係ではなく，その探究は「豊かな社会」を相対的に見ることにもつながるだろう。戦争は国家と社会をめぐるマクロな比較歴史社会学的テーマを提供している。[10]

③ 戦争社会学（2）：戦争体験論・集合的記憶論

戦争は個々の人間の「ライフ（人生）」にも関わる。生死を分かつ戦場の強烈な体験は，戦後社会の生活や価値観形成とも大きく関係し，ライフヒスト

▷4　アガンベン，G.，上村忠男・中村勝己訳，2007，『例外状態』未来社。

▷5　福間良明ほか編，2013，『戦争社会学の構想』勉誠出版。蘭信三・石原俊・一ノ瀬俊也・佐藤文香・西村明・野上元・福間良明編，2022-2023，『シリーズ戦争と社会』（全5巻）岩波書店。

▷6　高橋三郎，［1974］2013，「戦争研究と軍隊研究」福間良明・野上元・蘭信三・石原俊編『戦争社会学の構想』勉誠出版。あるいは，猪口邦子，1989，『戦争と平和』東京大学出版会。近年の総覧としてはLevy, J. S. & W. R. Thompson, 2010, Causes of War, Wiley-Blackwell.

▷7　ゾンバルト，W.，金森誠也訳，2010，『戦争と資本主義』講談社学術文庫。

▷8　ジャノヴィッツ，M.，和田修一訳，1980，『福祉国家のジレンマ』新曜社。

▷9　山之内靖ほか編，2015，『総力戦体制』ちくま学芸文庫。ただし単純な「連続説」に対する実証的批判として，高岡裕之，2024，『増補総力戦体制と「福祉国家」』岩波現代文庫。

▷10　佐藤成基，2014，『国家の社会学』青弓社。ギデンズ，A.，松尾精文・小幡正敏訳，1999，『国民国家と暴力』而立書房。

▷11 作田啓一，2001，『価値の社会学』岩波書店。野上元，2006，『戦争体験の社会学』弘文堂。

▷12 小熊英二，2002，『民主と愛国』新曜社。

▷13 福間良明，2014，『「戦争体験」の戦後史』中公新書。成田龍一，2020，『増補「戦争経験」の戦後史』岩波現代文庫。

▷14 高橋三郎編，2005，『新装版共同研究・戦友会』インパクト出版会。

▷15 パットナム，R.，柴内康文訳，2006，『孤独なボウリング』柏書房。清水亮，2022，『「予科練」戦友会の社会学』新曜社。角田燎，2024，『陸軍将校たちの戦後史』新曜社。

▷16 直野章子，2015，『原爆体験と戦後日本』岩波書店。

▷17 冨山一郎，2006，『増補戦場の記憶』日本経済評論社。

▷18 佐藤彰宣，2021，『〈趣味〉としての戦争』創

リー／ストーリー研究による丁寧な読み取りが必要となる。こうした戦争体験は個人と社会の関係のとらえ方や，その戦後思想を形作る（戦争体験論）。個別な体験や死がどのように表現され意味づけられたか，それが他者の体験や死と連接され（／されず）「社会」への想像力と結びついてゆくか（／ゆかないか），あるいは連接されるときに個別性はどう扱われるのか，という問題がある[11]。

　特に戦争は，これ以上ないほど大規模な社会現象・事件なので，共通したひとつの体験をしたという認識を人々のあいだに生みやすい。戦争への忌避・反感という視点を強くとれば，それは平和主義ナショナリズムと呼べる思潮（戦後日本のナショナリズムと平和主義とのあいだの相克と共依存）の基盤であった[12]。そして「戦争体験が共有されていること」への信憑が強すぎるがゆえに，逆に少しでもそれができなくなることが社会的に無視できない状況とみなされた。1950年代末〜70年代にかけて盛んに問題化された「戦争体験の世代間断絶」や「戦争体験の風化」は，戦後社会の大きな変容を表す事態として受け取られた[13]。こうした社会意識の歴史を承けて，戦争体験の継承と断絶を焦点にした戦後社会論・戦後思想史の探究が可能となる。

　社会全体だけでなく，継承と断絶を社会運動や小集団のレベルでみることもできる。たとえば，社会全体の風化や断絶への傾向を条件としつつ，体験に拘る人々が戦争体験の共有を紐帯として集まる「再結合集団」としての戦友会の研究である[14]。生死をめぐる体験をともにした退役兵士・将校の社会関係資本は，戦争体験者の社会参加・意見表明の契機になることもあった[15]。

　あるいは同様の条件のもと，集合的記憶としての「戦争の記憶」が，個別性と全体性の対立と相補性の両者に関わりながら，制度や言説（言語），社会運動（平和運動）に媒介されて変容してゆくこともあった[16]。風化や断絶のなかにある戦争体験や集合的記憶としての「戦争の記憶」をめぐる知識社会学・社会意識論からは，記念行為や追悼式典に関する社会学的分析を試みることができる。国家／社会の体現する価値と個人の「生」をめぐる価値との迎合やぶつかり合いを，具体的なモノや場において分析するのである。その核心には，国家にとってもっとも本質的なのは「無名戦士の墓」だとする「想像の共同体」の議論がある[17]。これら「記憶」をめぐる社会学的分析が可能であるのは，戦争が社会にとって重要すぎる出来事であるからに他ならない。

❹ 戦争社会学（3）：「戦争の記憶」と大衆文化

　社会に深く広く浸透した「戦争の記憶」を，大衆娯楽文化において分析することもできる。文学・映画・マンガといった表象に戦争体験の傷跡や「戦争の記憶」をみることができるはずだ。文学研究やメディア文化研究に近い試みとして，単に個々の作品の内容分析・表現分析を試みてもよいし，それらの作品が内容や表現技法を共有してジャンルや言説を創り上げ，流行し支配的文化に

なっていくことを含めて分析してもよい。内容や表現ではなく，制作者サイドの分析や論壇・批評空間の分析，読者・観客の分析や受容分析，あるいはファンが集まってできる趣味空間の分析なども試みることができるだろう。[18]

　社会学的な分析においては，分析対象として採りあげる作品（群）は，事実に基づこうとする作品だけでなく，過去に題材を求めつつ，事実をゆがめた作品，あるいは架空の戦争を扱う作品でもよい。なぜそのように戦争を想像するのか／したいのかを考えるにあたっては，むしろそのような作品のほうが，それらを受容した社会の意識の深層を探る材料になるかもしれないからである。[19]

　娯楽文化の表現のみならず，新聞社説や追悼式典演説の分析もできる。テキストが揃っているのであれば，計量的なテキスト分析によって歴史的な変化が現れるはずだ。[20]あるいは戦跡の保存や観光の動き，[21]慰霊空間の建造や改築・保存，記念行為をめぐる社会学的分析も可能だろう。[22]

　このように，日本社会において戦争は（今のところ）過去のものだが，「現在に呼び出された過去」[23]としての戦争はさまざまな社会学的な題材を提示している。それら題材の多くは社会意識論・文化社会学，あるいはメディア文化研究，カルチュラル・スタディーズの対象となるが，知識（意識や記憶）がもつ政治性・権力性への配慮を背景に，「戦争の記憶」研究がポストコロニアルな研究とつながることがある点も見逃せない。特定の場に焦点をあて，戦争の帰結による「帝国」の消滅と新しい世界秩序について論じることもできるはずだ。[24]

　いろいろと紹介してきたがそのこと自体，戦争が社会を覆うような巨大な出来事だということを表している。社会学・歴史社会学の広範なテーマや方法は，そのまま戦争をテーマに応用できるのだ。貪欲な研究領域だといえる。

　「招待」に関わるものとして最後に述べておくと，私の研究の出発点には，小学生の頃に体験した1980年代／昭和50年代文化にみる「戦争もの」がある。[25]そこには，戦争を舞台とする男性中心的で「痛快な」もの[26]と，戦争体験の傷跡が残る重苦しいもの，戦争の教訓を忘れさせまいとする真摯なもの，あるいは，痛快でもなく重苦しくもなく，風化しつつある過去の戦争の体験・記憶をドライに受け止めようとする態度とが入り交じっていたように思う。幼い私は，特に最後の態度に魅力を感じてしまう。ドライなあり方から前三者のようなものが思わず溢れ漏れてしまったときに，なにか人間や社会における真実をみたような気がしていたが，同時に，それでよいのかいつも不安ではあった。[27]

　戦争体験の聞き取り調査，戦争による社会変動論，戦争表象のメディア文化論，軍事社会学（軍隊への社会学的接近），[28]安全保障に関する意識調査のどれもが私にとって等しく重要だった。こうなってはいけない学者の典型例のような気もする。方法や視点の多彩さがあり，テーマ設定の自由を保証してくれる社会学・歴史社会学のもとで，さまざまに角度を変えながら戦争の論じ方を探しつづけているのだろう。

（野上　元）

元社。

▷19　好井裕明，2007，『モスラ・ゴジラ・原水爆』せりか書房。

▷20　渡壁晃，2021，「広島・長崎平和宣言からみた平和意識の変容」『社会学評論』72(2)。

▷21　福間良明・山口誠編，2015，『「知覧」の誕生』柏書房。

▷22　深谷直弘，2018，『原爆の記憶を継承する実践』新曜社。

▷23　浜日出夫編著，2021，『サバイバーの社会学』ミネルヴァ書房。

▷24　吉見俊哉，2007，『親米と反米』岩波新書。石原俊，2019，『硫黄島』中公新書。蘭信三・川喜田敦子・松浦雄介編，2019，『引揚・追放・残留』名古屋大学出版会。

▷25　中久郎編，2004，『戦後日本のなかの「戦争」』世界思想社。

▷26　伊藤公雄，2004，「戦後男の子文化のなかの『戦争』」中久郎編『戦後日本のなかの「戦争」』世界思想社。

▷27　野上元，2022，「修養小説の臨界」福間良明編『昭和五〇年代論』みずき書林。

▷28　広田照幸，2021，『陸軍将校の教育社会史』ちくま学芸文庫。河野仁，2013，『〈玉砕〉の軍隊，〈生還〉の軍隊』講談社学芸文庫。

I 歴史社会学への招待

「心の病」の歴史社会学
メンタルヘルス文化の過去と現在

 SNS犯罪とネット心中

　すでに旧聞に属する出来事となったが，2017年に起きた「座間9人殺害事件」は，日本の事件史上において類を見ない衝撃的な事件であった。複数の男女を殺害したとして，神奈川県座間市に住む男が逮捕・起訴された事件である。裁判で明らかになった事実や複数の報道を総合すると，男はSNSを通じて自殺願望のある人々と接触し，自宅へ招き入れたうえで犯行に及んでいたという。ある新聞は，男と接点のあった女性への取材から，次のように事件の背景を報道している。

　「学校にもなじめず，友人もほとんどいなかった」。女性は振り返る。家族と同居しているが，悩みを聞いてもらえる雰囲気はない。職場の人間関係で生じるストレス，心にとりついた自殺願望を吐露できる相手はネットにしかいなかった。最初は，うつ病や引きこもりの人たちが集まる交流サイトが居場所だった。……不特定多数の人に自分の気持ちを発信できて，反応も多いツイッターは居心地よく感じられた。「死にたいって書くと，何件も『一緒にお願いします』と反応があって，『死なないで』と言ってきてくれる人もいる。生きてるって言うよりも，死にたいって言った方がたくさん反応があった。それがうれしかった」。

　確かにこの事件は，自殺願望のある若者を言葉巧みに誘い出し，短期間に大量殺人に及んだという点で，特異かもしれない。だが過去20年ほどの日本社会では，類似した事件が複数起きていることを忘れてはならない。「自殺サイト」に集った人々が，匿名の関係性のまま集団自殺（ネット心中）する事件がたびたび報道されたのは2000年代前半のことだった。またその少し前の1998年には，通称「ドクターキリコ事件」が起きている。日本各地の自殺願望のある人々に対し，インターネット掲示板で「ドクターキリコ」を名乗っていた男性が青酸カリを「お守り」と称して希望者に送付し，服用した女性が死亡した事件である。この事件も報道が多いとはいいがたく，また容疑者が逮捕前に自殺したため，動機などの点でも不明確な部分が多い。だが，自死を考える匿名の人々がインターネットを通じて出会い，集団または個人が「死」に接近するという出来事が頻繁に起きていることは，現代社会におけるひとつの厳然たる事実だといえよう。

▷1　この事件については，社会学者の中森弘樹が，事件を可能にした現代の社会関係について重要な論考を発表している（中森弘樹，2022，『「死にたい」とつぶやく』慶應義塾大学出版会）。また事件の背景や経緯については，渋井哲也によるルポルタージュが詳しい（渋井哲也，2022，『ルポ座間9人殺害事件』光文社新書）。

▷2　「『死にたい』の方が反応多い／孤独感つけ込まれ／座間9遺体　容疑者と交流の女性」『毎日新聞』2017年11月6日付夕刊。

▷3　ただしこの「座間事件」以外にも，近年では自殺願望のある若者がSNSを通じて犯罪に巻き込まれたという事件がたびたび報道されている。

▷4　渋井哲也，2019，「座間市男女9人殺害事件にみる，自殺とネット・コミュニケーション」『文学部紀要社会学・社会情報学』29：pp. 107-123。

▷5　渋井哲也，2004，『ネット心中』生活人新書。

▷6　また1999年から2000年にかけても，自殺や安楽死をテーマとして扱うホームページを開設し，そこにメールを送った人物のうち

② 「メンヘラ」の普遍性と特異性

　1990年代から今日に至る，こうしたインターネット空間と関連した日本の自殺現象を考えた場合，その通奏低音として流れているのが，「精神科」や「向精神薬」「メンタルヘルス（メンヘル）」といったキーワードである。冒頭でふれた座間市の事件でも，被害を免れた女性が「うつ病や引きこもりの人たちが集まる交流サイトが居場所だった」と記事で述べていたように，自殺を考える人々の生活世界と，精神科的なサブカルチャーとの距離は近い。それは，制度的な精神医学が主張するように，「自ら死を選ぶ人は精神疾患に罹患している」という意味ではなく，日常生活で困難を抱えた人々が，現代社会において引き寄せられるネット上のキーワードが，「自殺」や「メンタルヘルス」だという意味である。

　1990年代後半のインターネット普及期から，ネット上には「精神系」「メンタル系」と呼ばれる個人サイトが無数に開設されていた。そこでは，ネット上のスラングで「メンヘラ」「メンヘラー」と呼ばれる，生きづらさを抱えた人々が，精神科クリニックや向精神薬，そして自殺に関する情報を熱心に交換していた。おそらく今では SNS に移行したのだろうが，自らの精神状態やリストカット（自傷）の写真を頻繁に投稿する個人のサイトも，2000年前後には数多く存在した。当時，こうしたネット上の「メンヘラ文化」を象徴するアイコンとなったのが，1999年に夭逝した「南条あや」という HN（ハンドルネーム）の高校生である[8]。彼女のホームページは「南条あやの保護室」と名付けられ，各コンテンツ名は「当院設立理念」「初診の方へ」「病棟」「面会室」など，精神病院を模したネーミングになっていた。また自身が精神病院へ入院した際の日記や，服用している向精神薬の情報がポップな文体で綴られており，当時は「メンタルヘルス系ネットアイドル」とも呼ばれていた[9]。

　もっとも，意志的な行為として死を選ぶ人間が存在することや，その周辺に精神医学的な知の蓄積があることは，現代に限った出来事ではない。たとえば20世紀前半には，『巌頭之感』を遺して日光の華厳滝で自殺した藤村操を筆頭に，青年たちの自殺が社会問題化し，精神科医たちがその原因をめぐって発言を残している。また近世から情死や相対死などと呼ばれていた男女の心中や親子心中についても，20世紀前半の精神医学者たちが学術研究を行ってきた[10]。

　しかし，上記のような1990年代以降に注目された「自殺」や「メンタルヘルス」をめぐる大衆文化は，「死」や「精神病」といった従来の陰鬱なイメージを塗り替えるように，どこかポップでカジュアルなイメージを伴っていたように思う。喩えていうならば，それまで座敷牢や精神病院という特殊な空間に閉じ込められていた出来事が，自己のアイデンティティを表現する手段として，ネット空間で積極的に「転用」されているのではないかという印象を，当時の

希望者に致死性の薬品を送付したとして，関西在住の女性が逮捕される事件も起きている。

▷7　個人的な経験になるが，筆者が10代を過ごした1990年代は，ちょうどこのような新しいタイプの自殺が，日本社会に広まっていった時期にあたるように思う。「ドクターキリコ」もホームページ上で言及していたとされる『完全自殺マニュアル』が出版され，ミリオンセラーになったのは1993年のことで，筆者も級友たちが教室で回し読みしていたのを覚えている。また1998年には国内の自殺者数が集計開始からはじめて年間3万人を超え，2000年代まで高止まりをつづけていた（鶴見済，1993，『完全自殺マニュアル』太田出版）。

▷8　「南条あや」について考察した社会学者による論考として，以下のものがある。見田宗介，2001，「親密性の構造転換」『思想』925：pp. 2-6。土井隆義，2008，『友だち地獄』ちくま新書。

▷9　「南条あやの保護室」は閉鎖されたが，本稿執筆時点では，ネット上のアーカイブとして閲覧することができる（http://classic-web.archive.org/web/19991013191638/nannjou.lovely.to/）。

▷10　小峰茂之，1938，「明治大正昭和年間に於ける親子心中の医学的考察」『財団法人小峰研究所紀要』5：pp. 1-146。小峰茂之，1938，「情死に対する医学的考察」『財団法人小峰研

筆者は抱いていた。

メンタルヘルス文化の歴史

こうした問題意識から，筆者は当初，現代社会におけるメンタルヘルス文化の普及や大衆化を，自己についての表現様式の変容という観点から考察しようと考えていた。かつては自己を表現することばとして採用されづらかった精神疾患に関する語彙が，多少の自虐を含みながらも，カジュアルなスラングとして使用されている現状に，「自己」をめぐる現代社会の心性が表れている気がしたのである。

しかし，基礎的な資料収集のつもりで時代を遡って同様の出来事を探していくと，じつは現代のメンタルヘルス文化（精神疾患に関する知識の大衆化）が，現象としてそれほど新しいものではないことに気づかされた。たとえば，現代において精神的な不調を表す代表的なことばとして「うつ」や「トラウマ」がある。これも1990年代から日常用語として広まったことばであり，「ちょっとうつっぽい」「トラウマになる」といった用法で，気軽に自他の精神状態を表す語彙として使われている。また実際に，こうした病気や症状のため，医療機関を受診する人々の数も増大している。とはいえ「うつ」や「トラウマ」以前にこうした概念がなかったわけではなく，1950～60年代には「ノイローゼ」や「神経症」という言葉が同じような機能をもっていたことがわかってきた。当時の人々は「ノイローゼ気味」「ノイローゼ一歩手前」といった表現を用いて精神的に追い詰められた状態を表現していたし，実際に「ノイローゼ」の治療を受けていた人も数多くいた。またさらに時代を遡ると，明治期末の1900年代から昭和初期の1940年代まで，人々は「神経衰弱」ということばを同じような文脈で使用していた（女性の場合は「ヒステリー」がこれに加わる）。このように見てくると，特定の精神疾患に関することばが広く世間に普及し，それらの語彙を用いて自他の精神状態を語るという行為は，現代だけではなく過去の時代においてもみられた現象であると考えたほうが適切である，という結論に筆者は達した。しかしそれと同時に，「うつ」や「トラウマ」が流行する現代と，「神経衰弱」や「ヒステリー」が流行していた20世紀の前半とでは，精神医学の学説やその社会的地位，患者のおかれた状況，医師や患者を取り巻く社会経済的条件などが異なる。つまり，精神医学的な知識が広く普及し，その知識を用いて自他の精神状態を語るという振る舞いにある種の普遍性があったとしても，そうした振る舞いをもたらしたと考えられる諸要因については，各時代特有の状況を考慮する必要があると思われたのである。かくして筆者は，こうした現象の普遍性と特異性を見極めるために，複数の類似した事例の比較（比較歴史社会学）という方法を構想するに至った。

究所紀要』6：pp. 1-301。

▷11 もちろん，近代精神医学の成立・普及以前には，精神の不調に関する超自然的，あるいは宗教的な知識が類似した機能を有していたと考えることができる。社会学者の A. アボットは，合衆国を事例として「個人的な問題」をめぐる専門職の誕生を議論するなかで，19世紀後半までは，聖職者を除いて人々の人生の問題を取り扱う特定の専門家は存在しなかったと述べている（Abbott, A., 1988, *The system of professions*, University of Chicago Press.）。

④ 言説の比較歴史社会学へ

　比較歴史社会学とは，デュルケムやウェーバーといった社会学の古典の読み直し（N.J.スメルサー『社会科学における比較の方法』），あるいはアナール派の社会史（M.ブロックによる『比較史の方法』）などから影響を受けつつ，20世紀後半のアメリカで主張されるようになった，歴史社会学の研究手法のひとつである。この方法を整理した代表的論者である T.スコッチポルによれば，20世紀後半にアメリカで蓄積された歴史社会学の研究は，①一般理論適用型，②解釈学型，③因果分析型の３つに分類される。[12] ①は歴史に対して一般理論を適用して分析するタイプの研究，②は有意味な歴史的解釈を求めて諸々の概念を利用するタイプの研究，③は歴史的な過程や帰結のなかに因果的な規則性を発見しようとするタイプの研究である。この３つのタイプの研究のうち，スコッチポル自身は③の「因果分析型」の研究に自らを位置づけており，J.S.ミル『論理学体系』から着想した一致法や差異法などの手法を用いて，歴史を説明しうる具体的な因果的状況配置を明らかにすることを目的としていた。彼女はこの方法を用い，フランス，ロシア，中国を成功例として，社会革命の達成要因について分析を行ったわけだが，[13] 筆者にはこの方法が「精神疾患の流行」という，近代日本においても何度かくりかえされてきた現象の発生要因を分析するために援用できると思われた。もっとも，ある現象の盛衰を説明する要因は無数に考えられるので，どのような要因を「精神疾患の流行」という現象に対する説明要因（独立変数）とみなせばよいかという点には，研究者の判断が伴う。筆者の場合は，医学史を含めた先行研究の検討から「医学研究の進展状況」「医療体制の状況」「経済的要因」「病気の性質」「社会問題化の資源」という５系列の要因を検討し，それらの要因に含まれる個別の独立変数が，「ａ神経衰弱」「ｂヒステリー」「ｃ外傷性神経症」「ｄノイローゼ」という４つの疾病概念の普及（ｃに関しては非普及）にどのような効果を及ぼしたのかを，前述の一致法と差異法を用いて検討した。[14] その結果，①医学界の中枢にいる医学者集団が疾患の研究に参与していること，②精神医療体制のなんらかの変動が存在していること，③疾患の病因が明確ではないこと，④政治的抑制因子が存在しないこと，以上４要因が疾患の流行を引き起こす共通の要因である可能性を示した。ここで「可能性」と記したのは，これらの要因があくまで筆者の選択した独立変数の候補に対して，４つの限定的な事例から導かれた結果であることに由来する。他の変数，他の事例を用いれば，また違った結論が導かれるかもしれない。しかしこうした限界があるにしても，精神疾患の流行や，自死を考える人々を大衆化された精神医学の知識が囲繞している現代社会の特性をとらえるためには，「歴史的な過程や帰結のなかに因果的な規則性を発見する」という因果分析型の歴史社会学が，一定の役割を果たしうるのではないかと筆者は考えている。　　　　　（佐藤雅浩）

[12] スコッチポル, T. 編, 小田中直樹訳, 1995, 『歴史社会学の構想と戦略』木鐸社。

[13] Skocpol, T., 1979, *States and social revolutions*, Cambridge University Press.

[14] 佐藤雅浩, 2013, 『精神疾患言説の歴史社会学』新曜社。

I　歴史社会学への招待

セクシュアリティ
エロに歴史あり

セクシュアリティということば

　もしあなたが10代や20代の読者なら，自分や周囲の人たちの「性に関する事柄」にそれなりに興味があるのではないか。たとえば筆者は小学校高学年の頃，自分の国語辞典のエッチな言葉に線を引いていたのだが，思春期の若者がエッチな用語に興味をもつこと自体は特に珍しくもないだろう。

　もしあなたが30代以上の読者であるなら，自分の家族や住んでいる地域，または社会全体における「性に関する事柄」に関心をもたざるをえないかもしれない。マスメディアは「性に関する事柄」を面白おかしく報道するし，それらはときに社会問題化して，政治家や評論家や学者が，国会や議会で喧々諤々，対策を論じることもある。ひょっとしたら自分が属する地域や組織のなかで，なんらかの意思表明を求められることもあるかもしれない。

　ここでいう「性に関する事柄」にはさまざまな意味がある。わがこととして引き付けるなら，だれに性的魅力を感じるか，だれとエッチ（＝性行為）したいか，エッチしたら周囲にどういう影響があるか（相手や親や友人はどう思うか），そもそも性加害やハラスメントというかたちで非難されないだろうか，そんなことが気にかかる。ひとりきりのときには，そもそもなぜ自分は性的欲望をもつ／もたないのか，自分はなぜ好きな相手から好かれないのかなどと思いに耽けることがあるかもしれない。社会全体に視野を広げるなら，性加害，性的同意，セクハラ，（売買春を含む）性風俗，性犯罪，不倫，パパ活など否定的にとらえられる事柄だけでなく，LGBTQ+の理解増進，ジェンダー平等，同性婚など，社会が積極的に追求すべき価値とされることも「性に関する事柄」が含まれる。筆者は「性に関する事柄」すべてを「セクシュアリティ」と呼びたいのだが，そもそもセクシュアリティということばにはどういう歴史があるのか。

　ヴェロニク・モティエによれば，セクシュアリティが「性的能力や性的感情を覚える能力を有する」という現代的な意味で『オックスフォード英語辞典』に登場するようになったのは1879年，すなわち19世紀後半のことである。つまりセクシュアリティということばには約150年の歴史しかなく，しかもその内容はさまざまに変化していく。「ヒトに歴史あり」というが，「エロにも歴史がある」のかもしれない。

　さて「性的な事柄」には，性行動の実態が変化する場合と，性に対する知識

▷1　モティエ，V., 月沢李歌子訳, 2022, 『14歳から考えたいセクシュアリティ』すばる舎, pp. 62-63。そもそも冒頭で使った「エッチ」ということばも，HENTAIの隠語として明治20年代から使われるようになった。

や常識が変化する場合とがある。行動や実態が変化するから知識・常識が変化するのか，逆に知識・知識が変化するから行動・実態が変化するのかは，一概にはいえない。しかし，たとえば昭和時代に性に関する常識を形成した人が，令和時代にそれを持ち込めば，不適切にもほどがある状態になることは容易に想像がつく。なぜなら性に関する知識や常識は，30〜40年単位でほとんど真逆といってよいほど大きく変化しうるからである。その変化がなぜ，どのようにして生じたかと問えば，それ自体が歴史社会学的な実践になりうる。

❷ セクシュアリティの歴史社会学

　ここではセクシュアリティを歴史的に考察する社会学への導きとして，ふたつの研究事例を紹介させていただきたい。第一は，筆者自身のライフワークである，近代日本におけるオナニー（マスターベーション）をめぐる意味の構築と変容を扱った『セクシュアリティの歴史社会学』である。この研究ではオナニー有害論の成立と変容をいかに説明するかが課題だった。

　そもそもオナニーは，『旧約聖書』で「オナンの罪」（じつは膣外射精のこと）として禁じられていた。それが近代に至って身体的・精神的に有害な病として病理化された。これが，いわゆるオナニー有害論である。フランスの哲学者ミシェル・フーコーは，「性愛の術から性の科学へ」という大きな歴史の流れのなかで，オナニー有害論を子どもの身体を規律・訓練化する「セクシュアリティの装置」の一部と解釈していた。

　1960年代に能登地方で生まれた筆者は，思春期を迎える頃には，同級生から「せんずり」という行為が存在することを伝え聞き，「オナニーすると頭が悪くなる」といううわさも聞いていた。このうわさはオナニー有害論が19世紀後半以降に日本へと輸入され，明治期の『造化機論』や大正・昭和初期の通俗性欲学を通じて人々の「常識」となった残滓といえる。筆者は性に関して悶々とした思春期を過ごし，やがて上京して大学生になると，「性に関する事柄」を社会学のテーマとして選ぶことになった。その根底には，だれに教えられるでもなく，オナニーを通して，自分が性的に何者なのかを知るという経験があった。

　博士課程に進学して2年くらい経った頃，筆者はオナニーに関する言説の歴史を自分の専門にしようと覚悟を決めた。当時日本語で読める先行研究は限られていたが，木本至『オナニーと日本人』に登場する史料を探し，全国の図書館や古書市を歩き回って，オナニーに言及する文献ならなんでも漁り始めた。数年すると，オナニーに関する史料は単行本や雑誌記事，新聞記事などを含めて数百点を越えるようになった。

　筆者はオナニーに関する記述のある部分をコピーして時代順に並べ，そこになにが書かれているかを整理し始めた。するとまもなく，先行研究に書かれている記述では言説の変化を十分に説明できないことに気づいた。たとえばフー

▷2　赤川学，1999，『セクシュアリティの歴史社会学』勁草書房。

▷3　フーコーは現在でも毀誉褒貶のある学者だが，彼によってはじめて，社会学の世界で「性に関する事柄」を言説や権力の問題として問うことが可能になったのは確かである。フーコー，M.，渡辺守章訳，1986，『性の歴史Ⅰ——知への意志』新潮社。

▷4　木本至，1976，『オナニーと日本人』インタナル KK.。

コーは，近代西欧で子どもの性に対する規制が強まる過程については熱心に分析したが，20世紀以降にオナニーが無害とされる過程や原因についてはなにも語っていない。また日本人の性観念については，明治期以前の日本人はオナニーに関しておおらかだったが，明治期から昭和前期にかけてオナニー有害論が席巻し，第二次世界大戦後の性解放とともにオナニー無害論が勝利した，という通説が主流であった。ここではオナニーに関する「有害／無害」という二分法で歴史が語られている。しかし実際の言説は，「有害／無害」の二分法ではなく，(a)「オナニーは万病の元であり，老若男女を問わず，身体にも精神にも有害である」という「強い」有害論，(b)「オナニーの害は少ないが，できることならしないほうがよい」という「弱い」有害論，(c)「オナニーは健全な性の成長のために必要である」という必要論の3つの類型が存在し，言説の主流が(a)から(b)，(b)から(c)へと徐々に変化したように思われた。

▷5 これが従来のオナニー有害論。

　そこから筆者の試行錯誤が始まった。ポイントは，言説相互の布置関係や相互作用が生み出す（言説内の）ダイナミズムに注目することである。たとえば「強い」有害論から「弱い」有害論への変化については，「性欲をなんらかの性行動によって満足させなければならない」という性欲＝本能論のもとで，（男性は）性病のおそれや道徳的に問題のある買春をするくらいなら，オナニーのほうがましという規範的な比較衡量が働いていたことを指摘した。さらに「弱い」有害論から必要論への変化を後押ししたのは，性は人間の人格やアイデンティティにとって中核を占めるという性＝人格論であった。この性＝人格論は1970年代以降には，「オナニーは自己の性的アイデンティティを知るために必要である」というオナニー至上主義と，「オナニーはセックスのような他者とのコミュニケーションが欠けている」というセックス至上主義（親密性パラダイム）に分岐していくのであった。

　このように，数年に及ぶ史料との格闘を通して，筆者は，子どもの頃から自分を悩ませてきたオナニーという問題に，歴史的な言説の変化という観点から納得できる説明を見出すことができた。その歴史記述になんらかの修正が必要になるかどうかは後世の人たちが明らかにしていってくれるだろうが，20代のほぼすべてをこの作業に費やしたことには，一片の悔いもない。

③ われら勝ち得し世界

　もうひとつ紹介したいのは，第二次世界大戦後のイギリスにおけるセクシュアリティの歴史を記述したジェフリー・ウィークスの『われら勝ち得し世界』である。この書は，イギリスのゲイ解放運動の最前線に立ち，セクシュアリティの歴史社会学研究に関してフーコーと並び称されるウィークスが，自分の半生と重ね合わせながら，ゲイやレズビアンが「われら勝ち得し世界」を獲得していくプロセスを記述した一冊である。ウィークスは1945年に南ウェールズ

▷6 ウィークス，J.，赤川学監訳，2015，『われら勝ち得し世界』弘文堂。

地方の鉱山地域で掃海艇軍曹の父と弾薬工場で働く母の息子として生まれ，労働者特有の「抑制の文化」のなかで育った。1950年代に売買春と同性愛の非犯罪化を提唱するウルフェンデン報告が公表されたものの，若い女性は都会に出るしか，そして同性愛者は「秘密の裏通りで生きるか，故郷を追われるしかなかった」という。1964年にロンドンの大学に進学したウィークスにはゲイの友人が何人かできて，政治的には左派だったが左派の主流からは敬遠されていると感じていた。大学卒業後，ロンドン・スクール・オブ・エコノミクスの研究員となったウィークスはゲイ解放フロントという運動に参加し，フェミニストのシーラ・ローバサムと共著で，20世紀初頭の性科学者ハヴェロック・エリスの評伝を書いた。論争的な話題を穏やかで合理的かつ事実に基づき論じるエリスから多くを学んだという。ウィークスの記述からはロンドンの都市文化のなかでフェミニズムやゲイ解放運動が活発化しているさまが示される。

　1980年代からウィークスはセクシュアリティに関する歴史研究で大きな評判を得ることになるが，この時期イギリスでは新保守主義のサッチャー政権が登場していた。1990年代以降のウィークスは，セクシュアリティは歴史的・社会的に構成されるという社会構成主義を牽引する理論家のひとりとして世界的に有名になる。社会構成主義はあらゆる生得的要因を否定するわけではなく，同性間欲望を現実の社会的・歴史的背景から理解する「同性愛の非本質主義的理解」の必要を説く，バランスのよい立場だといえる。

　そして2004年，イギリスでは同性婚を承認するシヴィル・パートナーシップ法が制定される。ウィークスは，90人以上の同性愛者へのインタビューをもとに，「保守派は反対，リベラルは賛成」と単純には色分けできないことを指摘している。というのも，急進的なクィアのなかには同性婚を異性愛的価値観への服従とみる人もいれば，保守派のなかにも同性婚は同性愛者を結婚という伝統的制度につなぎとめるとして賛成する人がいるからである。ウィークスによれば，LGBTQ＋の人々は，政治的立場には拘泥せず，権利・責任・コミットメント・承認といったことばに依拠しながら，シヴィル・パートナーシップ法を受け入れたという。それは人間を「道徳的（かつ政治的）性格をもつ対話的，偶発的，身体的，普遍的な自己として見る」ことを奨励する根源的ヒューマニズムの現れであった。そしてウィークスは，自分が生きた時代を，LGBTQ＋にとって「われら勝ち得し世界」への「大転換」だったとまとめている。

　このように，上記2例の研究は，「性に関する事柄」をわがこととして引き受けながらも，自分の経験がいかに歴史や社会の影響を受けているかを，具体的な史料やデータに基づきながら論じるという，歴史に向き合う社会学の醍醐味を見せてくれる。別のテーマであっても同じような作業を通して，私たちの未来がどのようなものでありうるかを展望することが可能になるはずだ。

（赤川　学）

▷7　新保守主義は原理主義的な保守主義と理解されることもあるが，イギリスではサッチャー自身が「働く女性」であり，他国では「ゲイの病」として排撃されたHIV/AIDSも，すでに発達していたレズビアン＆ゲイ・コミュニティのもとで「治療アクティビズム」が実践されており，原理主義的ではなかったという。

I 歴史社会学への招待

6 家と家族
近現代におけるその変容

1 近現代の家族変容

　家と家族は，日本の近現代における家族変容をとらえるキーワードである。近代初期から現代に至る時期の家族変容を大きくまとめると，政治や法制度，経済状況の変化のもとで家が社会的単位としての意味を次第に失い，家族的な関係へと縮小していく過程となるだろう。制度化という観点からは，家が明治国家のもとでは法やイデオロギーとして制度化されたものの戦後の法改正によって否定され，その先に，民主的で対等な家族像としての夫婦家族や核家族が想定されるという変化を描くことができる。戦後の家族研究において，この家族変容は「家から家族へ」と端的に表現されてきた。

　しかし，現在もなお家に関わる問題，たとえば墓や名字の継承に苦慮する人はいるし，家にまつわる葛藤は消え去っていない。他方，戦後の民法改正による家からの解放の先に希求された家族が今日なお抱える問題もある。大きな変動図式は簡潔に変容を俯瞰するには適しているが，歴史のなかに存在した現実や経験の多様性を見えにくくするという難点もある。今日でも，葬式や法事になると会ったこともない親戚があらわれる，焼香や席順がなぜか決まっているという経験をした人は少なくないだろう。あるとき突然祖父母から養子にならないかともちかけられたとか，あなたは墓守だからと親に言われて悩んできたという話を耳にすることもある。このような問題群がこぼれおちてしまうのは，家から家族へという図式が単線的で簡潔にすぎるという理由を超えて，家と家族を問う戦後の家族研究における家の論じ方にあったと考えられる。家からの解放を掲げた近代主義的家族思想は，戦前の封建的，前近代的家族制度を超克し，戦後には民主的家族を形成することをめざしていた。家は，そのような時代潮流のもとにあって封建遺制として，乗り越えるべき制度として概念化された。

　家ということばがリアリティを失いつつある今日，家の民主化を求める研究者たちの情熱を，同じ熱量で共有することは難しいかもしれない。しかし，日本社会の家族変容を歴史社会学的に考える際には，それぞれの時代状況において概念が背負っていた文脈を見逃すことはできない。家と家族というそれぞれの概念に批判や期待を押し込めるのではなく，むしろ戦前戦後を通底する家や家族の近代性がはらむ問題をとらえることが歴史社会学の課題である。

▷1　日本人文科学会編, 1951,『封建遺制』有斐閣。渡辺秀樹, 2013,「多様性の時代と家族社会学」『家族社会学研究』25(1)：pp. 7-16。

② 社会的単位としての家

　家と家族は，その概念を用いる論者の枠組みや立場によって異なった意味で用いられ，しばしばその定義をめぐって論争もくりひろげられてきた。家族とは，文字通り家族研究における対象を指す広範で一般的な概念とされてきた。familyの訳語でもある。他方で家とは，家屋を指す日常用語以外に，家族や親族，世帯，家族制度として用いられ，どのように外国語に訳すかについて絶えず頭を悩ませる概念であり，しばしば英語でieと表記されるように，familyには訳しきれない日本の文化的歴史存在といわれることもある。カタカナやひらがなで表記される場合もあれば，学術の領域ではかぎかっこつきで「家」とされることも多い。

　家に関しては，直系家族，伝統家族，家父長制家族，村落共同体の一戸前の権利，世帯，前近代の家族制度，家業経営体，日本社会の組織原理など，いろいろな専門領域ごとに複数の定義や議論が存在する。たとえば家制度ということばは戦前の家族制度を指すことが多い。他方で時代を超えて存続する家業経営体を家あるいは家的経営と呼ぶ用法もある。家を前近代性，封建制の象徴として否定的にとらえる立場もあれば，日本の文化や特質として肯定的に語る立場もある。農村社会学には，村落共同体において社会的単位であった家について多くの研究蓄積がある。村と家の関連を問うことは，近現代の家族変容を問う出発点として欠かせない。家を広義にとらえると，家産や家業，家名等の継承を通して，その存続を希求される制度体であるといえる。家の存続には，社会における家としての承認が重要な意味をもっており，近世村落においては村のなかにおける一戸前の権利が重要であった。近世社会の家は地域や身分，階層によってバリエーションがあったことをひとつの特徴とする。つまり家はそれぞれの慣習的世界のローカルルールの影響下で論じられてきた。

　明治期以降，近代国家法のもとで家は再編されることになる。法社会学では，旧士族層をモデルにした法制度上に現れる家と，庶民層の家を異なるものとしてとらえてきた。明治期の村や家に存在した慣習的世界が国家法へとただちに統一されてしまったわけではないが，戦間期に家がイデオロギーとして教化されたことともあいまって，家や村の多様性が失われていく。

　近世から近代への転換期とは，村落共同体における一戸前という意味での家の意味が縮小し，国家法の単位である戸という小さな単位としての意味が次第に大きくなっていった時期であり，国家法や教育によって血縁主義的な家のイメージが国民道徳として教化された時期とも重なる。家が家族化した時期といえるだろう。この過程に現れるのが，戸主権や家督相続に象徴される家であり，戦後の家族論において批判の対象となる。

▷2　細谷昂，2021，『日本の農村』ちくま新書。鳥越皓之，1993，『家と村の社会学増補版』世界思想社。

▷3　米村千代，2014，『「家」を読む』弘文堂。

▷4　川島武宜，2000，『日本社会の家族的構成』岩波現代文庫。

③ 概念としての家と家族

　家と家族は，研究者によってそれぞれ別個の独立の領域として研究されてきた面と，ひとつの枠組みで異なる位相において概念化されてきた面とがある。これらが混在していることが家と家族を先行研究から理解しようとする際にしばしば混乱をもたらしてきた。

　家を対象とする研究においては，家は家族とは異なる存在であるという考え方と，家は家族の一類型とするとらえ方が並立してきた。たとえば中野卓は，家は制度体だといい，親族集団としての家族とは区別して概念化する[5]。家を制度とみなし，集団としての家族と対置する考え方は，家族を対象とする研究にも見られる。他方で，家を制度的拘束の強い伝統家族ととらえ，現代家族を集団性や情緒性からとらえる考え方もある。家を家族の一類型とする考えは，家を親族・家族的にとらえる研究にみられる。戸田貞三や喜多野清一そして森岡清美から戦後日本の家族社会学へと受け継がれてきた視点である。森岡清美は「家は直系制家族である」，「直系家族の日本的典型」と述べ，日本社会の家族変動を「直系家族制から夫婦家族制へ」として論じる[6]。

　「家から家族へ」という変動図式は，「制度から集団へ」とも表現されてきた。しかし，家族制度を「一定範囲の社会において家族について共有される理念」とするならば，友愛や情緒に基づく家族もひとつの家族制度であると考えることができる。家族研究が，「最終的に測ろうとしているのは形態そのものの変化ではなく，その背後にある家族形成に関する制度や規範，原理である」とすると，制度としての家族をとらえるアプローチはいつの時代の考察においても必要であろう[7]。

　家と家族の概念に位相の違いがあるとしても，家は概念上もそして現実にも中核に家族的な関係性を内包している。その認識は家の研究者に共有されているが，経営体として家をとらえようとする研究は非親族も含む生活共同体や家業経営体として家を概念化した。中心にある家族や親族から家を概念化するか，それとも生活や労働の共同体として家を概念化するかについては有賀喜左衛門と喜多野誠一とのあいだで論争がくりひろげられた[8]。

④ 家と近代家族

　家の家族化が進行する近代社会は，家族史研究で家族の近代性が問題となる時代とも重なる。われわれが今日，家族に対して抱く意識やイメージは普遍的なものではなく近代になって誕生したとする近代家族論の知見は，近代家族の成立過程には近代国家の成立や近代の教育制度の登場過程が大きく関わってきたとする。この見方は，戦前・戦後を分断線とする家と家族の括り方（家から家族へ）に再考を迫った。単線的に変化するという考え方ではなく家と近代家

▷5　松島静雄・中野卓，1958，『日本社会要論』東京大学出版会。鈴木栄太郎も，家と家族の位相の違いを次のように表現している。「一人の家族はない筈である。しかし一つの精神である家としては，一人の家も当然にあり得る。日本の家は多くの場合，家族をなしてはいる。しかし家族をなす事は家の存続のために不可欠ではない。家族は集団であるが，家はかならずしも集団たることを要しない」（鈴木栄太郎，1968，『鈴木栄太郎著作集Ⅰ』未來社，p. 184）。

▷6　森岡清美，1993，『現代家族変動論』ミネルヴァ書房。

▷7　中里英樹，2009，「制度としての家族の多様性」「家族形態の変化」野々山久也編『論点ハンドブック家族社会学』世界思想社，pp. 25-28，pp. 77-80。森岡清美の「直系家族制から夫婦家族制へ」という変動図式も，居住形態をひとつの指標としながらもその根底にある制度をとらえることに主眼があったといえる。▷6参照。

▷8　有賀-喜多野論争については▷3の文献を参照。

族の併存状況を問おうとする考え方があらわれたのだ。[49]

制度から友愛へあるいは制度から集団へという単線的な家族変化ではなく，友愛や情緒性を内包する近代家族が制度として成立してくる過程に，家を継承維持しようとする意識も併存してきたのである。たとえば，日本の近代家族の特徴のひとつである性別役割分業は，家における男子優先主義と対立しない。民法改正において「家族の民主化」が高らかに主張された一方で，社会は性別分業的に編成され，それまで階層限定的であったサラリーマンと専業主婦という家族モデルが大衆化する。戦後日本社会の企業文化や自由主義的政治体制がもたらした性別分業家族は，家に対する批判として指摘された家父長制的性格と親和的な側面も内包していたのである。ジェンダーという視点からみれば，家と近代家族はともに解決すべき問題をはらんでいる。

⑤ 家族の理想化とジェンダー

家と家族のとらえ方には見てきたようにさまざまな立場があるが，このテーマを論じる意義は，単なる定義や概念化の問題を超えて，近現代の日本社会において家族的なる関係性が負った社会的課題や内包する問題にこそある。家から家族へという変動の図式には，単に戦前戦後の家族変容の記述を超えて，民主的，近代的な家族形成および社会形成という当時の理念が色濃く反映されていた。すなわち戦前の国家体制や社会に対する深い反省と新しい戦後社会への期待が込められていた。

戦後社会，とりわけ民主的家族の形成を求める立場は，戦前の家族制度を批判し乗り越えて新しい家族を構想していた。当時の文脈に即していうと，家は社会の民主化，近代化によって乗り越えられるべき対象であり，家族は戦後の民主的社会がめざすべき家族像であった。しかし，めざすべきとされた家族においても，ジェンダー間の不平等や暴力，虐待の問題が内包されていることを私たちは日々目にしている。一夫一婦制の理念の貫徹をめざした陰で，婚外子差別が長く残りつづけたことや，戦後の高度経済成長期に性別役割分業が大衆化，一般化したことから，家の時代の問題が戦後社会において消え去ったとはいえないことがわかる。歴史社会学的に解明すべき問題は今なおあるのだいえるだろう。

家族制度批判というかたちで戦前の社会体制や家族制度を批判し，新しい戦後家族の姿を模索しようとしたことの意義は大きい。問題は，法制度レベルの議論にあるのではなく，それらの問題の範域を社会的な家批判にそのまま拡大してしまった戦後の家族研究にあるといえよう。社会的レベルの批判をするならば，家が抱える葛藤や矛盾が生活や労働における共同性に深く関わって存在していた点や，法に限定されない社会構造との関連まで踏み込んで批判するべきであった。家族や親密な関係性が内包する今日的問題も，こうした構造的問題の延長線上にあるといえる。

(米村千代)

▷9　落合恵美子，2000，『近代家族の曲がり角』角川書店。落合恵美子，2019，『21世紀家族へ第4版』有斐閣。

Ⅰ 歴史社会学への招待

7 住宅問題の構築史
住まいをめぐる反復と反転

 住宅問題とポスト住宅問題

　1980年代によく使われた「うさぎ小屋」ということばがある。そこには，日本の住宅の質の低さについての揶揄や自嘲が込められていた。1990年代に大学進学のため上京した筆者は，古びた学生寮や壁の薄い賃貸アパートの部屋を転々としていた。再開発が進む都心のオフィス街や繁華街と比べるとき，居住のための空間のみすぼらしさが際立った。筆者が住宅を研究対象にしようと思ったのは，やはり，「なぜ住宅が貧しいのか」という素直な疑問からである。

　それと同時に，「問題は住宅の貧しさなのか」という屈折した疑問も頭から離れなかった。筆者にとって，粗末な部屋での生活がみじめだったかというとそうではない。そこには家族や親族や近隣の干渉から自由となった解放感や，似たような境遇にある友人との連帯感があった。住宅というモノの質と，住んでいるという状態の質は区別すべきで，前者は貧しくとも後者が豊かであるということは十分にあり得るのではないか，などと考えていた。

　第一の疑問（なぜ住宅が貧しいのか）については，建築学，経済学，法学の分野で数多くの参考にすべき研究があった。たとえば建築学者の早川和男は，『住宅貧乏物語』（岩波新書，1979年）で日本の現状を告発し，『欧米住宅物語』（新潮選書，1990年）で，住宅に多額の公共投資を惜しまない欧州諸国の努力と，これを支える市民社会の厚みを描いた。それらの研究は，社会の富が適切に配分されないことが住宅の貧しさをもたらすことを教えてくれた。

　第二の疑問（問題は住宅の貧しさなのか）について論じる人は第一の疑問に比べれば少なかったが，いくつかの魅力的な考察に出合った。たとえば，インドネシアでのフィールドワークに基づく布野修司『カンポンの世界』である。布野は，発展途上国の大都市の，一般にはスラムと呼ばれる劣悪な住宅が建ちならぶ地域で，住民の手で小さな改善が重ねられることで住環境が良好になっていく様子を描いた。それは，既存住宅を一斉に撤去して高層住宅に置きかえるような，欧米流のスラムクリアランスとは異質な手法である。布野を中心に刊行されていた雑誌『群居』は，工業製品のように生産・販売される住宅を「商品化住宅」と呼び，これと対抗するセルフビルドの力を強調した。

　第一の疑問は一般的な意味での「住宅問題」である。第二の疑問は，奇妙な言い方ではあるが，「ポスト住宅問題」と呼べるだろう。ふたつを両立させる

▷1　早川が中心となって刊行された『講座現代居住』（全5巻，東京大学出版会，1996年）は，戦後日本の社会科学的な住宅研究の到達点を示している。

▷2　布野修司，1991，『カンポンの世界』PARCO出版。

▷3　松山巖，1985，『まぼろしのインテリア』作品社（1995年に『百年の棲家』と改題のうえちくま学芸文庫より刊行）は，住宅の建造物としての質にばかり目を向けてきた行政・産業・学問と，これを支える大衆の無自覚を批判した。

のは難しく，かといってどちらか一方を選ぶこともできなかったので，問いを立てなおすことにした。試行錯誤のすえにたどりついたのは，「住宅問題がどのように構築されてきたのか」という問いである。あらかじめ住宅問題とはなにかを決めておいて対処の経過を明らかにするのではなく，住宅のどの要素が，だれによって，どのように問題とされてきたかを追跡する。この第三の立場を「住宅問題の構築史」と呼んでおこう。

② いくつかの画期

研究を進めると，住宅問題の構築にはいくつかの画期があることがわかってきた。[4]日本ではほぼ20年おきに注目すべき動きが生じていた。

住宅問題の構築は貧しさを認識することからはじまる。日本で住宅の貧しさが社会的に解決すべき問題であると考えられるようになったのは，1900年前後である。貧しい住宅は，犯罪の巣窟となり，伝染病を拡大させ，暴動の発生源となって，より広範囲の都市に影響を及ぼすとして監視の対象になる。都市を細部まで統治しようとする権力が，身体と不可分であるがゆえに見通しの悪い住宅という領域を取り込めるように，社会調査，社会事業（ソーシャルワーク），都市計画といった手段が開発された。[5]

都市の新中間層のあいだで住宅改良の機運が高まったのが1920年前後である。多くの知識人が住宅について発言し，建築家は論壇の一翼を担った。国家の威信をあらわす公共建築物や資本主義経済の活動拠点を整備するための学問であった建築学は，大衆に直接語りかけるようになった。他方で，市街地建築物法（1919年）による都市部の建築規制，借家法（1921年）に基づく家主と借家人の紛争の緩和，同潤会（1924年）をはじめとする関東大震災後の復興事業などを通じて，住宅を専門的に扱う技術者集団が，行政機構の内部に地歩を固めた。[6]

1940年前後の「総力戦体制」[7]は住宅政策にも及んだ。軍需生産の拡大に伴う人口集中により，都市では猛烈な住宅不足が起きた。政府は家賃統制，借家権の強化，企業に対する社宅建設の奨励など，家主や雇用主の負担を前提に労働者の住居を確保する政策を打ち出した。さらに，全国各地に労働者の住宅を建設するために住宅営団を設立した。住宅営団の研究員のひとりに西山夘三がいた。京都大学で建築学を学んだ西山は，京都，大阪などで都市住宅の調査をつづけながら，庶民の生活実態に疎い学界の主流に鋭い批判を向けた。異端の建築学者であった西山は，住宅問題に精通する希有な人材として住宅営団に招かれた。彼はこの期待に応えて，驚くべき集中力で住宅研究を体系化した。[8]

③ なにが問題の構築を抑制するのか

このように述べると，住宅問題を解明し，解決するための研究と政策が順調に発展してきたようにみえるかもしれない。たしかにそういう面がないわけで

▷ 4 祐成保志，2008，『〈住宅〉の歴史社会学』新曜社。

▷ 5 その初期の構想として，内務省地方局有志，1907，『田園都市』博文館（1980年に『田園都市と日本人』と改題のうえ講談社学術文庫より復刊）。

▷ 6 関一，1923，『住宅問題と都市計画』弘文堂書房（1992年に学陽書房より復刊）は，都市生活の安定を保障する総合的な行政のなかに住宅政策を位置づけた。関は社会政策学者で，のちに大阪市長となった。

▷ 7 山之内靖，2015，『総力戦体制』ちくま学芸文庫。

▷ 8 西山の『住宅問題』（相模書房，1942年）や『国民住居論攷』（伊藤書店，1944年）には，住宅問題を社会構造のゆがみとして把握しようとする姿勢が貫かれている。祐成保志，2020，「日本における住居社会学の形成」『都市社会研究』12：pp. 73-88 を参照。

▷9 佐藤岩夫, 1999, 『現代国家と一般条項』創文社は, 日本の借家法の特徴を, ドイツ, イギリスとの比較を通じて明らかにした。

▷10 祐成保志, 2017, 「住宅とコミュニティの関係を編み直す」宮本太郎編『転げ落ちない社会』勁草書房。

▷11 武田晴人, 1980, 「1920年代研究の方法に関する覚書」『歴史学研究』486：pp. 2-18。

▷12 玉野和志, 1993, 『近代日本の都市化と町内会の成立』行人社参照。

▷13 ケメニー, J., 祐成保志訳, 2014, 『ハウジングと福祉国家』新曜社。ケメニーは, 福祉の社会的分業の考え方を応用し, ハウジング・レジームの国際比較のための理論を提起した。Ⅲ-10 参照。

はない。1940年前後に提案された住宅にまつわる構想は, 戦後の高度経済成長を支える労働力の確保のために, 拡大されたかたちで実現していく。

しかし, 実現したこと以上に重要なのは, 構想が挫折をくりかえしてきたことである。日本の住宅の貧しさと, これを追認する住宅政策の弱さは, すでに1世紀以上指摘されつづけている。それでいて, (経済政策や景気対策ではなく社会政策としての) 住宅政策を拡充すべきだと考える人は少数派である。日本社会には, 住宅問題の構築を抑制するなんらかの要因があると考えざるをえない。

その手がかりも歴史のなかにある。日本では早い段階で借家法が成立し, いくたびかの改正を経て, 家主の権利を制限し借家人の権利を保護する性質が強化された。ただし, 居住権は社会権として規定されるのではなく, 私人間の契約関係のなかで維持されるにすぎない[9]。ここで起きているのは家主から借家人への富の再分配であるとしても, いくつかの点で不安定な性質をもつ[10]。

第一に, 政府が税を集めたり現金・現物を給付したりしているわけではないので, その規模が測定できない (潜在性)。家主は保護を大きく見積もり, 借家人は小さく見積もる。第二に, 家主は, 自らの権利に対して, いつ, どの程度の制限が加えられるのかが予測できない (偶発性)。逆に, 借家人が自らの権利をどこまで主張できるのかが不明確である。第三に, 保護の対象はすでに住んでいる人に限られ, 住宅の質についての規定はない (限定性)。

こうした不安定な再分配は, じつは家主と借家人の関係に限られない。経済史家・武田晴人は, 1920年代の政治における「普選・治安維持法体制」と労使関係における「調停法体制」の相互補完を指摘した[11]。ふたつの体制は, 都市における家庭 (世帯) という生活単位の実質化と, それを基盤とする地域社会の組織化とも対応している。1940年前後には, このことがより明瞭になった。1940年の内務省訓令「部落会町内会等整備要領」には, 地縁団体は「区域内全戸を以て組織する」という規定がある。かつてこうした団体は, 土地・住宅所有者のものであった。戦時体制は, 個々の家主・借家人関係にとどまらず, 地域社会における借家人の地位の向上をうながしたのである[12]。地域または企業のメンバーとして認められた人たちには一定の範囲で居住の安定が確保された。その反面, 住宅難は限られた人たちの問題へと切りちぢめられる。

充実した住宅政策がある社会と比べたとき, それは日本社会の後進性のあらわれのようにみえるが, これを住宅問題に対処する方策の分岐, すなわち異なるセクターによる分業の帰結として分析することができる[13]。日本社会においても, 他の分野 (医療や教育など) では状況が異なるからだ。こうして, 住宅問題の (非) 構築史は国際比較や他制度との比較に開かれていく。

❹ ふたつの住宅問題の並存

もうひとつ重要なのは, 「住宅問題」と「ポスト住宅問題」は, かならずし

も前者が解決したのちに後者が現れるような関係にはない，ということだ。

西山夘三が住宅研究を体系化する前にも，大衆の住宅に観察の目を向けた研究者がいた。そのひとりである今和次郎は，農村の民家の研究者として出発した。1923年の関東大震災を機に，今和次郎のフィールドは都市へと広がる。被災は，モノと身体の関わりにおいて成立する生活慣習が崩壊する体験でもあった。しかし人々は，余塵もさめやらぬうちから，粗末な材料で小屋（バラック）を作りはじめる。今は，喪失からの回復に向けて立ち上がる身体の造形力を記録にとどめた。今は「人間がそのいる場所に，無意識のうちに築いている，いろいろな跡」に着目し，これを「建築外の建築」と呼んだ。「人間と住居空間との交渉から住生活が生誕する」と述べたように，彼は環境を造形する身体の能動性に着目する。これは，環境に順応する受動的な身体を想定した戦時期の西山夘三による住宅計画とは対照的なアプローチである。

アメリカでは1930〜40年代に住宅政策が急拡大し，社会学者がその効果の検証に取り組んだ。社会学者のハーバート・ガンズは，1950年代に「建築・都市計画の限定効果論」というべき立場を打ち出した。利用者は計画者の想定通りに行動するとは限らず，利用者の行動に影響を与える想定外の要因が存在する。想定は容易に裏切られる。計画者が重視する価値と利用者のそれが離れていればいるほど，想定外の，好ましからざる利用が増える。それは，計画者の制御能力の低さというより，利用者の側に環境を読み解き，創出する力がそなわっていることを示している。計画者から見ていかに良好なものであっても，居住者の生活の文脈を読み誤った計画は生活を壊す，とガンズは警鐘を鳴らした。

第一次世界大戦後に住宅政策を確立したイギリスでは，世界有数の公営住宅制度が形成された。日本のように民間家主や雇用主に頼るのではなく政府自身が家主となり，ソーシャルワークと不動産管理の両面を兼ねそなえた住宅管理業務が自治体の専門職として定着した。ところが，イギリスの公営住宅戸数がピークをむかえた1970年代，集権的な管理への批判が噴出した。都市計画家ジョン・ターナーは，公営住宅を「人道的ではあるが，人を依存させるシステム」と呼んだ。先進国では人々の自らを住まわせる力が衰退しており，発展途上国の不法居住地にこそ学ぶべきものがあると主張したのである。アナキスト思想家のコリン・ウォードは，現代の住宅を「あてがわれた家」と呼び，子どもが遊びのなかで発揮する創造性や，スクォーター（占居者）運動の歴史にオルターナティブなハウジングの根源を探った。

住宅問題の構築史をたどることで明らかになったのは，どうやら決定的な解決がないらしいということだ。解決されない問題が反復してあらわれるうえに，ある時期に解決策として導入された手段が問題へと反転する。これはあまり愉快な結論ではないかもしれないが，暫定的な改善に向けた実践に根拠を与えるものでもある。

（祐成保志）

▷14 今和次郎, 1922, 『日本の民家』鈴木書店（1989年に岩波文庫より刊行）。

▷15 今和次郎, [1927] 1972,「土間の研究図」『今和次郎集 9 造形論』ドメス出版, p. 268。

▷16 今和次郎, 1945, 『住生活』乾元社, p. 24。

▷17 Gans, H., 1991, *People, Plans and Policies*, Columbia University Press.

▷18 祐成保志, 2024,「社会政策としての住宅政策・再考」筒井淳也・山根純佳・上村泰裕編『岩波講座社会学 9 福祉・社会保障』岩波書店, pp. 165-183。

▷19 Kemeny, J., 1989, Community-based home and neighbourhood building, *Scandinavian Housing and Planning Research*, 6 (3): p. 160.

▷20 Turner, John. F. C., 1976, *Housing by People*, Marion Boyars Publishers.

▷21 ウォード, C., 西村徹・P. R. ビリングズリー訳, 1977, 『現代のアナキズム』人文書院。Ward, C., 1976, *Housing*, Freedom Press も参照。

Ⅰ　歴史社会学への招待

つながり社会と無縁社会
「無縁」のもつ新しいつながりの可能性

「無縁社会」：つながりの危機としての現代

　2010年，NHK が放映した『無縁社会〜"無縁死"3万2千人の衝撃〜』というドキュメンタリーは，「無縁」というキーワードとともに広く話題になった。「無縁死」とは，「ひとり孤独に亡くなり引き取り手もない死」のことをこの番組でそう呼んだもので，「無縁社会」とともにこの取材班の新しい造語である。取材班はまた「ニュースウォッチ9」や「おはよう日本」などの番組で，「家族や地域，会社でつながりが薄れるなかで起きている『働き盛りのひきこもり』や『児童放置』，『呼び寄せ高齢者』などの問題」を伝え，30代40代などの若い視聴者からも，「私も無縁死するかも」というようなネット上の反響があったと述べている。「無縁社会」ということばは，「ごく当たり前の生活」をしていてもつながりを失い，「ひとりぼっち」になって亡くなることがありうるのだと訴えて，多くの共感を呼んだ。

▷1　NHK「無縁社会プロジェクト」取材班編，2010，『無縁社会』文藝春秋。

　すなわち「無縁社会」ということばは，祀り手のない死者になるという意味の「無縁仏」という死後の状態を表すことばを，生前の生き方や社会のあり方を批判的に表現することばへと変換したのである。たとえば番組は，失業した50代の未婚男性の，「『人とのつながりがなくなるのは，生きている孤独死みたいなものですよね。』」ということばを取り上げている。このことばはつながりのない生を，無意味で無価値なものととらえるものである。つまり，「無縁社会」ということばは，番組で「派遣切り」や「単身社会」などのことばと結びつけられて，多くの人々が偶々のめぐりあわせの悪さによって，つながりを失い無価値な存在になってしまう可能性を示唆するものとして用いられている。

▷2　NHK「無縁社会プロジェクト」取材班編，2010，『無縁社会』文藝春秋，p. 138。

　しかし，NHKのこうしたインタビュー対象者のことばの一方で，それは当人の主観の問題であるよりは，世間の見る目の問題ではないかと思われる，次のような投書がある。

　「私は一人暮らしですので，何かあった時にたったひとりで亡くなることは，ある意味当然と思っています。でも普段，きょうだいや甥一家とも付き合いがありますし，友達と楽しくやっていて孤独と思ったことはありません。最後の瞬間はひとりかもしれませんがいつかそんな風になっても『孤独死した』と言われるのは嫌です。」（『朝日新聞』2019年9月20日朝刊）

30

また NHK の「無縁社会」の中にも，家族がいないのをコーラスグループの仲間に知られたくない，という未婚女性が出てくる。こうした場合，無縁が問題であるのは，当人の現実の不安などの感じ方よりは，世間の見る目の問題なのである。NHK 取材班は「彼女たちはおそらく『哀れみの目』を向けられたくなかったに違いない」と述べ，最終的には「ひとりひとりが"つながり"を作ろうとするささやかな勇気の積み重ねこそが必要なのかもしれない」という自助努力へと結論付けて終わっている。しかし，上で見たように「孤独死」を恐れる人々はつながりがないのではなく，同居家族のような，死を看取ってくれる人がいないことに問題を共有しているのである。

▷3　NHK「無縁社会プロジェクト」取材班編，2010，『無縁社会』文藝春秋，p. 179。

❷　歴史のなかの「無縁」：ユートピアの構想

「無縁」ということばは，かならずしも否定的な意味にばかり使われていたものではない。その意味を肯定的に転換するものとして，網野善彦の『無縁・苦界・楽──日本中世の自由と平和』を見てみたい。

佐藤健二は，「無縁」という概念を「近代社会の論理に服さない規範意識や行為の描写が，社会史的記述の第一にあげられるべき特徴である」と述べる。つまり，近代社会とは異なる価値観を表現するものとして，「アジール」や「無縁」ということばが，戦略的に研究対象とされたのである。ではそれはどのような価値観なのか。

網野はまずこの著書で，江戸期の「縁切り寺」や中世の「駆入寺」などの「無縁所」が，そこに逃げ込んだ女性や下人を，幕府や戦国大名などの世俗権力に対抗して，保護する機能をもつ特殊な場であったことに着目する。「無縁の原理」が支配する場に入ると，人々は世俗社会の夫婦や主従の縁や債務などの義務を，拒否することができたというのである。網野はそこから話を広げ，遍歴民や市場，一揆などの現象を「無縁の原理」と関連づけ，近代社会のさまざまな「当たり前」を相対化した。社会が均質の時空間で成り立っていることや，社会とは定住や集団によって成り立つ，という近代的な見方に対して，世俗の権力に対抗することのできる場や，移動が生活の基本でそうした権力の外部にいる人々の存在を指摘し，それらをまとめることばとして「無縁の原理」を述べたのである。

▷4　網野善彦，1978，『無縁・苦界・楽』平凡社。

▷5　佐藤健二，1987，『読書空間の近代』弘文堂，p. 36。

つまり，網野によれば，世俗権力と対抗する「無縁の原理」こそ，人々を自由で平和にする一種の「ユートピア」に近いものだった。いいかえれば，網野の「無縁の原理」は，実際には歴史のなかで賤視され排除されてきた場や人々のあり方を，一種のユートピアとして描き出すことによって，私有や主従関係で成り立つ現実の「有縁社会」を批判的にみる見方を，これまでなかった新しい視点として，歴史学に導入したのである。それは"温かい"共同体の中の支配や暴力，それへの我慢や苦悩を見出すことを可能にするものだったのではな

▷6 見田宗介, 1996,
「交響圏とルール圏」井上
俊ほか編『岩波講座現代社
会学26社会構想の社会学』
岩波書店。

▷7 川北稔, 2019, 『8050
問題の深層』NHK出版。

▷8 川北稔, 2019, 『8050
問題の深層』NHK出版,
p. 172。

いだろうか。

　見田宗介は「交響圏とルール圏」という論文のなかで，現実を批判的に見る視点を，虚焦点としてのユートピアと対比することで構築したが，網野の「無縁の原理」も，こうしたユートピアの構想のひとつとしての側面をもつと思われる。すなわち，歴史のなかに，現在私たちが生きる社会を批判することのできるような，対抗する意味をもった場の可能性を探求し，それとの対比によって，社会の問題性を浮かび上がらせるのである。

③ 「つながり」社会という見方の限界

　冒頭に取り上げたNHKの「無縁社会」ということばは，自己責任的な「有縁社会」の限界を示すものとして用いられていた。それを「つながり社会」と呼ぶなら，それはたとえば看取りの文化などの，文化や意識の領域にとどまらず，「家族は介護の含み資産」ということばが示すように，社会政策や福祉制度の設計の前提として，私たちの生活を成り立たせるために必要な社会資本のあり方を規定してきた。しかしながら，現代日本においては，「無縁社会」のシリーズが示したように，現実には単身世帯が増加し家族のいない人々が増加しているという点ばかりではなく，家族に期待される役割が過負荷になり，十分にその役割を果たせない事態が多く生じていると思われる。具体的には，児童虐待の問題や，介護殺人などの報道など，頼る人がいないからではなく，家族だけに頼ることで多くの問題が生起していると考えられる。未婚化，少子化は，これらの問題の原因のひとつとされるが，むしろ家族が社会資本というよりは，特に女性にとっては過重な負担やそのリスクとされることによって起きていることではないだろうか。

　たとえば，「ひきこもり」の問題を調査研究してきた川北は，こうした現代日本の家族の状況を，「限界集落」になぞらえて「限界家族」と呼ぶ。子どもや高齢者，あるいは疾病，身体的，精神的な障害を抱えるなどのあらゆる「自立」できないメンバーを，経済面でも生活面でも包括的に支える場として，家族は役割を期待され，機能してきた。しかし地域や親族などの社会関係が後退するなかで，家族自体が孤立し，もはやそうした役割を果たせなくなっていると川北は指摘する。たとえば「8050問題」という近年報道に見られることばは，高齢化した親が，長期化した引きこもりの子どもを，もはや支えられなくなっている事態を表している。こうした事態において必要なのは，もっと家族を「しっかりさせる」ことではなく，「家族それぞれのニーズをかなえようとする」包括的な支援であると川北は述べる。親や子であるという前提を外して，ひとりひとりの人間として人々を位置づけ，政策を考え制度を設計するべき段階に来ているというのである。それはまるで人々を「つながり」のない存在と等しく位置づけているように見える。いいかえればこれまでの「つながり」の

あり方が危機にある今こそ，ひとりひとりを個として社会の中に位置づけることで，新しい〈つながり〉が生まれる可能性を見いだせるのではないだろうか。

ここで私たちはこの問題を歴史社会学的に，すなわち網野が用いた「無縁の原理」というユートピアと対比して考えてみることができるだろう。ユートピアという虚焦点が必要となるのは，私たちが現在生きる社会の磁場にとらわれているままでは，そうでなくても可能なあり方を構想できないからである。実際，NHK の「無縁社会」ということばは，網野の「無縁の原理」と比較すると，つながりの不在という点だけに意味を限局されていた。網野の「無縁・苦界・楽」は，「公界」，すなわち家という私的領域に対する公共性や，「楽市」，すなわち土地所有に基づく主従関係に対する，自由で対等な交易などの意味をもった場としての「無縁の原理」を指摘していた。そうした豊かな意味は，「無縁社会」という言葉から失われている。そこには私たちの生きる現実の規定力がいかに強力なものであるかが見て取れるだろう。網野によれば，無縁とは決して「つながり」の一切ない状態ではない。それは所有や主従関係の外部にある状態なのであり，そうしたユートピアを虚焦点として現代の家族が抱える問題を見ることで，所有や主従関係的な，いわゆる"世間に認められる"「つながり」の回復や強化以外の可能性について，考えることができるのではないだろうか。すなわち，川北の指摘するような「個」を単位とする新しい〈つながり〉の可能性である。

❹ 「無縁」とはつながりのないことか？

私たちは最後に，「無縁」ということばがもっていた意味の重層性を歴史社会学的に回復することによってどのように現実の問題を見直すことができるかについて考察しておきたいと思う。それは，リスク化する社会のなかで，私たちの生や死に意味や価値を与えるのは，"世間に認められる"「つながり」だけだろうか，あるいは"世間に認められる"つながりがあるとしても，私たちの生や死が，それによって十分な意味や価値をもっているといつでもかならず（だいたいのところでもいいが）感じられるだろうか，という問いである。実際現在では，たくさんの人々が，なんの関わりもない人を援助するために，自費でボランティアに出かけたりする。また最近なんの関わりもない人が事件にあうと，被害者を悼んで献花に遠方から多くの人が訪れる様子がマスコミに流れる。こうした振る舞いは，これまで"世間に認められる"「つながり」とはされてこなかったそのような関わりが，私たちに意味や価値を与えるなにかだと感じられていることを示しているのではないだろうか。そうした〈つながり〉を意味あるものとして見出し，考察するためにも，ユートピアとしての無縁の意味の回復が必要となるのではないだろうか。　　　　　　　　　　（中筋由紀子）

Ⅰ　歴史社会学への招待

祭り
世代を超えた継承をもたらす歴史の作用

1　社会学における都市祝祭研究

　祭りは社会学のみならず文化人類学や民俗学，宗教学などの他分野も含め，それを担う地域集団における人々の共同性や関係性，さらに担い手の集団を超えて広範に拡がるネットワークを論じるうえで格好の分析対象である。

　その理由としてはまず，祭りが地域社会のなかでも相対的に大きい規模で人手，資金，モノ，技能といった資源を動員するため，それらの流れを通して地域における社会関係やネットワークが浮き彫りになりやすいことがある。加えて祭りは人々の注目を集めるイベントであり，その際に各成員に与えられる立場・役職等は各自の社会的地位や地位と結びついた名誉・威信を人々が誇示する機会である。したがって地域社会における権力や経済力，年齢やジェンダーに基づく秩序やその変容を分析するうえでの指標ともなり，そうした観点から地域社会の社会構造とその変動を明らかにすることが可能である。

　さらに祭りは年に1度あるいは何年かに1度という周期性をもって行われ，人々にらせん状に流れる回帰的な時間の秩序をもたらす。毎年同じ季節にくりかえされる祭り，さらにその催行に向けての諸々の準備や会議がルーティンとして，地域社会を構成するリズムや区切りをつくりだすうえでの定点をもたらす。その意味で地域社会のなかに埋め込まれた時間意識，また人々が共有する集合的な記憶について考えるうえでも，祭りは有力な手がかりとなる。

　ただし社会学において，伝統的な祭りを手がかりにした地域社会の研究は決して多くない。それは日本において都市社会学や地域社会学といった分野が形成される過程では，近代以前から継承されてきた伝統的な共同性の分析よりも，戦後における新たな共同性の構築とその可能性をとらえることに重点が置かれてきたためである。

　数少ない例外としては，有末賢および松平誠による研究が挙げられよう。有末は住吉神社大祭という東京の佃・月島の都市祭礼にみられる，祭礼組織の地区による編成の差異や地区同士の関係性について，住民の居住歴や居住形態，人口や地付層の減少等と結びつけて論じた。また松平は近世以来の都市（川越・府中・秩父）で継承されてきた祭りについて，組織構成や財政基盤，役職のキャリアパス等を分析し，町内を構成する家同士の身分階層性，威信構造とその変動，町内の内包・外延の再編，さらに経済的な停滞や人口減少による生

▷1　植田今日子，2016，『存続の岐路にたつむら』昭和堂，pp. 130-131。

▷2　たとえば都市社会学では，シカゴ学派のアーバニズム論をベースに，「村落共同体的連帯感や所属感」といった「偏狭なローカル・アタッチメント」から切り離されたかたちでの「市民意識」や「コミュニティ意識」がいかに生成しうるのかが問題化され（倉沢進，1968，『日本の都市社会』福村出版，p. 263），それが1970年代以降の都市社会学の主流となったコミュニティ論に引き継がれていった（松尾浩一郎，2015，『日本において都市社会学はどう形成されてきたか』ミネルヴァ書房，pp. 282-284）。都市社会学のこの展開を通じて，都市における歴史や伝統と結びついた共同性といったテーマは周縁化されていった。

▷3　有末賢，1999，『現代大都市の重層的構造』ミネルヴァ書房。

34

活共同の観念化のプロセスを描き出している。加えて，松平はこうした血縁・地縁を核とする伝統型都市祝祭とは異なった，開放的・流動的・一時的なつながりに基づく合衆型都市祝祭が20世紀後半に拡がったとする議論を高円寺阿波おどりなどの事例から展開している[4]。

2　全体的相互給付関係としての祭り

　ただし人的および金銭的資源の動員や名誉・威信の配分，また人口構成や組織の成員の社会的属性といったことに注目するだけでは，祭りという現象の研究対象としての特徴はあまり発揮されない。佐藤健二は日本の都市社会学が「組織論・集団論」の枠組みに依拠するあまり，「身体や感覚への注目や，それをふまえた新しいコミュニケーション分析の視点の組織化は弱かったのではないか」と批判する。すなわち「人びとの感覚（五感の感受性），記憶（歴史意識），実践（身ぶり／しぐさ／作法／行動様式)」をとらえ損ねてきたというのだが，祭りという華やかな場において人々の感情を揺さぶり，また熱狂や没入を引き起こす対象については，特にそうした面も含めた分析が必要だろう[5]。

　では日本の都市社会学や地域社会学において十分に展開されなかった，そうした要素も含む理論枠組みとしてなにが考えられるか。特に有末や松平が論じた都市の伝統的な祭りにふさわしいアプローチとしては，有賀喜左衛門が「都市社会学の課題——村落社会学と関連して」という論文で示した家連合論が挙げられる[6]。有賀は，戦前期より展開した自身の村落社会学と同様の観点から，複数の「家」によって構成される「聚落的家連合」という地縁関係として都市を分析する視点を提起した。このアプローチはその後，中野卓による都市社会学的研究である『商家同族団の研究』（ V-7 ）[7]に引き継がれたが，アーバニズム論が都市社会学の主流になるなかで忘れ去られていった先行研究である。

　有賀・中野の分析において鍵になる概念が家同士の「全体的相互給付関係」，すなわち「各戸間の一切の相互給付関係」であり，「生活行為の内面的な部分に及」ぶ「労力，物品，心情の総合的贈答」からなる関係を意味する[8]。中野が論じた商家の場合であれば，「近隣性」をもつ家連合内部のさまざまな交際・相互扶助，たとえば年中行事・法要・葬儀・婚姻・儀礼・社交・娯楽といった生活の諸側面がそれにあたる。

　伝統的な祭りもまた，世代を超えたそうした全体的相互給付関係のひとつである。たとえばお祝いとして家同士や町内同士で金品や酒が送られるといったかたちでの相互給付が多岐にわたって行われ，また松平が，都市の祭りにおける金銭的な負担の等級制が同時に威信構造の強化・再編成でもあったと論じるように，供出した資源と引き換えに名誉や威信といった用益が各家・各町内に対して配分される。物品・労力・心情といった有形無形のものが入り交じるかたちで贈与と配分がなされているという意味で，まさにそれは全体的相互給付

▷4　松平誠，1983，『祭の文化』有斐閣。松平誠，1990，『都市祝祭の社会学』有斐閣。松平誠，2008，『祭りのゆくえ』中央公論新社。

▷5　佐藤健二，2011，『社会調査史のリテラシー』新曜社，pp. 119, 120。

▷6　有賀喜左衛門，[1948] 2011，「都市社会学の課題」有末賢・内田忠賢・倉石忠彦・小林忠雄編『都市民俗基本論文集4 都市民俗の周辺領域』岩田書院，pp. 161-207。

▷7　中野卓，[1964] 1978，『商家同族団の研究』上・下，未來社。

▷8　有賀喜左衛門，[1939] 1967，『有賀喜左衛門著作集Ⅲ 大家族制度と名子制度』未來社，p. 123。

関係という概念にふさわしい。

祭りにおけるコンフリクトを通じた記憶とノウハウの伝承

　松平の研究は，有賀の全体的相互給付関係の視点をふまえて祭りを分析した数少ない研究である。ただし松平は各家の政治・経済的な地位と連動して名誉・威信が配分されることを自明視しており，その点でやや単純に過ぎる。家同士の名誉・威信の配分は，町内における家の社会的地位，居住歴の長さ，それと結びついた地域社会における先祖代々の金銭や労力の負担といった資源の供出の多寡に連動するのは確かだが，実際の祭りを見てみると，実際にはそうした負担と配分とはかならずしもつりあっているとは限らない。たとえばA家は負担が少ないにもかかわらず名誉を得ているのに対し，B家は重い負担にもかかわらず得られていない（とB家が考える）場合もしばしばあり得る。

　そうしたつりあいが取れない際には，家同士でコンフリクトがしばしば発生する。祭りは地域社会での歴史に裏打ちされた名誉を誇示する機会であり，名誉が配分されないことは単にその世代の問題であるにとどまらず，その家が世代を超えて行ってきた長年にわたる資源の供出全体をないがしろにされたことを意味している。そうした仕打ちをされた家は当然ながら怒りや哀しみをもち，将来においてなんとしても過去の資源に見合う名誉をとりかえすべく，執念を燃やして祭りにコミットすることになる。

　そもそもある年の祭りにおいて，家の構成員の年齢や性別によっては，そうした名誉・威信の配分にあずかれないことも多い。それでも資源を供出することが意味をもつのは，世代を重ねるなかでいつかその配分の順番が回ってくることが期待されるからだ。そうした過去と未来を貫く世代を越えた長期の時間軸を担い手が想定できるからこそ，祭りに資源・労力を投入することは合理的な意味をもつ。逆にいえば，祭りが継承できなくなってしまえば自分たちだけでなく，先行世代の資源・労力の投入も意味がなくなってしまうのであり，そうであるからこそなんとかして祭りを継承するために手を尽くすのである。

　こうしたコンフリクトは一見すると伝統的な祭りの基盤となる共同性を崩壊させるように見えるかもしれない。しかしむしろ逆で，多くの担い手たちはこうしたコンフリクトを楽しんですらいる。皆が見ている前での名誉ある役職をめぐる家同士の衝突，役職を選んだ責任者と不満をもつ家との喧嘩などは準備期間にも祭り当日にもハラハラするドラマを生み出し，そのために起きるハプニングなども含めて面白がられる。また，その年の祭りで名誉・威信が配分されない家であっても，こうした興趣を享受することで，祭りを楽しむことができるのである。

　と同時に，コンフリクトは歴史に裏打ちされた祭りをめぐる知識やノウハウを，担い手同士が共有するうえでも重要である。それらは飲み会で披露される

武勇伝や面白話といった，わかりやすく面白いストーリーとして，当のコンフリクトを直接経験していない世代にまで伝承されることになる。後続世代もそのストーリーを聞くことで，自分の町内において家同士にはどのような因縁があるのか，また世代間でどのような問題が対立点となりやすいのかといった，自分が祭りの舵取りを担う際に気をつけるべきこと，町内における伝統のあり方やルールについて，表面的な知識を超えて理解し伝承することができるのである。その意味でこうしたコンフリクトは，祭りをめぐる歴史や記憶，ノウハウを伝承するうえでも大きな意味をもっている。[9]

4 コロナ禍における祭りが顕在化させた，歴史と未来への想像力

上記のように伝統的な祭りは，地域社会における過去の家と町内の歴史をめぐる意識，そしてそれが今後も継承されることを前提にした未来への想像力という，長期の時間軸を基盤としている。2020年からのコロナ禍による継承の危機は，祭りをめぐる担い手のそうした長期的な視点が顕在化した時期でもあった。筆者が調査している都市祝祭では2021年の段階では規模を縮小させ，伝統とされるやり方を大きく変化させて祭りを開催した。その理由のひとつは現状で可能な限り準備を行い，たとえ中止になったとしても，準備のプロセスを記憶・記録することで，パンデミック下でなにがどこまで可能かについての教訓を将来に伝承する必要性にあった。祭りの継承という長期的な視野があるからこそ，その時々の開催の可否にとどまらない視野で祭りについて考えることができたのである。[10]

こうした実践については他にも事例が見られる。三隅貴史はコロナ禍のさなかにおいて山車・屋台を用いる祭りの担い手が，「遊び」や「飾り付け」「練習」などと称して外部からの批判を免れつつなんとかして祭りに関する実践を行い，祭りのルーティンを守ろうとしたことを指摘する。それは数年間の完全な自粛によって継承が途絶えてしまうことへの危機感であり，継承できなくなれば先人とこれから生まれてくる世代の両方に申し訳ないという世代継承性の論理の現れである。[11]

先述のように祭りが継承されさえすれば，過去に供出した資金や労力といった資源の見返りをいつか獲得できる期待は保持される。逆に継承できなくなってしまえば，自分の家や町内が何百年にもわたって注ぎ込んできた資源は見返りがないままに消えてしまう。ゆえに祭りはなんとしても継承されなければならないし，継承を見据えた未来への視点を担い手は必然的にもつことになる。コロナ禍における担い手の振る舞いも，そうした長期的視点と結びついたものだ。このように伝統的な祭りは，地域社会に根づき潜在してきた歴史や記憶に依拠した未来への視点を解き明かすうえでも，重要な手がかりを提供してくれるのである。

（武田俊輔）

▷9　武田俊輔，2019，『コモンズとしての都市祭礼』新曜社。

▷10　武田俊輔，2023，「コロナ禍状況における都市祭礼とそのフィールドワーク」『社会学年誌』64：pp. 21-37。

▷11　三隅貴史，2022，「祭礼と文化継承」鳥越皓之・足立重和・谷村要編著『コロナ時代の仕事・家族・コミュニティ』ミネルヴァ書房，pp. 195-212。

I 歴史社会学への招待

社会学史
歴史社会学としての社会学史

1 テクスト（学説）とコンテクスト（歴史）の関係

　社会学には，A. コント（1798〜1857）が著書『実証哲学講義』（1830〜1842年）で社会学を論じて以来，ほぼ180年の歴史がある。こうした社会学の歩みを研究する分野が社会学史である。ここで明らかにしたいのは，こうした社会学の歴史を扱う社会学史は果たして歴史社会学になりうるのか，という疑問である。なるほど同じ歴史であっても，歴史社会学の対象である「歴史」と専門的な「学問の歴史」のあいだには大きな溝があるように思われる。しかし，社会学史もまた社会学の「歴史」である以上，やはり社会学史は歴史社会学になりうる可能性を秘めているのである。

　社会学をわかりやすく定義するなら，さまざまな方法や理論を駆使し，社会に対する新しい認識を生み出す学問，ということになるだろう。こうした理解に基づけば，社会学における過去の学説や学史も，その時代に生きた「社会学者」が残した社会のひとつの記録であり証言となる。その意味で，すでに社会学史は広い意味で社会現象の歴史を扱う歴史社会学といえるだろう。しかし，社会学の学説や学史から見えてくる〈歴史〉が，社会現象の歴史を探究して見えてくる「歴史」とまったく同じであれば，わざわざ社会学史へ「迂回」する理由はない。歴史を直接研究すればよいからである。

　社会学史が歴史社会学になるためには，社会学の学説や学史を迂回することで，社会に新しい見方がもたらされる必要がある。社会学史が既存の歴史に新しい別の見方をもたらすには，社会学者が考えている通俗的な社会学史が陥る「罠」から距離をとらねばならない。その罠とは，歴史を学説や学史の「外側」に想定し，学説・学史を歴史の産物あるいは「反映」として理解してしまうことである。学説を「テクスト」，それを取り巻く歴史を「コンテクスト」と呼ぶならば，私たちが避けねばならないのは，テクストの内容をその外側のコンテクストに還元して理解することである。なぜならば，テクストを取り上げているにもかかわらず，それをコンテクストに還元させるなら，学説というテクストをわざわざ読む理由がないからである。

2 エーリッヒ・フロム『自由からの逃走』とは

　やや抽象的な話がつづいたので，具体例を挙げながら説明していこう。ここ

▷1　オーギュスト・コント（Auguste Comte）はフランスの哲学者で，自宅で行った講義内容を記した『実証哲学講義』のなかではじめて「社会学」の名称と用いたといわれている。

▷2　日本に限っても，E. フェノロサが東京大学で社会学（当時は世態学）の講義を開講してから140年の歴史がある。『東京大学文学部社会学科／大学人文社会系研究科　社会学研究室の100年』（東京大学文学部社会学研究室，2004年）には，1878年（明治11）に政治学及理財学の教授であったアーネスト・フェノロサ（Ernest Fenollosa 1853-1908）が「世態学」の名で社会学の講義を行った記録がある。1885年に世態学は社会学に改称され，翌年1886年から外山正一教授が日本人教官として社会学を講義した。

38

で取り上げたいのは，エーリッヒ・フロム（1900～1980）という社会学者のテクスト『自由からの逃走』（1941年）である。この書物が明らかにしたのは，人間には自由を放棄し，進んで権威に服従したいと願う非合理な欲望──「自由からの逃走」という欲望──があるという事実である。そして，この人間の闇を解明するために，意識の底にある無意識の欲望を解明する「精神分析」という新しい心理学が社会学に導入されたのである。

「通俗的な社会学史」の説明では，19世紀末から20世紀初頭の社会は，巨大な資本主義経済と大衆民主主義を高度なマスコミュニケーションの発達により，権力のプロパガンダに操作される無力で非合理的な大衆が社会にあふれ出し，そうした「非合理性」を理解するために精神分析が社会学に取り入れられた，ということになる。そしてその代表的な成果がフロムの『自由からの逃走』とされる。こうした説明は，確かに『自由からの逃走』というテクストの内容をわかりやすく説明している。しかし，「歴史社会学としての社会学史」とすれば，歴史に対してなにひとつ新しい知見をもたらしてはいない。わざわざ『自由からの逃走』を取り上げているのに，19世紀末から20世紀初頭の社会は「非合理」であったということ以上はなにもいっていない。なるほど「通俗的な社会学史」は，テクストをわかりやすく説明する点では有益であるが，私たちがここでめざしたいのは，『自由からの逃走』という書物を経由して，歴史に対する新しい見方を提示することである。そのためには，コンテクスト（歴史の現実）からテクスト（『自由からの逃走』）を単純化して説明する通俗的な社会学史から距離をとり，テクストの「内側」からコンテクストに迫る歴史社会学としての社会学史を実践する必要がある。

『自由からの逃走』に立ち帰り，その内容を詳しく検討してみよう。この書物は，中世末期からアメリカ大衆社会に至る「近代人の自由とその運命」について分析した書物である。そして社会学史においては，ナチズム台頭の社会心理学的メカニズムを解明した研究として古典の位置を占めている。私たちは通常「自由」に強く憧れ，人間とはいつも自由を求めつづける存在だと考えている。しかし，人間はそうした表の顔とは裏腹に，自由を放棄し権威へ服従する願望をもっており，1930年代のドイツで独裁者を熱狂的に支持した人々こそ，自由に背を向け進んで権威に服従する人々だとされる。こうした現象が生じるのは，フロムによれば，自由には一面で人を集団や人間関係から切り離し孤立させ，無力な状態に置く効果があるからだ。フロムはこうした，逃走をもたらす自由を「～からの自由」，すなわち消極的自由と呼んでいる。消極的自由に止まる限り，人はその不安からくりかえし権威への服従を熱望する。逆に「自由からの逃走」を回避するためには，消極的自由から「～への自由」という積極的自由へと歩みを進め，自己の能力を開花させつつ，他者との連帯を構築しなければならない。しかし，現実の歴史では，第一次世界大戦に敗北したドイツにあら

▷3　フロム，E.，日高六郎訳，1951，『自由からの逃走』東京創元社。原著はアメリカ亡命後の1941年に刊行された。エーリッヒ・フロム（Erich Fromm）は大衆社会論で知られる社会学，社会心理学者。フランクフルト社会研究所の社会心理学部門の責任者を務めたのち，アメリカ，メキシコ，スイスへと移住し，数多くの著作を発表した。

われたナチス支持者は，帝政に代わるワイマール共和国において自由を享受したものの，積極的自由に進むことができず，自由から逃走したのである。

③ ドイツ系ユダヤ人・フロムと「出エジプト」

　ところで，そもそもフロムはこうした「自由からの逃走」という命題にどのようにしてたどり着いたのだろうか。フロムの人生を詳細に調べると，フロムはこの「自由からの逃走」という命題と同じ構造をもつある有名な物語に，『自由からの逃走』執筆以前にすでに出合っていることが判明する。旧訳聖書（モーセ五書）における「出エジプト」の物語である。[4]

　出エジプトとは，古代ユダヤの民が預言者モーセに率いられ，専制国家エジプトの支配と抑圧から脱出し，約束の地に到達するまでの歴史物語である。エジプトを出て荒野の中をさまよう民は，決して姿を見せない神に不安を感じ，眼に見える偶像（黄金の子牛）を自らの手で鋳造し，進んでそれにひざまずく。専制国家エジプトの圧政から「自由」を手にしたにもかかわらず，自らその自由を放棄し，偶像崇拝に陥るのである（自由からの逃走！）。

　エーリッヒ・フロムは，1900年にフランクフルトでワイン商を営む裕福なドイツ系ユダ人の両親のもとに生まれた。両親はともに，代々著名なラビやタルムード研究者を排出した家系の出身で，フロム自身も幼少期より祖父からタルムードの手ほどきを受けていた。[5]地元のギムナジウム（中等・高等学校）を卒業したのち，フランクフルト大学さらにハイデルベルク大学に進学したフロムであったが，当時はまだ敬虔な正統派のユダヤ教徒であり（のちに信仰を放棄する），アメリカ亡命以前には「ユダヤ自由学院」というユダヤ人の子弟教育を行う機関でユダヤ教の教学を教えていた。この教育機関では，M. ブーバーやG. ショーレムといった歴史に名を残すユダヤ教学者も教壇に立っている。

　フロムを含む，当時の若きユダヤ青年たちの抱えたアイデンティティに目を向けよう。19世紀にフランス革命の恩恵を受け，ドイツのユダヤ人たちもそれまでの排除と隔離の生活から解放され自由を手に入れた。ドイツの高度な普遍主義的文化へと解放された彼らは，やがて伝統的なユダヤ文化に背を向け，ドイツ文化に進んで同化していった。ところが，世紀末から20世紀に入るとドイツ文化はその普遍性を喪失し，ナショナリズムと反ユダヤ主義の色彩を強めていく。この迫りくる排除の論理を目の当たりにしても，ユダヤ青年たちが立ち帰るべきユダヤ的伝統は，ドイツへの同化により失われてしまっている。そうしたなかで，若きユダヤ青年たちは，ドイツ各地でヘブライ語やユダヤ教学を学び教授する学校を設立し，真正なるユダヤ文化を探究したのである。フロムが設立に関わったフランクフルトの「ユダヤ自由学院」も，そうした流れにおいて設立された学校である。そして，そこでフロムが講義のために取り上げたのが，まさに「出エジプト」とその注釈なのであった。その後1933年にフロムは同時代の専制国家ナチス

▷4　フロムのこの出エジプトの物語との出合いは，彼の幼少期に遡る。出口剛司，2002，『エーリッヒ・フロム』新曜社では，テクスト（学説）をコンテクスト（歴史的現実）に対する「応答」という観点からフロムの初期から中期に至る学説を取り扱っている。

▷5　口承されたユダヤ教の教えのこと。

ドイツを脱出し，約束の地・アメリカをめざして亡命する。

❹ 歴史社会学におけるテクストの重層性

『自由からの逃走』という書物は，フロム自らのナチスドイツからの「亡命」とともに，古代ユダヤの物語が20世紀に回帰することによって紡ぎ出されたテクストである。むしろ『自由からの逃走』というテクストが，フロムの人生を通して，古代ユダヤの歴史と20世紀の現代史が出合う場になったといえる。『自由からの逃走』は，ナチスドイツの台頭を説明する社会学史上の書物ではあるが，そのテクストのなかには幾層もの歴史（コンテクスト）が重層的に重なっている。その層を腑分けしてみよう。

最初に浮かび上がるのは，すでに見たように，エーリッヒ・フロムその人の人生である。自由からの逃走（＝出エジプト）とは，まぎれもなくナチスドイツを逃れ，約束の地に向かうフロムの人生のありようを表現している（第一の層）。さらに『自由からの逃走』を歴史的なドキュメントとして見たとき，そこに記録されているのは，まぎれもなくフロムが分析の対象としたナチスドイツ支持者である（第二の層）。そしてまた，フロムの人生は，彼を含む当時の亡命知識人たちのアイデンティティの一部である。すなわち，フロムという固有の人生を通して，同時代を生きるドイツ系ユダヤ人たちの民族誌が同時に記録されているのである（第三の層）。『自由からの逃走』というテクストは，フロムという人物の「人生」，ナチスドイツ支持者たちという「同時代の現実」，そしてドイツ系ユダヤ人の「民族誌」というまさに３つの層から成り立っている。しかし，なによりも興味深いのは，そうした重層性を抱えるテクストが，亡命による「出エジプト」の再現前によってフロムというドイツ系ユダヤ人の人生において紡ぎ出されたことである。

最後に「歴史社会学としての社会学史」の可能性を明らかにしておこう。社会学史のテクストは，第一義的には社会を分析するための理論命題を表している。しかし，そのテクストには，それを取り囲むさまざまな歴史（コンテクスト）が折り重なって登録されている。そして，個々のテクストから見えてくる歴史の光景は，実証的な歴史が描く歴史の姿とは大きく異なっている。なぜならば，実際には時代，場所そして主体がまったく異なる歴史的な出来事を，圧縮されたかたちでひとつのテクストの内側で見渡すことができるからである。古代ユダヤの出エジプトという歴史的事件が，20世紀という時代に再現されるはずがない。ワイマール共和国の自由を放棄した人々は，故国を後に亡命するドイツ系ユダヤ人とはまったく異なる主体である。しかし，テクストはそうしたさまざまな歴史や社会の現実をオーバーラップさせながら「自由からの逃走」という理論命題によって上演してくれる。場所，時代，主体の異なる歴史が反歴史としてテクストに登場するのである。　　　　　　（出口剛司）

▷6　ドイツ帝国の崩壊によって手にした自由から逃走するナチスドイツ支持者が抱える不安にだれよりも共鳴したのは，亡命を通して同じく自由と不安を抱えたフロムその人なのかもしれない。

Ⅱ　歴史社会学入門

1 社会科学のなかの社会学
「意味」を問い，「理解」をめざす学問

1　説明と理解

　研究者が歴史を扱うときの方針には，大きく分けて2種類ある。ひとつは歴史を「説明する」という方針，もうひとつは歴史を「理解する」という方針である。説明とは，いくつかの出来事のあいだの因果関係を明らかにすることである。「ドナルド・トランプはなぜ大統領に当選したのか」のように，出来事の「なぜ」を問うとき，研究者は出来事を因果関係に即して説明しようとする。これに対し理解とは，行為者の考えや心の内を把握することである。「アメリカの有権者はドナルド・トランプについてどのように考えていたのか」と問うとき，研究者は因果関係の説明ではなく，人々の考えの理解をめざす。

　歴史を扱うとき，研究者は説明と理解，どちらの方針を採るべきなのか。この問題が最初に関心を集めたのは，19世紀後半のドイツ語圏（ドイツ，オーストリア）においてであった。当時，学問の世界は自然科学の興隆に大いに注目していた。自然科学は，自然法則の発見に基づいてさまざまな自然現象の因果関係を説明することができるようになっていた。それゆえ，多くの学者が「人間を対象とする学問も自然科学の方法にならうべきだ」と考えるようになった。実際に，心理学は自然科学にならって実験的手法を導入することで発展した。しかしヴィルヘルム・ディルタイのように，「人間を対象とする学問も自然科学の方法にならうべきだ」という考えに反対する人もいた。ディルタイは，人間を対象とする学問を「精神科学」（Geisteswissenschaften）と呼び，これが自然科学とは異なる種類の学問であることを強調した。人間が作り出すのは「精神」の世界なのだから，自然（物理現象）を対象とする学問とは異なる方法が要求されるはずだ，というのがディルタイの考えである。ディルタイは「われわれは自然を説明し，心的生を理解する」と述べ，人間を対象とする「精神科学」に求められるのは説明ではなく理解なのだと主張した。

▷1　ディルタイ，W.，丸山高司訳，2003，「記述的分析的心理学」『ディルタイ全集第3巻論理学・心理学論集』法政大学出版局，p. 643。

2　説明と理解を共存させる社会学

　「説明か理解か」が盛んに議論されていた19世紀後半，社会学は学問分野としてまだ確立されていなかった。「社会学はなにをする学問なのか」「社会学はどのような方法で研究を行うのか」という問いに，明確な答えはまだ与えられていなかった。この問いに明確な答えを与えたのが，マックス・ウェーバーで

42

ある。

ウェーバーは、「出来事の因果関係を説明する」という方針と「行為者の考えを理解する」という方針を共存させることで、社会学の方法の基本方針を築き上げた人物である。『プロテスタンティズムの倫理と資本主義の精神』においてウェーバーは、近世ヨーロッパのプロテスタント（キリスト教徒のうちの一派）の考えや心の内を理解しようと試みた。当時のプロテスタントにとって、禁欲的に労働に従事することは単に「生きるため」という以上の意味、すなわち宗教的な意味をもっていた。ウェーバーはプロテスタントのなかでもカルヴァン派に注目し、カルヴァン派にとって職業労働に打ち込むことは宗教的な「救いの確信」を得るための方法だったと論じた。ここまでが「理解」の問題である。

ウェーバーはこれを因果的な説明と結びつけた。ウェーバーによれば、近世のプロテスタントにおいて宗教的な意味を伴う禁欲的な労働がなされたことが、それ以降の時代における「資本主義の精神」の出現の原因のひとつになった。ウェーバーは、近世ヨーロッパにおけるプロテスタントの行為を理解するだけでなく、その行為が歴史の流れのなかでどのような「意図せざる帰結」をもたらしたかを説明するのである。

説明と理解の共存という方針は、ウェーバーによる社会学の定義にも現れている。ウェーバーいわく、「社会学……とは、社会的行為（soziales Handeln）を解明しつつ理解し、これによってその経過とその結果とを因果的に説明しようとする一つの科学」である。ディルタイは「人間社会を扱う学問に求められるのは、説明ではなく理解だ」と考えたが、ウェーバーは「理解と説明の両方が必要だ」と考えたのである。

③ 理解は共感ではない

ところで、「理解」と似たことばに「共感」がある。共感とは、他人と気持ちを共有すること、他人の考えに賛同することである。日常会話では、理解と共感はあまり区別されずに用いられることがある。しかし、ウェーバーはこのふたつを明確に区別している。

ウェーバーは、他人の考えを理解するために共感は必要ではない、という。他人の考えを理解するとは、他人がなにを考えているかがわかるということである。しかし、わかることと気持ちを共有することは違う。たとえば、「スポーツの大会でよい成績を残すため、毎日厳しい練習をこなしてきました」という発言は、だれでもわかる発言であるが、だれでも共感できるわけではないだろう（「自分だったらそんなつらい練習をしたいとは思わないな」）。共感できなくとも理解はできる、という場合はたくさんある。

社会学者が行うべきことは理解であって共感ではない。それゆえ社会学者は、

▷2　ヴェーバー，M.，大塚久雄訳，1989，『プロテスタンティズムの倫理と資本主義の精神』岩波文庫，p. 173。

▷3　『プロテスタンティズムの倫理と資本主義の精神』における「理解」については，中野敏男，2020，『ヴェーバー入門』ちくま新書も参照されたい。

▷4　ヴェーバー，M.，阿閉吉男・内藤莞爾訳，1987，『社会学の基礎概念』恒星社厚生閣，pp. 6-7。

▷5　「シーザーを理解するために，シーザーとなる必要はない」。ヴェーバー，M.，阿閉吉男・内藤莞爾訳，1987，『社会学の基礎概念』恒星社厚生閣，p. 8。

自分が共感できない行為であっても理解の対象とすることができる。犯罪に手を染める人，いじめや暴力をはたらく人，カルト宗教に入信する人に共感できないとしても，そうした人たちを理解の対象にすることはできる（「あなたの考えにはまったく賛同できないけれど，あなたがどうしてその行為をしたのかはわかった」）。

④ 主観的意味と客観的意味

　アルフレート・シュッツは，「理解」をめぐるウェーバーの議論を精緻化しようとした学者である。シュッツは，ウェーバーの「主観的に思念された意味」（主観的意味）という概念に着目した。ここまで「行為者の考えや心の内」と呼んできたものをウェーバーは「主観的意味」と呼んでいる。ウェーバーにとって理解とは主観的意味の理解なのである。シュッツは，ウェーバーがこの概念を十分に掘り下げて明確化できていないと批判した。ウェーバーの議論では，社会学の基礎＝土台として十分ではない。学問的土台がぐらつかないよう，しっかりと固めねばならない。こうした考えから，シュッツは「社会学（社会科学）の哲学的基礎づけ」を試みた。

　行為者の主観的意味を理解するとは，正確にはどういうことだろうか。たとえば，ある人が「新しいパソコンを買いたい」と言ったとしよう。それを聞いた私は，即座に「パソコン」ということばの意味を理解するが，それだけではその人の主観的意味を理解したことにはならない。なぜならその理解は客観的意味の理解にとどまるからである。「新しいパソコンを買いたい」という発言の主観的意味を理解するには，その人がどうしてパソコンを買いたいのかという点に目を向ける必要がある。「いま使っているパソコンが壊れたから」「新作のゲームをやりたいから」「仕事の効率を上げたいから」など，いろいろな理由がありうるだろう。いずれにせよ，「その人にとって新しいパソコンを買うことはなにを意味するのか」を考えるときにはじめて，主観的意味を理解することができる。このようにシュッツは，「主観的意味の理解とはなにをすることであって，なにをすることでないか」を明らかにしようとした。

　シュッツによる主観的意味の理解と客観的意味の理解の区別は，社会学の方法の特徴とおおいに関係がある。たとえば，昔の人が着ていた服について研究するとしよう。一方で，服のデザインや色合いや生地について研究することができる。その場合，服を作った人や着ていた人とは切り離して，服それ自体の客観的意味に即して研究することができる。「この服とこの服は同じシンボルを使っている」という分析は，服それ自体の特徴の分析である。その分析は，服を作った人や服を着ていた人のことを考えなくとも成り立つ。他方で，その服を着ることが当時の人にとっていかなる意味をもっていたかを研究することができる。「この服は社会的地位の高さを示す服だった」「この服は葬儀のとき

にのみ着る服だった」などに着目することで，服を作った人や着ていた人の主観的意味に即して研究するのである。そして，ウェーバーやシュッツの立場からすると，後者こそが社会学の方法なのである。

社会学者にとって，道具・記念碑などの人工物は行為を通じて生み出されたもの，つまり「行為の産出物」である。産出物という「証拠」から当時の行為者に遡るのが，社会学者の仕事である。いわば社会学者は人工物に人間の行為の痕跡を見出すのである。人工物の背後には，それを作ったり使ったりする行為者がいる。ということは，その行為者にとっての主観的意味がある。社会学者はその主観的意味に接近しようとするのである。

▷6　シュッツ，A.，佐藤嘉一訳，2006，『社会的世界の意味構成』木鐸社，pp. 207-208。

⑤ なぜ「歴史的にかくなって他とはならなかった」のかを問う

ここでは，「理解」とはなにか，「主観的意味の理解」とはなにか，という点を論述してきた。最後にもう一度，ウェーバーの議論に立ち戻ろう。

すでに述べたように，ウェーバーは「出来事の因果関係を説明する」という方針と「行為者の考えを理解する」という方針を共存させることで社会学の方法の基本方針を築き上げた。では，社会学にはどうしてこのような作業が求められるのだろうか。それは，社会学にはある現象がなぜ「歴史的にかくなって他とはならなかった」のかを問うことが求められるからである。なぜ「歴史的にかくなって他とはならなかった」のかという問いは，「可能性の上では○○でも××でもありえたはずなのに，実際には○○になって××にならなかった，それはなぜなのか」という問いである。

▷7　ヴェーバー，M.，富永祐治・立野保男訳，1998，『社会科学と社会政策にかかわる認識の「客観性」』岩波文庫，p. 73。

この問いに真剣に向き合おうとすると，歴史の担い手である人間たちの考えを理解することが求められる。なぜなら，人間の社会は，ハチやアリの行動のように比較的単純な原理に還元して説明することはできないからである。もしも人間の社会がアリやハチの「社会」のように比較的単純な原理で成り立っていたならば，その原理でどんな社会も説明できてしまうだろうし，わざわざ行為者の主観的意味を調べる必要もなくなるだろう。しかし，人間の社会がそんなに単純なはずがない。社会は経済，政治，宗教，メディアなどさまざまな要素が関わり合いながら成り立っているし，社会のなかで生きている人間たちはじつにさまざまな考えをもっている。同じ考えの人たちと集団を形成したり，違う考えの人たちと対立したりしながら，人間は社会をダイナミックに作り上げている。人間の社会はとても複雑なのである。その複雑さをふまえたうえでなぜ「歴史的にかくなって他とはならなかった」のかを説明するためには，行為者たちの考えにまなざしを向け，行為者たちにとっての「主観的意味」を理解せねばならない。

（高艸　賢）

Ⅱ　歴史社会学入門

　社会学における歴史分析の意義
史料にふれて社会を知る

1　お手本かつライバルとしての歴史学

　社会学者が歴史的資料（以下，史料）を対象とした分析を行うとき，最良のお手本になるのは歴史学である。逆に，最強のライバルとなるのも歴史学である。歴史学に学び，歴史学と対峙する。それが歴史社会学の宿命である。

　ところで，史料を分析対象とするには，なんらかの理由や動機があるだろう。たとえば手許にたまたま家族や親族に関する古文書が残されていたから，調べてみたいと思った人もいよう。また，昔の文章や地域の古文書を読んでいたら，現代とまるで異なる面，あるいは共通する面があって興味をもった人もいるかもしれない。さらに，現在の社会や自分が抱えている問題が，いかなる歴史的経緯の産物であり，どんな特徴があるかを，真面目に問う人もいてほしい。

　いずれも，史料に学ぶに足る十分な動機である。しかし，動機が歴史社会学として成立するためには，自他ともに納得できる，なんらかの理由づけが必要である。それがいかなる意味で「社会学」といえるのか——この自己反省こそが，歴史社会学の核心とさえいえる。

2　史料批判と偽文書問題

　むろん歴史社会学が歴史学に学ぶべき点は多い。特に歴史的事実の確定を目的とした史料批判の方法には，敬意を払おう。たとえば今井登志喜によれば，歴史史料は，ある事柄の直接結果として自然に残留した「遺物」と，ある事柄を人が認識し，他人に伝えるために表現した「伝承」や「報告（陳述）」に区別される。そのうえで，その資料が真実のものか（偽作でないか）という真純性，その史料が作られた時，場所，人間関係はどんなものかという来歴性，その史料が借用や模倣でないかという本原性という3つの観点から史料批判が行われる。その結果，一等史料（事実の起こった当時・当地で，当事者が作った史料），二等史料（事実の起こった当時・当地にもっとも近い時代場所，あるいは当地ではあるが時代が隔たっているものの当事者が作成した史料），三等史料（一等と二等をつなぎ合わせたもの）といった等級が付される場合もある。

　これらの基準は現在の歴史学でも有効であろう。ただし当事者といえども，つねに正確な報告を残すわけではない（記憶違いや自己弁護）。自己都合で，あえて嘘をつく場合もある（偽証や偽文書など）。当事者が複数人の場合，事実が

▷1　今井登志喜，1953，『歴史学研究法』東京大学出版会。

一致しないことも多い。

　特に重要なのは，歴史的事実としては虚偽と判断された史料も，ただちに無価値とはいえない点である。一例を紹介しよう。1649年（慶安2）に江戸幕府が全国に発布し，百姓の生活全般を規制したとされる慶安の触書は，かつて教科書に載るほど有名な史料であった。しかし1649年に発布されたはずの現物は全国どこからも発見されていない。山本英二によると，慶安の触書の源流は，1697年（元禄10）に甲府徳川藩法として発布された「百姓身持之覚書」と，甲府藩が刊行した「百姓身持之事」（1665＝寛文5）という地域教諭書である。現時点では，慶安の触書が1649年に全国で発布されたという事実は，誤認といわざるをえない。

　なぜこのような誤認が生じたのか。じつは「百姓身持」から始まる題名で流布していた書を「慶安の御触書」として最初に木版出版したのは，1830年（文政13）の美濃国岩村藩であり，その背後には幕府の御用学者・林述斎がいた。以降，全国各地の大名，旗本，幕府代官が，天保の大飢饉のもとで民心を抑える手段としてこの触書を受容した結果，1649年発布の全国法令という誤認が広まったのだという。[◁2]

　このように，歴史的事実としては間違いだったとしても，どのような経緯で，なぜ特定の誤認・誤解が広まったのかという問題は，歴史的探求の題材になる。現代でも，誇張された数字や統計，誤った歴史認識が世に広まるのは稀ではない。そうした「誤認」がなぜ生じるのかと問う社会学は可能である。[◁3]

3　歴史的事実の水準

　ところで，歴史的な事実にはいくつかの水準がある。フェルナン・ブローデルの分類は有名で，①人間を取り巻く環境との関係で「ほとんど動かない歴史」，②人間集団とその編成の歴史，すなわち「ゆっくりとしたリズムで動く歴史」，③短く急速に激しく波打つ「事件の歴史」という，3つの水準である。西洋史学の遅塚忠躬は①と②を「構造史」，③を「事件史」と区別し，前者を大量的・反復的な事実によって構成される「大量現象としての歴史」，後者を個別的・一回的な事実によって構成される「個体にかかわる歴史」として特徴づけている。[◁4]

　事件史とは，フランス革命における民衆蜂起，応仁の乱，関ケ原の合戦など，一回的な事件・出来事における，人間の行為の歴史である。歴史学の専売特許は事件史の推定・復元である。他方，構造史とは，人間の行為が織りなす社会の構成要素が，相互に連関しながら，一定期間反復されるなかで持続してきた歴史である。社会学者がこれまで社会構造と呼んできたものと，ほぼ相違ない。

　さらに遅塚は，事件史と構造史の両者にまたがる中間領域として，文化史を想定する。人間を行動に導くものの総称が文化であり，文化を表現する事実が

▷2　山本英二，2002，『慶安の触書は出されたか』山川出版社。

▷3　一例として，赤川学，2018，『少子化問題の社会学』弘文堂。

▷4　遅塚忠躬，2010，『史学概論』東京大学出版会，pp. 134-135。

▷5　遅塚忠躬，2010，『史学概論』東京大学出版会，p. 140。

▷6　江戸時代の宗門人別改帳を利用した歴史人口学は日本で独特の発展を遂げている。その詳細は速水融，2012，『歴史人口学の世界』岩波書店に詳しい。また数量的な分析としては，江戸で活動した町人に関する145種類の名簿・全7万4000件に及ぶ個票データをもとに，個々の商人が商売を継続した平均存続年数が15.7年，株の約5割が非血縁譲渡であったことなど，斬新な事実を明らかにした山室恭子，2015，『大江戸商い白書』講談社選書メチエが，特筆に値する。

▷7　ポメランツ，K.，川北稔監訳，2015，『大分岐』名古屋大学出版会。

▷8　日本の古代から近代（730～1874）という超長期のひとりあたりGDPについては，高島正憲，2017，『経済成長の日本史』名古屋大学出版会が，大胆な推計を行っている。

▷9　トッド，E.，荻野文隆訳，2008，『世界の多様性』藤原書店。ピンカー，S.，幾島幸子・塩原通緒訳，2015，『暴力の人類史』（上・下）青土社。

▷10　ムーア，B.，宮崎隆次・森山茂徳・高橋直樹訳，2019，『独裁と民主政治の社会的起源』（上・下）岩波書店は，農業社会から近代産業社会への移行に際して，英仏米中露独日7ヶ国のうち，なぜある国では民主主義が，別の国ではファシズムや共産主義革命が発生したのかを，各社会における地主上層階級と農民層が果たした政治的役割に着目して説明している。

「文化史上の事実」である[45]。そして文化史上の事実は，表象や言説というかたちをとって外部に現れるという。社会学者がエトス（M. ウェーバー），集合意識（É. デュルケム），社会意識（見田宗介）と呼んだものが，文化史上の事実に相当する。

　構造史，文化史，事件史——歴史的事実の異なる水準に対応して，歴史家は歴史の事実をめぐる命題を提示し，歴史像を構築する。これが歴史認識である。では歴史社会学は，これら歴史的事実や歴史認識を前提に，どのような社会認識を生み出していけばよいのだろうか。3つの方向性を提案したい。

❹　構造史としての歴史社会学

　第一に，遅塚が「構造史」と名付けたように，人間が日常的・持続的に反復することで形成される，大量現象を対象とする歴史社会学がある。たとえば市場価格，実質賃金，労働生産性などの経済現象，小教区帳簿や宗門人別改帳から復元された人口動態のパタン，知識人の読書習慣など，史料記述者の主観的解釈の入る余地がないデータを所与として，その長期的推移を分析するのだ[46]。

　たとえば人口動態については，近年，人口動態と経済成長の「大分岐」説が有力である。ケネス・ポメランツによれば，19世紀半ば以前のヨーロッパと中国，日本，インドは「驚くほど似ていた，ひとつの世界」であり，平均余命も生活水準も出生率も資本蓄積も技術進歩も同程度だった。だが19世紀後半の産業革命以降，ヨーロッパが突出して豊かになる，大分岐が発生したという[47]。

　「大分岐」説は，人類がマルサスの罠をいかに抜け出すかという，大問題への回答でもあった。マルサスの罠とは，物質的生活水準が上昇すると出生率は上昇し，死亡率は減少して人口が増加するが，結果的にひとりあたりの生活水準は低下し，人口が減少に転じて均衡するというしくみである。人類はつい最近までマルサスの罠に囚われてきた。なにがきっかけで北西ヨーロッパ各国はこの罠を抜け出せたのか。これが世界史研究のホットイシューとなっている[48]。これ以外にも，都道府県程度の規模を単位とする家族構造の世界的分布に基づいて，各地の家族構造がその国の政治体制やイデオロギーを決定するとしたトッドの研究や，各国の暴力発生率の変化を調べて，長い歳月のうちに人間の暴力は減少し，現代は「最も平和な時代」であると論じたピンカーの研究など，既存の社会科学の常識を塗り替える発見が生まれてきている[49]。歴史社会学者も，この問いに積極的な関心を示すべきだろう。

❺　因果的説明を志向する比較歴史社会学

　第二に，遅塚のいう「事件史」が一回限りの出来事としての歴史的事実を丁寧に記述するのに対して，個別的な記述を超えた因果的説明を志向する歴史社会学である。たとえば革命，民主政，資本主義など，近代社会の大きな社会変

動の成立条件や因果関係を，さまざまな地域や国家を比較しながら特定する比較史の試みがある。古典的には，バリントン・ムーアの『独裁と民主政治の社会的起源』が有名である。[10]

このような説明形式を拡張したのが，シーダ・スコッチポルが提唱する比較歴史社会学である。[11]スコッチポルは，同じ結果に至った複数事例の共通要因を探る「一致法」，異なる結果に至った複数事例の共通しない要因を探る「差異法」の併用により，歴史事象の因果関係が特定できるという。日本では佐藤雅浩が，一致法と差異法を併用しながら，精神疾患に関する4つの病名（神経衰弱，ヒステリー，外傷性神経症，ノイローゼ）が普及する要因として，①医学界中枢による研究推進，②精神医療体制の変動期，③不明確な病因，④政治的抑制因子の不在を挙げ，精神疾患言説が大衆化する必要十分条件だと論じている。[12]

6 文化史としての，言説の歴史社会学

第三に，遅塚のいう文化史を，観念，知識，言説が生成・維持・消滅するプロセスの研究として位置づけ直す歴史社会学である。社会学で構築主義の祖とみなされるピーター・バーガーは，ある概念や観念（たとえば「自由」）が，なぜ，他でもなく，ある社会で自明視されるに至ったのか，いかにしてその現実が維持され，個人や集団から失われるのかを問うべきだと述べていた。[13]

この線上に，ある社会における知識や概念や言説の歴史的変容のプロセスを記述・説明する歴史社会学がありうる。たとえば，近代日本における，オナニーに関する言説の変化を，性・性欲に関する意味の変化によって説明した赤川学『セクシュアリティの歴史社会学』（勁草書房，1999年）は，これに該当する。この方向性は歴史社会学に固有の研究課題といえよう。

7 自分で史料にふれる必要性

このように，歴史学と社会学は構造史と文化史のレベルでオーバーラップし，切磋琢磨している。ただ歴史学からみると，社会学の歴史研究は使う概念や史料の扱いが大雑把に映ることがある。確かにこれまでの社会学には，既存の歴史研究に丸乗りしつつ，それらを統合すると称する一般理論志向が強かったことは否めない。[14]

しかし，これからの歴史社会学は，そのような安楽椅子に座していられない。

作家を研究するには，作家本人が書いた日記や肉筆の手紙の類が重宝される。村の歴史を調べるには，蔵に残された史料群を丹念に読み込まねばならない。同様に歴史社会学も，史料や対象の来歴や厚みに耽溺しながら，グローバルな構造変容を射程に収めた社会認識を生み出すことをめざすほかない。

歴史社会学の恍惚と不安，ふたつ我にありである。　　　　　　（赤川　学）

[11] 比較歴史社会学における因果分析を，ブール代数やファジー集合を使ってより数学的に形式化したのが，チャールズ・レーガンが創始した質的比較分析である（レイガン，C., 鹿又伸夫監訳，1993，『社会科学における比較研究』ミネルヴァ書房）。また保城広至は，社会科学と歴史学を統合するという触れ込みで，ある事例における結果に至るプロセスを，始めから最後まで明らかにする「過程構築」の手法を提唱している（保城広至，2015，『歴史から理論を創造する方法』勁草書房）。

[12] 佐藤雅浩，2013，『精神疾患言説の歴史社会学』新曜社，pp. 447-448。

[13] バーガー，P.・ルックマン，T., 山口節郎訳，2005，『現実の社会的構成』新曜社。こうした問いは，だれがどの立場から語っても，似たような語りを構成してしまうのはなぜかを問うたミシェル・フーコーの言説分析や，名付けという営みが名付けられた対象といかなる相互作用を及ぼすのかという，ループ効果を問うたイアン・ハッキングの動的唯名論とも，基本的な問題関心を共有している。フーコー，M., 慎改康之訳，2012，『知の考古学』河出書房。ハッキング，I, 出口康夫・大西琢朗・渡辺一弘訳，2012，『知の歴史学』岩波書店を参照のこと。

[14] 産業化，情報化，生活世界の植民地化，リスク社会，第二の近代，リキッド近代など。

II　歴史社会学入門

歴史社会学における異文化理解
「作品」がつなぐ過去と現在

1　芸術のコミュニケーション

　私たちが「作品」▷1 に接する場面は日常的にある。映画，小説，音楽，絵画など，人間が創造的に作り上げた対象を鑑賞することは生活を楽しく，豊かにしてくれる。ここでは歴史社会学のバリエーションの広さを示すために，「作品」という存在を，過去と現在を結ぶ異文化理解の問題としてとらえなおしてみたい。芸術や創作をめぐる活動もまた，歴史社会学的な観点で考察できるという試論である。

　一般的に芸術文化の受容は当たり前に現代の現象として語られ，分析されている。そこにあえて時間への意識を投じてみるとどうなるだろうか。つまり，作品が創作され，発表され，鑑賞される時点の違いへの注目である。時間への意識を加えることによって，芸術文化は歴史社会学的考察の対象となる。その際に立ち上がる視角のひとつは，「作品を対象とした異文化理解・異文化コミュニケーション」である。

　芸術鑑賞の現場をわざわざ「異文化理解」という概念でとらえなおすことは，じつはそう突飛ではない。芸術鑑賞をある種のコミュニケーションとみなす立場は20世紀の美学においては広く知られている。むしろ芸術鑑賞とは，作品を介した作者と鑑賞者の疑似的な対話だとされている。その前提にあるのは19世紀以来のヨーロッパにおける近代美学で，そこでは芸術作品は作者の人格や内面や精神性を包含した特別な存在だと考えられる。芸術家を創造者たる神になぞらえるような芸術宗教という見方も派生させた。芸術鑑賞とは，普通のモノを見る行為でも，自然の美に感動する経験でもなく，特別な経験と考えられているのである。その特別感を担保するのが，作者の内面の表現たる作品であり，鑑賞者は作品に接するときに作者の奥深い精神にふれるというわけである。人々はそれぞれ作者の思いや意図を感じ取り，あるいはまた新たな思考や感動を自身のなかに生み出す――これは間接的な作者と鑑賞者とのコミュニケーションなのだと考えられる。こうした近代美学は20世紀以降さまざまな批判に晒されながらも，今なお一般的な作者像として流布している。作品とともに作者の人格を「天才」として崇める光景は私たちにとって縁遠くはない。

▷1　これが西洋近代美学に寄った言い方だとすれば「制作物」「創作物」といいかえてもよいだろう。

② 創作と鑑賞の時差

　芸術鑑賞をある種のコミュニケーションととらえることは美学的には一般的なモデルである。このモデルでは創作の時点が先行し，受容の時点が後になるのは自明であるものの，通常この時間差は考慮されない。というのも，作品鑑賞をこのように美学的・哲学的に考える場合には歴史的な時差が存在する必然性はないからである。時間差があろうとほぼ同時であろうと，作品を介した作者と受容者の対話という図式は成り立つ。実際，ポピュラー文化を思い浮かべればわかるように，創作されてすぐに公表され，受容されることもあるし，即興演奏のようにその場で生み出される音楽を聴くことも，現代芸術のようにその場で鑑賞者とともに偶然性を組み込んで創造と鑑賞されることもある。

　しかし他方で，古典的な芸術作品の場合，制作時と鑑賞時には大きな時間差がある。古代ギリシャ彫刻，中世の宗教画，バロック期のオペラ，19世紀のバレエなど，少なくとも100年以上前の作品を，現代人はくりかえし鑑賞し受容している。世界各地の民族伝統芸能のような口承で受け継がれる文化とは異なり，作者の創作物を独立した「作品」ととらえる立場は，西洋の芸術に特有の立場であって，その意味で限定的な現象である。しかし過去の作品を現代の人間が——西洋とは文化的に離れていたはずの日本においても——鑑賞するということが成り立つ西洋的な芸術作品は，歴史的な存在としての特徴を帯びる。創作と鑑賞の「時差」にあえて意義を見出すことで，普遍的であるはずの作品鑑賞は，歴史社会学的な考察の視界に入ってくるのである。

○作者の意図

　作品鑑賞をコミュニケーションとして「歴史社会学」的に考察する場合の考え方や方法は，美学や芸術諸学（文学研究・芸術学・音楽学など）のオーソドックスなアプローチと同様である。まず作者を理解し，その作品を理解しようとする態度は，芸術作品を扱う基本的な方法論といってよい。

　芸術諸学において，作者の意図とは，第一に作品理解のための手段，あるいは必要条件である。作者はなにを表現するためにこの色を使ったのか，この表現を使ったのか，この音を使ったのか，というのが研究の問いとなる。そしてその問いを探るために，歴史学的な，科学的な方法が積み重ねられる。日記や書簡，当時の記録などの文書資料の精査と探究といった文献学的方法はもちろんのこと，「偉大な」作者であればあるほど，問いの探究のために自然科学分野の最新技術を取り入れて，作品完成に至るまでの段階を丹念に追うのも一般的な方法である。数百年前の絵画をX線で撮影して，消された痕跡を明らかにしたり，鉛筆による下書きを確認したり，紙の透かしの変遷から創作年代を同定したりするような方法がその例である。こうした客観的・実証的な方法論を駆使して作者と作品が研究されるのは，その作者が創作過程に体験したことを

できる限り知ろうとするためであり，さらには作者の創作時の生を追体験しようとするためである。この態度は研究者だけではなく，鑑賞者にも求められる。

芸術諸学においては，そうした客観的事情を明らかにする努力に加えて，作者の個人様式（つまり作風のようなもの）を加味して考察する。先に述べた方法論は一般的には資料研究に分類されるが，作風の研究は様式研究として，作品そのものの分析に立脚することが多い。様式研究というかたちで作者がどのような意図でその作品（群）を創作したかを追求することが作品理解の一助となり，それが作者自身の理解につながると考えられているのである。

○作品の時代性

上記のような作者の意図を探究する学術的な手続きは歴史学的な方法を採用するものの，それは美学芸術学の範疇にある。しかし作品理解を歴史社会学的に見るときに重要になるのは，作者の純粋な内面だけではなく，それ以外の要素である。つまり作者の個人的経験や思いよりもむしろ作品をめぐる歴史的状況，時代的制約などが重要になる。

19世紀の芸術家イメージには時折，創作は作者自身の自発的な表現欲求に基づくととらえる向きもあるが，アマチュアは別として，実際には芸術家が創作する行為は，外的な事情から生まれる。そもそも報酬を伴う依頼があって初めて創作することは自明であり，そのうえで創作自体も時代や地域のさまざまな制約――慣習や趣味，ジャンルごとのルールなどの規範――を前提としている。作品に含まれるそうした要素は，単純に作者がこめたメッセージや思いとして受け取ることはできない。だからこそ先に述べた作者の意図を汲み取ったコミュニケーションの図式のなかに混入されるものではない。

作品が作者個人だけではなく，過去の社会における「約束事」に則って制作されたのだという点に留意するとき，その「約束事」を知るための第一の手がかりは「技法」である。たとえば絵画には「なにが描かれているか」という関心とは別に「どのように描かれているか」に注目しなければならない。絵画には時代や地域ごとに画材の特性を活かした使い方や従来とは異なる使い方，新しい構図の取り方など，さまざまな技法が駆使されており，技法自体が歴史の積み重ねによって出来上がっているのである。西洋音楽もまた，その時々の作曲技法理論を前提に作られてきた。とりわけ西洋音楽に特徴的だったのは音を重ねる際の厳格なルールであり，それは「対位法」と呼ばれ，しかも時代ごとに変化してきた。大雑把に「作品」の歴史に目を向けるだけでもわかるのは，芸術とみなされる創作活動はほとんどつねに「制約」のなかで行われ，創作者たちはいかにその制約のなかで創り，またその制約を超えるかを試行錯誤してきたということである。その制約は作品の歴史に迫っていけばわかることであり，「作品」が個人の突然のインスピレーションによって生み出されるような見方があるとすれば，それはきわめて表層的な見方でしかない。この社会的な

ルールとしての技法に注目して過去の作品の成り立ちを考えるとき，個々の「作品」を歴史社会学研究の「資料」とみなすことができる。

こうした社会的制約の探究もまた芸術諸学の方法論に含まれるが，社会的制約の要素を歴史社会学的に分析するのも可能であろう。

○芸術のコミュニケーションとしての受容

芸術作品を介したコミュニケーション・モデルにおいては，作品は創作が終了した時点ではなく，大勢の人々に鑑賞されて初めて完成するとされる。これは近代美学的な芸術観ではあるが，そもそも「芸術」は公開を前提としている。なにかを創作したとして，身内で受容される限りはその創作物がどれほど優れたものであろうと「芸術」とはみなされない。芸術とは公共性を要件として成立するのである。そして作品を受容する鑑賞者は，単に作者の意図を受け取る受動的な存在であるわけではない。受け取る側にもまた，作者や作品自体への知的・感情的なコミットメントが求められ，鑑賞者が能動的な存在であるからこそ作品を介したコミュニケーションが成立する。作品をめぐるコミュニケーションは，作者から鑑賞者への一方向的なものではなく，双方向的なものとなる。

鑑賞者側の能動性は20世紀になって強く主張されるようになった。文学・美術・音楽などの領域においても同様の議論は起きたが，20世紀に特にそうした議論を牽引したのは文学界である。作品を鑑賞すること自体が創造的な行為だととらえられるようになった。さまざまな文芸批評理論[2]が，たとえば16世紀のシェイクスピア作品を，現代思想の文脈ではどのように読むかという解釈の理論として，次々に生み出された。それによって数百年前の作品が現代的な意味を新たに獲得するのである。

このような受容者側の「能動性」（読みの多様性の担保）という要素は，歴史社会学における芸術体験という素材の特殊性を表している。作品は過去の人間と社会の産物でありながら，現在の人間にとっては断絶しているのではなく，現在の人間社会における意味付与にも直結させうるのである。現在の解釈とは，作者の意図とは離れたところでの思考あるいは新たな思考の契機ともなる。文芸批評理論がそうであるように，作品を解釈する思考の枠組み自体も，とりわけ現代思想の影響を受けながら日々アップデートされる。このような鑑賞場面での創造性を含んでいるからこそ，作品鑑賞は作者と鑑賞者の時空を超えた異文化コミュニケーションとみなしうるわけである。

芸術作品を歴史社会学的に分析するということは，必ずしも芸術諸学の研究と異なるのではない。しかし芸術を鑑賞するという現在を生きながら，その過去性に重点を置くとき，歴史社会学的な研究ともなるのである。　（宮本直美）

▷2　受容理論や新批評をはじめマルクス主義批評，精神分析批評，フェミニスト批評などがある。

（参考文献）

井奥陽子，2023，『近代美学入門』ちくま新書。

大橋洋一，2006，『現代批評理論のすべて』新書館。

Ⅱ　歴史社会学入門

 # 4 歴史社会学の居場所
歴史社会学に／だけにできること

▷1　スメルサー，N. J.，山中弘訳，1996，『社会科学における比較の方法』玉川大学出版部。一方，単一事例から一般化可能な社会理論を追究する方法については，西田尚輝，2023，「How の問いから Why の問いへ」『社会学評論』74(1)参照。

▷2　保城広至，2015，『歴史から理論を創造する方法』勁草書房。

▷3　Ⅱ-1 参照。

▷4　筒井清忠編，1990，『近代日本の歴史社会学──心情と構造』木鐸社。

▷5　佐藤俊樹，1993，『近代・組織・資本主義』ミネルヴァ書房。

▷6　野上元，2015，「社会学が歴史と向きあうために」野上元・小林多寿子編著『歴史と向きあう社会学』ミネルヴァ書房。

▷7　Ⅲ-1 ～ Ⅲ-24 参照。あるいは野上元・小林多寿子編著，2015，『歴史と向きあう社会学』ミネルヴァ書房など。

▷8　ギアツ，C.，吉田禎吾ほか訳，1987，『文化の解釈学Ⅰ』岩波書店。

▷9　Ⅱ-3 参照。

1　社会科学としての歴史社会学／異文化理解としての歴史社会学

　いったん交通整理をしよう。まず社会科学としての歴史社会学。比較研究によって因果関係を抽出できる。それを一般化すれば社会変動を説明する理論を創り上げることができる。このとき比較するふたつの社会ないし現象は、まったく違うものでも完全に似通ったものでもなく、「似てるけど違う」あるいは「違うけど似てる」もの同士が望ましい。「こんなに似てるのになぜ違う？」あるいは「こんなに違うのになぜ似てる？」という問いから自然と探究が始まる。だから比較は、歴史から社会理論を求める科学的認識の入り口である。

　これに加え、社会科学の末っ子ともいえる社会学には、理解社会学という独自の方法がある。自然現象・物理現象を扱うかのような外在的な説明ではなく、人間への理解を梃子にした内在的な説明である。外からは不可視な行為者の「精神（メンタリティ）」を理解することで、人々の行動原理を浮かび上がらせようとする。つまり、精神構造の理解による社会構造の説明。もちろん、理解社会学を用いた比較歴史社会学を試みてもよい。

　もうひとつは、異文化研究としての歴史社会学。説明ではなく記述による理解が目標になる。その対象は異世界としての過去である。ただそれでいて過去は、かならずどこか現在と「似て」もいる。この意味で歴史社会学は、文化人類学者の探究に近い部分がある。比較研究と銘打ってなくても、比較は歴史への探究のなかで行われている。特定の過去を見つめることで私たちの現在と「似てる／違う」を選り分ける感度が高められ、私たちが「あたりまえ」と考えているものを疑う視点をもてるようになり、私たちが拠ってたつ文化や価値を相対化できるようになる。それにより、この社会が他でもありえる可能性に気づきつつ、この社会がかくある根拠を見出すことにもつながるだろう。

　そのためにも歴史社会学は、さまざまなテーマで過去を探究し、通史や構造史のような大摑みなものであれ特定の対象・テーマに絞ったものであれ、多面的で立体的な理解を生み出す「厚い記述」をめざす。

　たとえば文芸作品は、過去から現在に送り込まれてきた異文化理解＝自文化理解のための媒介（メディア）だ。もちろん、その解読には周辺知識が必要となる。作品・テクストの丁寧な扱いが、記述を「厚い」ものにする。

　上記の意味での歴史社会学は、説明／記述のどちらか、ないし両者の比重は

それぞれだったとしても，現在の問題意識で過去に問いかけ，あるいは現在を見つめ直すために過去に問いかけるという点で，いずれも歴史学・歴史研究とあまり強く区別する必要がない。ただ以下で説明するいくつかの種類の歴史社会学は，一般的な歴史研究とは区別されるような独自の立場をとっている。

2　集合的記憶を探究する歴史社会学

　そのひとつめは，集合的記憶の歴史社会学である。集合的記憶とは，個人の記憶とは異なる，人々のあいだで共有されてきた過去に関する記憶，ある集団ないし社会の名において表される過去についての想像力のことである。

　それは神話や昔話，伝説に似て，過去について「語る・話す／聞く」の綿々たるつながりのなかで育まれてきたものである。もちろん，「語る・話す／聞く」だけでなく「書く／読む」「歌う／聴く」「撮る／観る」などもそれぞれ集合的記憶に関係し，そのつながりのすべてには人々の解釈や理解が介在している。なかでも，体験者が喪われつつあるがまだ数多くが生きている現代史は，いつでも記憶と歴史とがせめぎ合う現場となっている。それらすべては社会のなかで産出され流通する歴史認識，過去に対する想像力だが，その表象（表れ方）はじつに多様である。

　そこには，そう簡単には否定できない独特のリアリティがある。歴史学によって確定された歴史的事実を参照しながら集合的記憶における歴史認識の「間違い」を特定してゆくことも重要だが，一方で，そう信じたかった人々の思いも社会学・社会意識論的にはなかなか無視できるものではない。歴史観・歴史認識はイデオロギーと結びつきやすいので，集合的記憶の分析は，人々の政治的偏向や思想的対立状況をわかりやすく示す地図作りにも有効となる。

　他方で，研究者のあいだでも論争がつづいているような歴史認識や，個人的な体験に基づくが決して社会的には無視できないような少数者や弱者，抵抗者の歴史のように，単一の「史実」の物差しが当てはまりにくい過去も存在する。特に後者の多様さを学ぶことは，社会や人間の理解を深く豊かにするだろう。さらにいえば，歴史認識の産出状況やその条件あるいは動態に注目する集合的記憶の社会学的分析は，私たちの社会における「過去の〈現在〉」をめぐるひとつの有力な視点を提供することになるはずだ。

　「説明／記述」の歴史社会学を「過去を対象化する探究」とするのなら，集合的記憶の歴史社会学は「（そうやって対象化＝自らと切り離すことのできない）過去をめぐる想像力に着目する探究」だといえる。

3　歴史資料の社会学としての歴史社会学

　「過去をめぐる想像力」を可能にするのは，「語る・話す／聞く」をはじめとする人々のコミュニケーションだけではもちろんない。もっとも不可欠なのは，

▷10　Ⅱ-2 参照。

▷11　金瑛，2020，『記憶の社会学とアルヴァックス』晃洋書房。

▷12　柳田國男，1940，『伝説』岩波新書。

▷13　清水亮・白岩伸也・角田燎編，2024，『戦争のかけらを集めて』図書出版みぎわ。

▷14　野上元，1997，「言説としての『近現代史』」『東京大学社会情報研究所紀要』54。

▷15　たとえば小野寺拓也・田野大輔，2023，『検証 ナチスは「良いこと」もしたのか？』岩波ブックレット。

▷16　岸政彦編，2022，『生活史論集』ナカニシヤ出版。小林多寿子，2010，『ライフストーリー・ガイドブック』嵯峨野書院など参照。

過去を偲ぶ手かがりとしての「資料」である。本書でもとりわけ $\boxed{\text{II}-5}$ と $\boxed{\text{II}-6}$ の2項目は，それを解説する項目となる。

　それらは単なる歴史の資料論（歴史学のことばでいえば「史料論」）ではない。資料論であれば，すでに歴史研究のテーマや課題はある程度決まっており，そのテーマに貢献する情報の量と質を判定することがその目的になる。だがそうではなく，なにかを語るには断片のようにしかみえないある資料らしきものが見つかり，これに取り組んでいるうちに過去への想像力，歴史的な認識が立ち上がってくるというプロセス自体が探究において意味をもってくる[17]。それでいいのだ。どのようなテクストがどのような規準で歴史資料となり，過去や歴史を示すものとして扱われるようになるのか，ということである。

　特に社会史・文化史において，なにがテーマになるのかについての規準はかなり自由だ。その自由のもとにある探究を「歴史社会学的想像力」と名付けるならば，それを可能にする資源となる資料の在処こそが，その現場となる[18]。

❹ 社会学独自の歴史研究としての歴史社会学：再帰性という規準

　では，これら「集合的記憶の歴史社会学」や「歴史資料の社会学」は，いったいなにをめざす探究だと考えればよいのだろうか。冒頭に挙げた「社会科学としての歴史社会学」や「異文化理解としての歴史社会学」のほうは歴史研究一般に相通じる部分が多いので理解しやすいだろう。それはいい。では「集合的記憶の歴史社会学」や「歴史資料の社会学」のほうはどうか。先に少しふれた通り，歴史学・歴史研究の視点からすれば，前者は誤った歴史認識＝現実から遊離した虚偽意識（イデオロギー）についての研究，後者は歴史研究（特に社会史・文化史）のための補助学問としての資料論の試みにみえてしまうかもしれない[19]。

　ここで社会学それ自体が再帰性・反省性の強い学問であったことを思い出してほしい。歴史社会学においてもその規準は適用されるべきなのだ。つまり，まっとうな歴史学・歴史研究として採りあげられるべき研究テーマが始めからあり，そのテーマに基づいて歴史資料の収集が行われ——もちろんそうしたきっかけ自体はここでも重要なのだが——，その目的のために集められた資料を厳密に配列することで歴史記述が進められる，というのではなく，むしろそのプロセス自体のとらえなおしによって始まる探究である。

　そのとき社会学的に問題にしなければならないのは，あらかじめ手順が定められている歴史学・歴史研究における探究の方向とは逆で，「集合的記憶の歴史社会学」であれば「人々は過去を扱うことでなにをしているのか」という問い，そして「歴史資料の社会学」であれば「人々はどのような手がかりと手続きによって過去を表せたとしているのか」という問いになってくる。さらにそれによって浮かび上がるのは「私たちの社会にとって歴史とはいかなる意味をもった知識なのか」という問いだろう。「過去に関する知識の産出や維持は，

▷17　たとえば藤原辰史，2022，『歴史の屑拾い』講談社。

▷18　佐藤健二，2018，『文化資源学講義』東京大学出版会。

▷19　歴史学からの見え方に配慮した「歴史社会学」の紹介として，野上元，2022，「歴史社会学」松沢裕作・高嶋修一編『日本近・現代史入門』岩波書店。

▷20　たとえば $\boxed{\text{I}-1}$ 参照。

私たちの社会の同一性にとっての核心的なメカニズムである」と主張することができるかもしれない。

ただし、それでもまだ「それをやってなにになるの？」という疑問はありそうだ。実際の状況としては、次のような試みをみてほしい。

5 人々の歴史実践の社会学，あるいは再帰的な歴史社会学のために

2022年からの高校社会科の新教科「歴史総合」[21]では、歴史の学びにおける主体性が重視されている。教育の現場で鍵になるのが「問いを立てること」であり、同時にそれは、歴史を学ぶ者自らがその都度その根拠を確認する態度が求められるようになることにつながる。ここで批判されているのは、教科書に書かれた内容（＝歴史学の研究成果）を知識（＝結論）としてそのまま暗記してゆくような、これまでの歴史教育のあり方だ。

これに関連して、日本でも近年導入されつつある「パブリック・ヒストリー」の考え方[22]においては、人々が協働しながらさまざまなかたちで歴史と出会い、主体的に歴史像を創り上げてゆく契機が重視されている。インタビューや資料保存・発掘、教材開発等を進める共同作業が求められ、いわば公共財としての歴史を市民と専門家が共同で創り上げてゆく目的かつ手段になっている。

もちろんここでも歴史の専門家（歴史学者）の重要性は疑いようがない。しかし、歴史学者だけに独占されていた歴史の現場に、一般市民が加わるようになったことの社会的意味はもう少し大きい。そして、そうした共同作業の目標をはっきりさせる鍵となっているのが、「歴史実践」[23]というコンセプトだ。狭義の「研究」だけが歴史に関わるのではなく、より社会・一般に開かれた歴史の価値が確認されている。そして、それは同時に「歴史」を媒介に社会の担い手を育てる市民教育にもなっているわけである。

では、歴史社会学者はなにをもってこの共同作業に参加するのだろうか。

「私たちの社会にとって歴史はいかなる意味をもった知識なのか」という問いを抱き、歴史的知識が産出されるプロセスや条件を探究する歴史社会学は、反省性・再帰性に敏感な視点をもっている。この視点により、それぞれの探究を求める「歴史総合」的な歴史教育の現場やパブリック・ヒストリーの現場に、歴史社会学者はファシリテーターとして参入してゆけるかもしれない。ここで「ファシリテーター」とは、専門家をはじめとする人々をつなぎ、共同作業の場をめぐる文脈を創り上げてゆく役割を担う人のことである。[24]

歴史実践に参加しながら同時にプロセス全体を観察する社会学者の再帰的な態度は、「歴史をめぐるファシリテーター」として専門知と集合知のすりあわせを担ってゆくことができるかもしれない。多彩なテーマと多様な資料を扱い、説明や記述、解釈や理解を求めて格闘してきた歴史社会学者の経験は、協働の繊細さや創造性を高めることだろう。　　　　　　　　　（野上　元）

[21] 成田龍一，2022，『歴史像を伝える』岩波新書。

[22] 菅豊・北條勝貴編，2019，『パブリック・ヒストリー入門』勉誠出版。

[23] 保苅実，2018，『ラディカル・オーラル・ヒストリー』岩波現代文庫。

[24] 中澤秀雄，2016，「コモンセンス・ファシリテーターとしての社会学」『現象と秩序』4。井上義和・牧野智和編，2021，『ファシリテーションとは何か』ナカニシヤ出版。

II 歴史社会学入門

5 資料の生態
社会学的な歴史資料論／資料のメディア論

 社会のなかにさまざまに刻み込まれた歴史

　歴史社会学的な分析を行うためには，かならずそのため手がかりとなるような史資料が必要となる。たとえば過去に刊行された新聞や雑誌（メディア文書），行政・企業・学校などの組織・団体が残した統計や文書（組織文書），個人が残した日記，手紙，手記などの文書テクストがその例である。

　過去の歴史について調べるための史資料の整備や公開に関するノウハウが比較的進んでいるのは歴史学，なかでも文献史学と呼ばれる分野であろう。文献史学では特に文書テクストを中心的な資料（史料）として用いるため，多くの研究者によって参照されるものについてはその活字化や，キーワードを検索可能にするためのデータベース化も盛んに行われてきた。また「地方文書」と呼ばれる集落の旧家等に所蔵された公的・私的な文書類，たとえば領主支配と関連した公文書，家の経営や集落内の交際に関する文書の調査を行う際に，調査の目的に応じて丁寧にひとつひとつ目録が作成されることが少なくない。

　しかし歴史社会学を含む歴史的な研究において，そうしたかたちでアクセスできる史資料で十分な分析が可能とは限らない。文書資料に限って考えても，近代の公的な統計や企業・組織による文書，出版・放送などで流布されたメディア文書など，歴史学が中心に扱ってきたものよりはるかに種類が多く，異なった扱いを必要とする。また文書で残されておらず，研究者が過去の出来事について個人に聞き取りを行うことでデータを浮かび上がらせ，そこから描くことができる歴史もある。個人は集落と同様，そこにさまざまな社会的な関係性が刻み込まれた場であり，ライフヒストリー研究であれば，個人に関するさまざまな資料，オーラルな聞き取りをはじめその個人に関する文書以外の資料から社会のありようを描き出すことができるだろう。

　さらに地名や町名，道の名称，墓や公共的な記憶を刻み込んだ記念碑から読みとられる歴史もあるし，ことばのかたちをとっていない資料もある。写真はもとより映像資料の活用は近年大いに進められつつある。また建築史や民俗学の分野では建物の間取りや素材，道具の技術的特徴や文様などから歴史を読みとくことが行われる。さらに山や川といった環境とのつきあい方や土地利用の仕方にも，そこで生きてきた人々の歴史を読みとることができる。それらはいずれも人間による過去の実践が刻み込まれており，その存在自体が私たちに歴

▷1　柳田國男，［1931］2023，『明治大正史世相編』KADOKAWA, p. 14。

▷2　舩戸修一・武田俊輔・祐成保志・矢野晋吾・市田知子・山泰幸, 2012,「テレビの中の農業・農村」『村落社会研究ジャーナル』19(1)：pp. 37-47。舩戸修一・武田俊輔・祐成保志・加藤裕治, 2022,「NHK農事番組と地域社会」『村落社会研究ジャーナル』28

史を伝える手がかりとなる。

　日常生活にも歴史社会学的な資料を見出すことが可能である。柳田國男は『明治大正史世相篇』で「現代生活の横断面，すなわち毎日われわれの眼前に出ては消える事実のみに拠って，立派に歴史は書けるものだと思っている[1]」とし，たとえば衣服の色彩の華やかさ，麻から木綿への素材の変化，明治以降の鍋料理の隆盛や屋内での煮炊きの火の活用の広がりなどを読みとくことで，衣食住という人々の暮らしの歴史を描き出している。このように歴史社会学的な認識を可能にする資料たり得るものは，じつにさまざまなかたちで存在している。ただしそれらを活用して読みとくためには資料の存在形態をふまえたうえでの適切な解読と資料批判，分析に十分なだけの質量を備えた資料の収集・蓄積，そして目的に応じた複数のデータベースの構築と参照が必要となる。

❷　資料批判と複数の水準において見出される資料の関連づけ

　たとえば筆者らが，1950〜80年代にかけてラジオ・テレビで放送されていた農業・農村に関する「農事番組」と呼ばれる番組群がどのように制作されたか，またそれらを農村住民がどう受け止めて制作に関与したかについて研究を行った際のことを例に挙げよう[2]。

　この研究を行う際に NHK に申請して資料として閲覧できた番組の映像は，撮影・放映された当時の番組そのものではなかった。農事番組はフィルムでの撮影が一般的だった時代に放映された番組だったが，一般に閲覧できるのは，当時の番組のうち VHS や DVD に変換されたことがあるものだけである。こうした変換は VHS や DVD が一般化した時代になって，他の番組で映像を使用するために行われた。すなわち現在閲覧できるのは，後世になって過去の農業・農村を回顧する番組制作者のまなざしにおいて選別された映像に限られているのである。

　現存する資料のこうした生成プロセスを十分に理解しないままにこれらの番組群を内容分析したとすれば，分析者は映像に潜む80年代より後の番組制作者のまなざしを理解せず，当時の農村をめぐる表象をそのまま反映しているかのように誤認したまま分析を行ってしまうだろう。このように，残された資料がなにを語るものなのかは，同時にそれがどのような限界や可能性をもつものかという資料批判を通じて初めて明確になる。

　筆者らの調査は，現在閲覧できる映像に限らず，農事番組が放送局と地域社会とのあいだの関係性においてどのように作られたかという番組の制作プロセスに関してであった。それについて調査を進めていこうとすると，複数の異なる水準の資料が存在していた[3]。映像・台本・聞きとりなどである。

　これら異なる水準のさまざまなデータを相互に参照し，つきあわせていくことで，番組の制作過程や農村住民との関係性について，データ同士の共通性や

(2)：pp. 14-21。加藤裕治・舩戸修一・武田俊輔・祐成保志，2014，NHK『『明るい農村（村の記録）』制作過程と『農業・農村』へのまなざしの変容」『マス・コミュニケーション研究』（85）：pp. 165-183。武田俊輔・舩戸修一・祐成保志・加藤裕治，2014，「戦後ラジオ・テレビ放送における『農村』表象の構築プロセス」『年報社会学論集』（27）：pp. 97-108。加藤裕治・舩戸修一・武田俊輔・祐成保志，2016，「地域との関係の中で形成される放送人のアイデンティティ」『東海社会学会年報』（8）：pp. 82-92。祐成保志・舩戸修一・武田俊輔・加藤裕治，2020，「『村の記録』のなかの都市」三浦倫平・武岡暢編『変容する都市のゆくえ』文遊社，pp. 349-379。

▷3　たとえば番組という映像において見出される内容と，台本という文書において残されている内容からも引き出されるデータは異なってくる。台本への書き込みや，番組制作のスケジュール，制作にあたった農事部という部局や地方局のディレクターの役割といった，台本にしか見出されないデータも存在する。さらに番組の制作にあたったディレクターやカメラマンに対する聞き取りから得られるデータもある。また番組の情報源となる原稿を執筆して情報を提供したり，農村住民と放送局とを仲介する農林水産通信員という役割を務めていた人々への聞き取り，そして農林水産通信員の原稿や経験をまとめた自費出版の刊行物からも多くのデータが得られた。

ズレが見出される。同じ番組をめぐる農事部の上層部と現場に出るディレクターの語りの食い違い，また情報を提供していた農林水産通信員との語りとの食い違いがそれぞれを相対化するとともに，番組の制作過程を明らかにしていくうえで有益な知見を生み出していった。

③ 資料の解読方法：作成者の視点を獲得することの重要性

　先に述べたように，さまざまな資料を歴史社会学的な分析を行うデータとして用いるためには，それぞれの資料がそもそもどのような背景のもとに作りあげられてきたのかを考える必要がある。それが十分に理解できなければ，資料となるものが作られた意図やその限界，資料からなにが引き出せるのかについて適切に理解することができないからである。そこでそうした資料の適切な読み方を見出すためには，その資料を作成する（した）側の視点を，なんらかのかたちで発見することが必要になる。

　例として，ここでは筆者が行った滋賀県長浜市の都市祭礼の調査について挙げよう。この祭りは江戸時代からつづく町内の自営業者たちを中心的な担い手とし，町内同士が山車の上で子ども歌舞伎を披露して競い合うというものである。調査は当初，祭りがユネスコ無形文化遺産としての登録を受けることを目的に，文化庁から調査の助成を得た保存会組織，および長浜市の文化財行政からの依頼を受け，筆者を含む研究グループによって始まった。

　こうした調査のあり方は，祭礼組織の公式の会議や歌舞伎の稽古といった，限られたメンバーしか入れない祭りの舞台裏に筆者らが堂々と入って観察すること，また祭りやその準備の邪魔にならない範囲で，祭りのやり方や現在に至る組織の変化といった過去の事実について聞き取りを行ううえでも大きな助けとなった。そしてこの調査の際に筆者が注目した資料のひとつに，1970年代頃から各町内が作成・頒布するようになった祭りのパンフレットがある。パンフレットにはその時々の祭りの写真や記事が掲載され，各町内が観光客のまなざしを意識しつつ，それぞれの時期において祭りのどの行事や担い手に焦点をあてて紹介しているかを理解するうえで参考になると思われた。

　この調査は1年あまりで終わって報告書をまとめ，研究グループも解散したのだが，この祭りへの関心を深めた筆者はある町内で祭りを担う若衆という町内組織の一員となって，参与観察調査を継続することにした。そして子ども歌舞伎の稽古の補助をしたり，子どもたちに囃子を教えたり，祭りに必要な資金調達を行う内輪の会議や若衆同士の飲み会に参加するようになった。この参与観察は筆者の資料との向き合い方や聞き取りのあり方に大きく影響を及ぼした。

　たとえば先に挙げたパンフレットの資料としての読み方はそのひとつである。最初の調査の際，大学院生のアルバイトにお願いして過去のパンフレットに掲載された記事についてのみ撮影しておいた。しかしながら，実際に若衆に加

▷4　I-9 参照。

▷5　財団法人長浜曳山文化協会・滋賀県立大学人間文化学部地域文化学科編，2012，『長浜曳山子ども歌舞伎および長浜曳山囃子民俗調査報告書 長浜曳山祭の芸能』財団法人長浜曳山文化協会。

わってパンフレットの編集会議に参加してみると，記事の内容についてはほとんど議題にならず，むしろ「皆，こっち（パンフレットに掲載された広告）しか見てへんから」と，他の若衆に教えられたのであった。

じつはパンフレットは若衆たちが取引先や付き合いのある自営業者など社会的ネットワークを駆使して，広告というかたちで祭りを行うための協賛金を獲得するためのメディアであった。記事はそれを頒布するためのパンフレットという体裁を成立させる形式的なものだったのである。さらにパンフレットは観光客など一般に販売されるというよりも，まずもって町内や協賛金を出してくれた家に配布するために作成していた。

それぞれの広告はどの家のだれがとってきたかは町内の人々にとって自明であり，どの家が商売上の豊富なネットワークを保持できているかが，町内の人々からは一目瞭然であることが，若衆という立場になって聞き取りや会議の場を通じて，初めて理解できるようになった。加えて多額の協賛金を出している家が，しばしばその家からかつて出た子ども役者のカラー写真を掲載し，町内におけるその家の威信を誇示していることにも気づいた。その意味でこのパンフレットで重要なのは記事ではなく広告であり，そこから町内における各家の威信の提示の仕方や社会的ネットワークの広がりを読みとることができる資料であった。パンフレットがだれによってどのような目的で作成され，だれが読むものであるか認識したことで，パンフレットが祭りの内容や外部に向けたイメージの創出よりも，祭りをめぐる地域社会のネットワークを読み解くべきメディアとして見ることができるようになった。[6] すなわち資料としての位置づけが変化したのである。

こうしたことは文書や写真だけでなく，たとえば地域社会の歴史に関する聞き取りの場合であっても同じである。同じ事柄について複数の話者から聞き取りをしているときに，話者が当該の地域社会においてどのような立場にあるのかによって語り方は変わってくるし，話者と調査者との関係性いかんで聞き取りによって得られる内容は変わってくる。その点に関しても，調査グループの一員から若衆へという筆者の立場の変化が聞き取りに大きな影響を及ぼした。公的な助成を得て外側から祭りを観察し，報告書を行政や公的機関に提出するという立場からでなく，町内の人々の日常的な飲み会や，若衆たちで温泉旅行に出かける車のなか，他の町内の人たちのうわさ話といった内輪的な状況における聞き取りで初めて見出されることは数多い。すなわち聞き取りの場合であってもそのデータが，だれとの関係で，いかなる場において，そしてどのような立場から得られた資料なのかについて批判を行いつつ，分析を進めていくことが不可欠なのである。

（武田俊輔）

▷6　武田俊輔，2016，「都市祭礼における社会関係資本の活用と顕示」『フォーラム現代社会学』15：pp. 18-31。武田俊輔，2019，『コモンズとしての都市祭礼』新曜社。

Ⅱ 歴史社会学入門

6 資料の宇宙
図書館・文書館というフィールド

 資料としての書物

「図書館がフィールドである」とはどういうことだろうか。図書館は，図書，雑誌，新聞などの刊行物（それらをここでは「書物」と呼ぶ）を収集し，保存し，利用者に提供する施設である。社会学のフィールドワークといえば，現地におもむき，観察やインタビューやアンケート調査などを実施してデータを集めることであり，図書館での作業とは対極にあると考える人もいるかもしれない。しかし，書物との関わり方次第では，図書館もまたフィールドとなりうる。

図書館にはさまざまな使い方がある。図書館は，訪れる者の知的な好奇心を刺激し，読むこと自体が楽しみでもあるような経験を与えてくれる。それらは，「作品」としての書物と呼べるだろう。

これとは異なった使い方もある。たとえば，レポートの課題であれ，日常の困りごとであれ，自分の知りたいなにか（＝問い）がはっきりしている場合，答えが書かれていそうな書物を図書館で探す場合がこれにあたる。このとき私たちは，書物を情報の容器として扱っている。こうした書物の代表例は事典（辞典）である。それらを「情報源」としての書物と呼ぶことができる。

しかし，答えが見あたらない場合や見つかった答えに納得できない場合がある。その際には自力で答えを探し求めなければならない。オリジナルな答えを見つけようとすると，図書館との付き合い方は飛躍的な変化を遂げる。本は，答えが書かれた情報源ではなく，自分で答えを導き出すための手段となるからだ。それらを「道具箱」としての書物と呼んでおこう。

自分で立てた問いに答えようとするとき，その根拠となるのがデータである。この段階になると，図書館に収まらない作業が増えてくる。自然科学であれば実験室や自然環境で，社会科学であれば人間の活動が展開される場所で，データを収集することになるだろう。しかし，問いによっては書物からデータが入手できる場合がある。哲学，言語学，歴史学，文学といった分野は，人間の思考，感情，行動を記録した「資料」として，書物を扱ってきた。歴史社会学も，このような学問のひとつである。

ここまでみてきた，作品，情報源，道具箱，資料という働きは，それぞれの書物に固定的に備わった性質ではない。読者の関わり方によって，同一の書物が異なった働きをもちうる。たとえば小説は，楽しみや気晴らしのために読む

▷1 日本の標準的な図書分類である日本十進分類法（NDC）では，社会学の本には「361」という番号がつけられる。百の位の3は「社会科学」という第一次分類（他には哲学＝1，歴史＝2など），十の位の6は「社会」という第二次分類（他には政治＝1，法律＝2など），一の位の1は「社会学」という第三次分類（他には社会史・社会体制＝2，社会保障＝4など）を表す。

▷2 書物の著者，タイトル，出版時期，出版元，出版地など，その書物を特定するための情報。

▷3 根本彰，2021，『ア－

ならば「作品」だが，そこから人生の悩みに対する解決策を得ようとすれば「情報源」となるし，人間観察や表現の方法を学ぶときには「道具箱」にもなる。そして，人と人の関係の変化を明らかにするために，異なる時代の小説を比較して内容を分析するならば，歴史社会学の「資料」となるのである。

② 図書館はどんなフィールドか

　書物に「資料」として向かい合うとき，図書館は，研究の素材としてのデータを収集するためのフィールドとなる。歴史社会学は，図書館での作業を研究方法の中心に位置づける。ここで知っておきたいのは，図書館という場のしくみとその由来である。図書館を使いこなすうえで，この装置を成り立たせている基本的な発想を理解しておくことは有益であろう。

　図書館には大量の書物が収容され，しかもその数は増えつづける。もし，それらが雑然と積み上げられていたり，無造作に並べられたりすれば，必要な資料にたどり着くことは困難である。図書館では，混沌を回避し，見通しをよくするための工夫が駆使される。まず，一冊一冊の書物が個別の番号をもつ。図書の場合，出版された順でもタイトルの五十音順でもなく，主題（内容）の分類に基づくことが多い。分類番号によって，書架の場所やそのなかの位置が決まるので，似た主題の書物が物理的に近い場所に集まることになる。そして，分類番号と書誌情報は漏れなく目録に登録される。利用者は，目録から書名や著者名で検索し，分類番号をもとに書架で現物の所在を確認する。

　図書館というシステムの前提には，近代的な書物の構造がある。具体的には，段落分け，ページ番号，本文と注の分離，章立て，目次，索引といった規則やツールである。これらがあることで，私たちはすべての文字を追うことなしに，書物のどこになにが書かれているかを大まかに把握することができる。書物自体に，その内容を要素に分解し，一覧するための仕掛けが組み込まれているのである。このことは，書物が，文字列という線分や，それを折り返した平面にとどまらず，空間としての性質をもつことを意味する。

　書物がこうした形式を備えはじめたのは，写本（手で書き写すことで複製された書物）が組織的に生産されるようになり，書物の量が増大した中世の終わり頃とされる。書物がつくる知の世界の拡大と，人間の記憶能力を補完，代替する技術が相乗的に作用することによって，近代の地平が切り開かれた。

　書物の量は，15世紀の活版印刷術の発明によって爆発的に増大した。この変化に対応するために，書物のなかの知識にアクセスするための工夫が，ますます渇望されるようになる。文献目録や蔵書案内といった，書物についての書物（レファレンス書）の作成が活発になされた。17世紀には，国内の出版物をすべて国立図書館に納本させる制度がフランスで導入され，「全国書誌」の作成がはじまる。同じくフランスで18世紀に編まれた『百科全書』は，書物から集め

カイブの思想』みすず書房，第5講参照。

▷4　根本が紹介するように，イリイチ，I.，岡部佳世訳，1995，『テクストのぶどう畑で』法政大学出版局は，12世紀の初めにサン＝ヴィクトル修道院のユーグが書いた『学習論』に着目し，書物の構造の変化や，音読から黙読への転換に見られるような読書行為の変容が近代的な自己意識の成立と密接に関わっていると論じた。また，イリイチ，I.・サンダース，B.，丸山真人訳，2008，『ABC』岩波書店は，サン＝シェール修道院のユーグが作成した聖書のコンコーダンス（語句索引）に着目した。コンコーダンスは，「必要なときに必要な神の言葉を引き出せる」ツールであると同時に，「神の言葉が分析的ないし批判的に取り扱われる契機にもなった」（根本彰，2021，『アーカイブの思想』みすず書房，p.113）。

▷5　書物と近代社会の関係についての先駆的な考察として，佐藤健二，1987，『読書空間の近代』弘文堂。

▷6　この段落の記述は，根本彰，2021，『アーカイブの思想』みすず書房の第5講および第6講に基づく。

▷7　「国立国会図書館デジタルコレクションの歩み」（https://dl.ndl.go.jp/ja/history）。現在では「国立国会図書館デジタルコレクション」として186万点の図書，137万点の雑誌がデジタル化され，一部はインターネットで閲覧可能である。「国立国会図書館デ

られた森羅万象についての知識を，それぞれの項目に集約するとともに，索引を充実させることで項目間の関係（相互補完と相互批判）を見渡せるようにした。19世紀後半には，英米を中心に標準的な主題分類や目録作成規則が定まり，新聞・雑誌記事を検索するしくみも整えられた。業務の担い手として司書という専門職が確立しはじめ，現在の図書館の基本的な構造ができあがった。

20世紀の後半に訪れた大きな変化は，それまで紙で作られていた蔵書目録が電子化され，ネットワークで相互に接続されたことである。これにより検索の利便性が飛躍的に向上した。その後は書物そのもののデジタル化が進んだ。日本でも，2002年に国立国会図書館が明治期に刊行された図書を収録した「近代デジタルライブラリー」を公開し，大正期，昭和前期へと収録図書を拡大した。[7]

3 図書館を使う

図書館の理想は，刊行されたあらゆる書物を集めて整理したうえで永続的に利用者に提供することである。日本でこれにもっとも近いのは国立国会図書館である。日本版の「全国書誌」である国立国会図書館サーチでは，同館が所蔵する4000万点以上の蔵書（図書，雑誌，マイクロ資料，デジタルコレクションなど）以外にも，全国の主要な図書館のデータベースの横断検索が可能である。

あらゆる書物が資料になりうるが，ここでは雑誌に着目してみよう。雑誌は定期的に刊行されるものであり，書籍に比べると速報性が高い。新聞に比べると読者が限定されており，分量の制約も小さいので，ひとつのテーマについて専門性の高い記事が掲載されることが多い。数十年以上にわたって刊行される雑誌も珍しくなく，それ自体が歴史性をもつ。雑誌は，歴史社会学にとってとりわけ重要な資料といえるだろう。

雑誌は記事（報道，論説，インタビュー，画報など）の集合体であり，ひとつひとつの記事が文献としての基本的な単位となる。国立国会図書館サーチには，雑誌を記事のレベルで検索できる雑誌記事索引が含まれており，タイトルや著者名，掲載された雑誌，号数といった情報から記事を探すことができる。ただし同館は，所蔵するすべての雑誌について索引を作成しているわけではない。[8]国立国会図書館サーチは資料を探すための強力なツールであるが，万能というわけではない。それぞれのデータベースの強みと弱みを知って併用したい。[9]

国立国会図書館とは異なる設計思想でつくられた図書館のひとつに，大宅壮一文庫がある。評論家・大宅壮一（1900～1970）の個人蔵書をもとに1971年に開設された，雑誌専門の私設図書館である。大宅は幅広いテーマについて旺盛な取材・執筆を行ったが，その活動を支えたのは，徹底した文献収集，情報整理の技術，組織的な分業体制であった。収集の基準は政治的な権威や学術的な価値ではなかった。普通の人々の関心や欲望が直截に表現されたものを重視し，「読み終わったら電車の網棚の上に捨て置かれてしまう」ような雑誌にこそ目[10]

ジタルコレクションについて」（https://dl.ndl.go.jp/ja/intro）。[IV-10]参照。

▷8 国会図書館による雑誌記事索引の作成は，開設まもない1948年に始まった。当初は学術雑誌が中心であったが，1990年代後半に採録対象を大幅に拡大し，一般誌までカバーするようになった。現在では1万タイトル以上の雑誌を対象としている。デジタル化された雑誌については，1947年以前に発行されたものも含めて目次情報が得られる。

▷9 [IV-1]参照。雑誌に限らず，書物を探すための各種のデータベースについては毛利和弘, 2023,『文献調査法 第10版』DBジャパンが詳しい。

▷10 大宅映子, 2021,「はじめに」阪本博志編『大宅壮一文庫解体新書』勉誠出版, p. viii.

▷11 「大宅壮一文庫の沿革」（https://www.oya-bunko.or.jp/content/tabid/66/Default.aspx）。

▷12 大宅らは，図書の分類法からヒントを得て独自の分類法（大宅式分類法）を考案し，雑誌記事の分類を行った。

▷13 鴨志田浩, 2021,「雑誌の図書館 大宅壮一文庫」阪本博志編, 2023,『大宅壮一文庫解体新書』勉誠出版, p. 76。

▷14 「大宅壮一文庫利用ガイド」の冒頭には，「本は読むものではなく，引くものだ」いう大宅の言葉が掲げられている（https://

を向けた。1951年にこれらを収蔵する「大宅資料室」（別名・雑草文庫）の整備をはじめ，1956年には雑誌記事索引の作成に着手した。[11]

大宅文庫の特徴は，収集する雑誌の種類だけではなく，独自の記事索引にある。同文庫の索引では，それぞれの記事がなにについて書かれているか（件名項目），[12]またはだれについて書かれているか（人物項目）が検索できる。索引に，タイトルだけではわからない記事の主題に関わる情報までが含まれているのである。すべての記事に目を通し，内容を把握することなしに，この索引を作成することはできない。[13]大宅が労力を厭わずにこの索引を作成したのは，膨大な文献のなかから知りたい情報を素早く取り出すためである。事典を引くように書物を駆使し，新たな書物を生み出すのが大宅の仕事術であった。[14]大宅文庫の雑誌記事索引は，インターネットのない時代に，雑誌を徹底的に「情報源」として活用するために作られた。問いと使い方次第では，雑誌記事を歴史社会学の「資料」として扱う場合にも大きな威力を発揮するはずだ。[15]

❹ 図書館をこえて

図書館は，人間の知的活動の産物である「書かれたもの」を収集，保存，提供する装置であるが，その対象は，基本的には複製された刊行物に限られる。[16]図書館は，書物の複製技術と，複製された書物を社会に流通させるシステムの発展と密接に関わりながら拡大した。図書館が，あらゆる「書かれたもの」を対象にしているわけではないことに注意したい。

たとえば文書館は，図書館と同じく「書かれたもの」を対象としながらも性格が異なる。近代的な文書館（アーカイブズ）は，フランス革命後の国立文書館に端を発する。その基本的な役割は，「一つの組織の内部文書を一定の評価基準のもとに選別し保管し公開することで，その組織の歴史的性格を明らかにするための素材を提供する」ことである。[17]対象となる文書は，複製性ではなく唯一性を特徴とする。アーカイブという語は，始原・最初のものという意味と，支配・権力という意味を含む。[18]文書館には，オリジナルな記録を残すことで権力の正当性を示し，責任の所在を明確にするという目的がある。

図書館と異なる文書館の考え方に，「フォンド（資料群）尊重の原則」がある。これは，「記録の起源と記録が最初に蓄積された単位に従って記録を維持する原則」である。[19]文書館では，かならずしも一点一点の文書が単位となるわけではなく，それぞれの組織が文書を作成，保管する過程で形成されたまとまり（原秩序）を残すように整理する。フォンドは個別性が高く，図書館のように標準化された分類法や目録法があるわけではない。

問いによっては，文書館の他にも文学館や博物館など，図書館と重なりながらも異なる機能をもつ施設に目を向ける必要が生じる。[20]その場合にも，図書館を使いこなす経験が有力な手がかりになるだろう。[21]　　　　　　　（祐成保志）

www.oya-bunko.or.jp/Portals/0/pdf/guide/riyouguide201504.pdf）。

▷15　オンラインデータベース「Web OYA-bunko」は，文庫に出向かなくても，一部の大学図書館や公共図書館で利用可能である。研究の実例は阪本博志編，2023，『大宅壮一文庫解体新書』勉誠出版を参照。

▷16　大量に発行された印刷物であっても，チラシやカタログ，絵はがきなどは図書館によるサービスの対象からは漏れやすい。また，限られた範囲でしか流通しなかった書物（私家版，記念誌，会報など）も，図書館には残りにくい。

▷17　根本彰，2011，「図書館，博物館，文書館」石川徹也・根本彰・吉見俊哉編『つながる図書館・博物館・文書館』東京大学出版会，p. 5。

▷18　根本彰，2021，『アーカイブの思想』みすず書房，p. 16。

▷19　寺澤正直，2022，「人と資料・情報をつなぐ」下重直樹・湯上良編『アーキビストとしてはたらく』山川出版社，p. 93。

▷20　図書館でも，唯一性の高い資料を扱う場合がある。たとえばアメリカの大学図書館にみられる「希少本・草稿ライブラリー」は，著名な研究者の草稿や書簡などを保存，公開している。文書館よりも文学館に近い機能といえる。

▷21　Ⅳ-7　参照。

Ⅲ　歴史社会学的想像力の諸相

1 ファミリーヒストリー
自分のなかに歴史をよむ

1 自分史という旅

▷1　阿部謹也, [1988] 2007, 『自分のなかに歴史をよむ』ちくま文庫.

　阿部謹也『自分のなかに歴史をよむ』は，もう古典といってよい作品だろう。▷1　中世ヨーロッパ史研究者の阿部謹也が，自分史を振り返りながら，自分がなぜ学問を志し，特になぜ歴史研究を始めたのか，ということを綴っている。自分の人生に起こったさまざまな出来事やめぐりあい，それらにおいて湧き起こった感情（西洋的な価値観に対する違和感と探究心）が詳細にたどられ，そしてついに，自分が「それをやらなければ生きてゆけない」というテーマを見つけるところまでが描かれる，そういうかたちでの歴史学の入門書である。「歴史社会学入門」としてもよいのではないか。

　だが，自分という存在と歴史をつなぐ，というのはそんなに簡単ではない。多くの人にとって，歴史とはまず学校教育の一科目として，それを学ばなければならない理由も説明されぬまま，暗記科目として与えられる。いきなり数千年前からの歴史を教えられても今を生きる自分との関連が見出せない。

　「自分のなかに歴史をよむ」とは，どういう試みなのだろうか，自分と歴史をつなぐことでなにができる，あるいはなにがわかるというのだろうか。

2 「自分史」から「ファミリーヒストリー」へ

▷2　遠山茂樹・今井清一・藤原彰, 1959, 『昭和史（新版）』岩波新書.

▷3　大門正克編, 2006, 『昭和史論争』日本経済評論社.

▷4　四宮俊之, 2000, 「社史（書）編纂の目的と意義をめぐって」『弘前大学人文社会論叢社会科学篇』4. 高田知和, 2015, 「地域で地域の歴史を書く」野上元・小林多寿子編著『歴史と向きあう社会学』ミネルヴァ書房.

　大きな社会変化や出来事に自分の人生が大きく影響されたとき，人々はその作用の理解に歴史による説明を求めることがある。1945年の敗戦による混乱が一段落した頃に人々が熱心に読んだという『昭和史』（1955年）▷2がその代表例である。ただ，この書物に対しては，「人間が出てこない」という文学者からの批判があった。いわゆる「昭和史論争」▷3だが，むしろ当時の読者は，個々の「人間」ではなく，それを超えた歴史の巨大な動きによる説明を求めていた。

　そうした歴史への信頼が基盤となり，戦後社会では（ナショナル・ヒストリーを頂点としつつ）さまざまなかたちで歴史が残された。会社や協会では「社史・協会史」，自治体では「自治体史」，学校では「学校史」が残された。それらの「歴史たち」は，それぞれの組織・集団の来歴の自己点検や総括であり，それにより権威やアイデンティティの獲得，未来への展望が可能になる。▷4

　そうした歴史への信頼のなかで，より「自分」に興味がある人は「自分史」の試み，つまり自分の歴史を書き残そうとする。仕事から引退後に人生の締め

くくりとして書き始めて出版するという「自分史ブーム」があった。自費出版に至らなくても，1990年代より普及したワープロや PC によって可能となった，お葬式で近親者に配られるような小冊子も大量にあったはずである。それ自体が社会学的な検討に値する現象だろう。自分の人生はひとつの「物語」であり，その物語の背景として「歴史」が求められる，ということがあった。

さらに近年では「ファミリーヒストリー」がブームである。NHK 制作の番組『ファミリーヒストリー』(2008年〜)は，著名人の先祖を NHK が調べる。興味深く構成された先祖に関する映像を，試写室のような場所で本人にみてもらう。視聴者は，それを観る本人の反応もうかがう。

視聴者にとって，彼らはどこか特別な著名人である。しかしその先祖は歴史のなかで懸命に生きた「庶民」だ。この番組は，著名人に対して庶民として共感できるよう設計されているといえる。

③ 「ファミリーヒストリー」の始め方

自分の来歴を知ることの意味は大きい。「自分史」と違って，取り組むべきはむしろ若い世代かもしれない。では，「ファミリーヒストリー」の探究はどのように始めればよいのだろうか。

まずは系図を作る。それは，自分のファミリーヒストリーに関係する登場人物の一覧であり，親子やきょうだいなどの関係性がわかりやすく図示される。市区町村の役場に戸籍謄本の送付を申し込み，集めてゆく。直系4親等まで遡ることができる。彼らの生年月日や出生地・本籍地，死亡している場合は死亡日などがわかる。

これを元に，親類や関係者に対するオーラルヒストリー，文献調査を始めるのだ。地図・旧地図を片手に故地を訪問してもよい。出身学校や組織が記録を保存しているかもしれない。地元紙にもなにかが残されているかもしれない。これらすべてが本人にとって成長の機会をもたらす「冒険」となる。

先住民を除き，移民とその子孫で構成されるアメリカのような社会では，ルーツの探究は青年期の通過儀礼のひとつになっている。ファミリーヒストリーを自分たちのエスニック集団に拡大させ，多様性を前にしたアイデンティティの獲得をめざす。

「ファミリーヒストリー」を試みることで，遠かった歴史を身近なものにできる。歴史の宿題や歴史社会学の演習課題としてもよい。

もちろん，ファミリーヒストリーは，血縁を梃子にした歴史認識である。血のつながりを第一とするような限定性があることは，いつも念頭に置いておく必要があるだろう。それでもその「歴史」により，自分がかく存在することの必然と偶然をみることができ，大きな歴史とつながり，これを身近にすることもできるはずなのだ。

(野上 元)

▷5 小林多寿子, 1997, 『物語られる「人生」』学陽書房。

▷6 より詳しくは, 宮徹, 2015, 『ファミリーヒストリー』WAVE 出版など。

▷7 南川文里, 2015, 「エスニックな場所, 多人種の痕跡」野上元・小林多寿子編著『歴史と向きあう社会学』ミネルヴァ書房。

▷8 社会学者による冒険的な作品として, 朴沙羅, 2022, 『家の歴史を書く』ちくま文庫。

Ⅲ　歴史社会学的想像力の諸相

 裁判記録
討論形式で見出される多元的な「過去」

1 「真実はいつもひとつ！」なのか？

　難解にみえたトリックを鮮やかに見破る探偵の長口上が、「探偵もの」のクライマックスである。事件をめぐる断片のすべてが組み合わさり、ついに一貫した説明が可能になった。悪事が露見してうなだれる犯人を警察が逮捕し連行してゆく。事件は解決し、物語はそこで終わる——。

　しかし、現実には逮捕のあとに裁判がある。裁判に先立つ送検や起訴の手続きも含めれば、多くの場合、事件発生から逮捕までを超える時間が逮捕以降に費やされる。その目的こそ、「真実を見定めること」なのだ。

　そして裁判は討論のかたちを取る。犯人は法廷で被告となり、彼／彼女の罪を追及する側と弁護する側とが、相互に証拠・証人を挙げながら立論・討論する。それぞれの主張は（事実を認めて情状酌量を狙う訴訟戦略はあるにせよ）どちらも了解可能なものだ。裁判官は、議論を見届けながら最終的にどちらの主張が事実として認めるに無理がないかを判断する。◁1

　だから裁判官の判決は、名探偵の断定と違い、「ひとつしかありえない真実」という大げさなものではなくて、可能な限り合理的な判断に基づいて、より確からしいといえるものとして選び取られたものだといえる。◁2

2 多元的現実の可視化や歴史資料産出の場としての裁判

　こう考えたとき、裁判という場は多元的現実を重視する社会学の方法にとって非常に示唆的なものにみえてくる。その例として、ライフストーリー研究の方法としてたびたび言及される「羅生門効果」（Rashomon effect）◁3が、ある殺人事件の裁判において相矛盾する4人の目撃者の証言が描写される黒澤明監督の映画『羅生門』（1950年）から採られていることが挙げられるだろう。

　なんとか真実を見定めようとするからこそ、裁判は過去を再現する際に必須の証拠となる記録・資料を大量に残してくれる。たとえば歴史家カルロ・ギンズブルグの主著『チーズとうじ虫』◁4では16世紀イタリアの粉挽き屋がもつ独特の世界像・宇宙観が明らかにされるのだが、庶民の世界理解の詳細が後世のわれわれに伝えられることなどほとんどない。なぜ資料が残され、われわれがそれを知ることができたのかといえば、彼の世界像が語られたのがキリスト教の異端裁判という場だったからである。

▷1　裁判の採るこうした形式は、科学的探究の源のひとつだといわれる。松村一志、2021、『エビデンスの社会学』青土社。

▷2　これを陪審員裁判制度の側からみたものとして、ベネット、L.・フェルドマン、M.、北村隆憲訳、2007、『法廷における〈現実〉の構築』日本評論社。

▷3　文化人類学者オスカー・ルイスによる『サンチェスの子供たち』（柴田稔彦・行方昭夫訳、みすず書房、1986年）で言及された。小林多寿子編、2010、『ライフストーリー・ガイドブック』嵯峨野書院。

▷4　ギンズブルグ、C.、杉山光信訳、2021、『チーズとうじ虫（新装版）』みすず書房。

異端裁判では，被告の異端性を証明するために彼の理解する世界像の詳細が語られ，それに対し次の質問がなされ，これがくりかえされる。そのため裁判という場であるにもかかわらず，異文化の理解をめざす文化人類学者のフィールドワークに似てしまう。ギンズブルグはさらに，証拠を用いて過去を再現しようとする裁判官と歴史家の異同について考えをめぐらす[5]。

もう少し時代が下れば，裁判は精神医学が関係する場になったり，あるいは人々の興味を惹く新聞報道の対象にもなったりして，「裁判をめぐる資料」はかなり賑やかになる。たとえば，ミシェル・フーコーが編纂した『ピエール・リヴィエールの犯罪』に収められた19世紀の尊属殺人をめぐるさまざまな記録には，事件を報じる新聞記事，裁判所の判事や検事の調書や報告書，複数の医師の報告書や鑑定書，裁判における本人に対する尋問のやりとりや住民たちの証言，さらには犯人の手記までもが含まれている。

フーコーはこれらを見て，「ある事件を中心として，それぞれ系譜，形式，構成，機能を異にする様々な話法［ディスクール］が交叉しあい，……話法どうしの，独特の闘争，対決，力関係，戦闘を形成している[6]」という。

③ 歴史社会学的想像力のフィールドとしての裁判

このように裁判・裁判記録は，歴史社会学的な探究の可能性に満ちた場である。裁判が真実を見定めようとする場であるからこそ，事実をめぐり当該の社会においてなにがどのように妥当だとされているのかに関する規準が浮かび上がってくる。歴史社会学は，具体的な根拠を挙げながら，その規準を二次的に観察すること（「観察の観察」あるいは「理解の理解」）ができるだろう。

さらに裁判が本質的に認識をめぐる「争い」の場であることに注目しているというのならば，それぞれの主張がズレていることをむしろ重視して「あたりまえ」を振り返るエスノメソドロジー的な検討に可能性を開くこともできる。

だから倫理・規範の存在や比較，その変化を浮かび上がらせる責任や正義の歴史社会学といった領域でも，裁判をみることが有効となる場合がある。法廷という場，そして判決をめぐる論争の場は，特定の個人の意志・意図と行為の関係，それが導いた結果との関係すなわち責任を問い，一方で社会における倫理や規範のありようを問い直し，「人間」の理解を維持したり修正したりする場（あるいは，理解が期待されたり失敗したりする場）でもある[7]。

また，ときには裁判において特定の（たとえばひとつの事件に関する）過去ではなく「歴史」そのものが裁かれることがある[8]。では，そこではなにがどのような理由で，そして「だれ」が裁かれるのだろうか。ここには「歴史とはなにか（ただし社会にとって）」という問いに関する歴史社会学的なヒントが眠っている。

裁判は，歴史社会学のもっとも興味深いフィールドのひとつだといえよう。

（野上　元）

▷5　ギンズブルグ，C.，上村忠男訳，2003，『歴史を逆なでに読む』みすず書房。

▷6　フーコー，M. 編，岸田秀・久米博訳，1995，『ピエール・リヴィエールの犯罪（改訂版新装）』河出書房新社。

▷7　喜多加実代，2009，「触法精神障害者の『責任』と『裁判を受ける権利』」酒井泰斗・浦野茂・前田泰樹・中村和生編『概念分析の社会学』ナカニシヤ出版。貞包英之・元森絵里子・野上元，2016，『自殺の歴史社会学』青弓社。（特に元森絵里子が執筆したふたつの章）など。

▷8　このうち戦争裁判に関しては，野上元，2005，「東京裁判論」倉沢愛子ほか編『講座アジア・太平洋戦争2 戦争の政治学』岩波書店。好井裕明，2000，「『歴史』と『わたし』をへだてゆく語り」栗原彬・小森陽一・佐藤学・吉見俊哉編『越境する知2 語り』東京大学出版会。

Ⅲ 歴史社会学的想像力の諸相

3 消費者／〈消費者〉
消費を問題化する社会記述そのものの歴史性

 消費者としての私たち

　私たちはその定義上，消費者であることから逃れられない。高度化した資本主義経済下において，なんらかの消費活動を行うことなしに人間が生きていくのは不可能に近いからだ。私たちは日常的に金銭を支払うことで財やサービスを購入している。このとき，私たちは紛れもなく消費者としてある。

　にもかかわらず，社会学において消費者が意識されるようになったのは，そう昔のことではない。社会調査の歴史をみればわかるように，性別や職業に代表される，人々を分類する諸概念と社会記述は密接に結びついてきた。ところが消費者は，しばしば対置的に用いられる労働者と比しても，社会記述にとって必要不可欠とはみなされてこなかった。

　ではなぜ消費者は社会学の分析対象として，かくも一般的となったのか。

2 消費社会という問題

　消費者が社会学の分析対象として浮上してくる過程を考えるうえでは，労働者をめぐる研究の系譜を度外視できない。1960年代から70年代にかけて消費社会を論じた人々の問題意識は，労働者意識の衰退を伴う資本主義経済の変容という点にあったからだ。ある知識人は，消費社会においては人々が労働者として革命を志しておらず，消費者として生を満喫しているのだから，資本主義経済は素晴らしいと論じた。[1]他方で別の知識人は，消費者を労働者と異なり連帯することができない孤立した人々とみなし，消費社会への移行を「産業システム」による支配の貫徹としてとらえたのであった。[2]

　この二者の主張は，一見すると対立している。だがここで重要なのは，消費者は労働者と対置される別種の社会集団だという見方を，この二者が共有しているということだ。消費者は，資本主義経済変化の相関物として形象化された。

　ゆえに消費者は消費社会の申し子でもある。消費社会論は，消費社会への移行が，大量生産システム（フォーディズム）の確立を背景とした供給飽和により生じると説明してきた。商品を作っても売れなくなったことで，労働者管理だけでなく「消費者の声に敏感に反応」することが重要となった。[3]このような認識が生じたとき，消費者は社会記述の表舞台に躍り出たのである。

▷1　ロストウ, W. W., 木村健康・久保まち子・村上泰亮訳, 1961,『経済成長の諸段階』ダイヤモンド社。

▷2　ボードリヤール, J., 今村仁司・塚原史訳, 1979,『消費社会の神話と構造』紀伊國屋書店。

▷3　内田隆三, 1987,『消費社会と権力』岩波書店, p. 11。

Ⅲ-3 消費者／〈消費者〉

3 消費者の営為への着目

消費者という社会集団を発見しようとする諸研究は，こうした歴史的条件のもとに生成されている。消費者という概念が社会記述にて一般的になったからこそ，私たちは遡及的なかたちでその歴史を語れるようになったのである。

事実，消費をめぐる歴史社会学的研究は，1980年代後半から1990年代にかけて盛んとなった[4]。かつて佐藤健二は，「大量生産システムを支えている大量の消費の文化」を歴史社会学的な観点から検討するためには，「演技者としての消費者の身体」を分析する必要があると論じたが，この主張は当人が記している通り，1990年代に生み出された一連の「消費の社会史」研究によって可能となっている[5]。一方，「大量生産システム」の登場を社会変容の契機として読み取る立場は，生産力の拡大が社会に与える影響をとらえようとした消費社会論の問題意識を受け継いでもいる。ここに，私たちは社会学における消費社会論から消費の歴史社会学への繋留点を見て取ることができる。

また，この佐藤の記述は歴史社会学者が消費者の歴史を検討するうえで，歴史学の知見に多くを頼ってきたことを示してもいる。一部の例外を除いて，消費に関する歴史研究は一貫して歴史学がリードしてきた[6][7]。

4 消費者と〈消費者〉

消費者の歴史を論じる研究の拡大は，消費者の定義をめぐる問題を副次的に生み出す。原理的にすべての人間を消費者として名指すことができる以上，私たちは万人の活動を消費者概念＝〈消費者〉を通じ，説明することができてしまう。しかし，実際のところ消費者の具体的営為に着目しようとした歴史研究は，自らの分析対象（多くの場合女性や都市中産階級）を端的に示すことばとして，〈消費者〉を用いてきた。であるならば，なぜ私たちはこのように〈消費者〉を特定の対象を指すことばとして用いることができるのだろうか。

この問いに答える作業には，〈消費者〉の運用形態の分析を通じ，社会記述において〈消費者〉を用いる際にたびたび密輸入される前提を明らかにするという意義がある。そしてそれは，消費社会の分析の精緻化に資するものでもあるだろう。たとえば，〈消費者〉を用いた社会学や歴史学の研究は，消費の能動性や消費者の自由意志を比較的強調する傾向にあった。だが私たちの消費は本当に自由意志の産物なのか。『消費社会の神話と構造』を著したボードリヤールの問題意識がまさにそこにあった以上，こうした傾向を前提とし，消費者やその活動を記述することの妥当性が，検討の俎上に載せられねばならない。

いわばここには，消費者をいかなる存在としてとらえるのかという，消費者の存在論とでも呼びうる問題がある。〈消費者〉の歴史社会学の必要性は，まさにこの点にある[8]。

（林　凌）

---

[4] 英語圏における消費をめぐる歴史社会学的研究は，日本語圏と少々異なる展開を見せてきた。その展開を知るには，Campbell, Colin, 1987, *The Romantic Ethic and the Spirit of Modern Consumerism*, Blackwell がよい。

[5] 佐藤健二，2001，『歴史社会学の作法』岩波書店，pp. 206-208 を参照。佐藤は，初田亨，1993，『百貨店の誕生』筑摩書房や，神野由紀，1994，『趣味の誕生』勁草書房などを例として挙げている。

[6] 原山浩介，2011，『消費者の戦後史』日本経済評論社や，貞包英之，2021，『サブカルチャーを消費する』玉川大学出版部など。

[7] 歴史学者による消費者史研究は枚挙に暇がないが，ここでは代表的な論者のものとしてゴードン，A., 大島かおり訳，2013，『ミシンと日本の近代』みすず書房と，満薗勇，2024，『消費者と日本経済の歴史』中公新書を挙げておく。

[8] この点の詳細については，林凌，2023，『〈消費者〉の誕生』以文社を参照のこと。

Ⅲ　歴史社会学的想像力の諸相

4　女性専門職
近代「女医」の歴史社会学

1　歴史社会学的な研究対象としての女性専門職

「連字符社会学」に歴史社会学的な視点が影響を与えてきたのはもちろん，女性をテーマとする社会学の研究にも歴史社会学は近現代社会を問ううえで重要な視座を提供してきた。日本の場合，1980年代後半から女性をめぐる歴史社会学的な研究が登場し，家族社会学を中心に近代家族と女性の関係性をテーマとした研究が大きな成果を残してきた。2000年代に入ると，女子学生文化，女性雑誌，美容・化粧などにも研究対象が広がり，新たな知見が出されている。

女性をめぐる歴史社会学的な研究潮流のなかで，2010年代後半からは職業をめぐる女性研究がいくつか登場してきている。女性雑誌研究の潮流にも位置づく，婦人雑誌と新聞記事というマスメディアにおける「職業婦人」を広く分析した研究[1]，女性専門職として発展した電話交換手に着目し，その日独比較を行った研究[2]，女性専門職として誕生し発展した職業である産婆に着目し，近代日本におけるお産をめぐる状況を明らかにした研究[3]がある。

職業に着目する場合，資料として用いられるのは新聞や女性雑誌だけでなく職業に関する機関誌があり，制度の変遷との関わりも検討していく必要がある。またたとえば1948年の保健婦助産婦看護婦法により名称が助産婦に変わっただけでなく，1986年の男女雇用機会均等法[4]以降はジェンダーへの考慮により助産婦から助産師へと名称が変更されている。このように，職業に着目する研究ではおのずと男女雇用機会均等法や男女共同参画社会基本法との関連も検討されるべきものとなる。

女性専門職の歴史を研究することは，女性たちによる男性中心の専門職世界への参入や，専門職における性別役割分業への意識など，近代社会における職業をめぐる平等を検討していくうえで重要なテーマといえる。職業における女性比率に着目してみると，「①女性比率の高い専門職」（看護師や保育士），「②男女比率が拮抗する専門職」（薬剤師や教師），「③女性比率が相対的に低い専門職」（医師や弁護士）の3つに分類される[5]。このうち③は，専門職として確立されているものの男性中心の専門職であるため「女性参入型」専門職ともいえる。

2　近代「女医」の歴史社会学的研究

女性専門職をめぐる歴史社会学的研究として，女医をテーマとした研究を紹

▷1　濱貴子，2022，『職業婦人の歴史社会学』晃洋書房。

▷2　石井香江，2018，『電話交換手はなぜ「女の仕事」になったのか』ミネルヴァ書房。

▷3　大出春江，2018，『産婆と産院の日本近代』青弓社。

▷4　雇用の分野における男女の均等な機会及び待遇の確保等に関する法律。

▷5　鵜沢由美子，2011，「女性労働と専門職」藤原千沙・山田和代編『女性と労働』大月書店，pp. 161-186。

介しよう。戦前期に誕生し「女医」とも呼ばれた女性医師たちは，高度専門職に従事する女性の先駆けという点において歴史社会学的にも重要な研究対象である。女性に医術開業試験の受験が認められたのは1884年のことで，医師は近代日本で女性に対しても資格取得が開かれた最初の高度専門職である。「専門職と女性」の分類では女性医師は「③女性比率が相対的に低い専門職」に分類される。

戦前期の「女医」を扱った歴史社会学的な研究としては，日本国内における女子医学教育の誕生・発展・衰退という制度的な歴史と社会との関係性の研究，他の国や地域とのトランスナショナルな比較研究などを展開する可能性がある。

日本で女子医学教育は1900年に始まった。女子の医学生も多く受け入れていた済生学舎が女子学生の新規入学を拒否し，翌年には在学中の女子学生も退学処分としたことを受け女子医学教育を立ち上げたのが，吉岡彌生という人物である。吉岡は東京市内で経営する至誠医院に，女子医学生のための医学勉強の場としてすでに至誠学院を開いていた。同じ敷地内に，1900年には私立東京女医学校を創設し，1912年に医学専門学校への昇格を果たすと私立東京女子医学専門学校と名乗った。その後，私立と公立の女子医学教育機関が複数誕生したが，男女平等思想が強く反映された第二次世界大戦後の教育改革によって，女子に限定した医学教育は事実上解体されることになった。こうした制度的な歴史とともに生きた近代「女医」に関する社会学的な研究としてたとえば，戦前期の日本における婦人解放運動との関係というテーマがある東京女子医専の校長である吉岡や，東京女医学校卒業生第一号である竹内茂代も運動に参加しており，医師としてだけでなく，女性たちの権利を訴えていく女性知識人として女医の研究というテーマが考えられる。

さらに，じつは世界的にみても女性医師の誕生と発展は時代的，社会的にも類似しており，比較研究を進めていくことも重要テーマである。1919年には「女医」の国際的な団体として Medical Women's International Association が発足しており，アメリカやヨーロッパ諸国に加え，日本もすぐにメンバーとなっていた。こうした国際的な連帯のあり方を検討していくことも研究テーマのひとつである。1924年に設立されたドイツのワイマルからナチス期における女性医師団体 Bund Deutscher Ärztinnen（League of German Female Physicians）を分析した研究があり，1902年に創設された日本女医会との比較研究なども可能だろう。

いずれのテーマも，国家資格をもつ医師として，女性たちの権利向上をめざして働く女性の先駆である近代「女医」たちのさまざまな葛藤や戦略を検討していくところに，歴史社会学的な研究としての面白さがある。　　　（目黒　茜）

▷6　公許女医第一号の荻野吟子が試験に合格し，医師免許を獲得したのは1885年のことであった。

▷7　ちなみに弁護士の場合は，1936年の弁護士法改定により女性にも受験が認められるようになった。「女弁護士」の誕生は「女医」と比べると半世紀も遅かった。

▷8　1930年代後半の時点では全医師数に対する女性医師は約5％だったのに対し，2020年時点では約23％まで増えている。

▷9　Kravetz, M., 2019, *Women Doctors in Weimar and Nazi Germany*, University of Toronto Press.

Ⅲ 歴史社会学的想像力の諸相

5 自殺
「意志的な死」の成立

▷1 デュルケーム, É., 宮島喬訳, 1985, 『自殺論』中公文庫。

▷2 Phillips, David P., 1974, "The Influence of Suggestion on Suicide," American Sociological Review, 39 (3): pp. 340-354.

▷3 パンゲ, M., 竹内信夫訳, 1986, 『自死の日本史』筑摩書房。ロミ, 土屋和之訳, 2018, 『自殺の歴史』国書刊行会。

▷4 坂田山心中は, 1932年に神奈川県の山中で若い男女が心中した事件。「天国に結ぶ恋」のタイトルで, 映画やヒット曲の題材にもなった。また三原山自殺は, 女学生の自殺報道をきっかけとして, 1933年から伊豆大島の三原山で自殺が続発した事件。いずれもマスメディアがセンセーショナルに報じ, 昭和初期の日本で自殺や心中が多発するきっかけを作ったとされる（今防人, 1994, 「観光地と自殺」『流通問題研究』23: pp. 1-51）。

▷5 加藤秀俊, 1974, 「『死』への親近感」朝日ジャーナル編『昭和史の瞬間』(上) 朝日選書, pp. 207-214。

▷6 たとえば1903年に旧制一高の学生であった藤村

1 自殺と社会学

自殺は古くて新しい問題である。人が自らの命を絶つという意味での自殺行為は, おそらく通時的にみられる現象である。しかしその出来事に対する解釈や発生率は, 社会によって大きく異なる。特に近代社会以降, 自殺者の増加が退化論の浸透とともに懸念されるなかで, 自殺は草創期の社会学にとっても重要な検討課題となった。たとえば周知のように, É. デュルケムは『自殺論』のなかで, 社会のあり方（人と人を結びつける統合力や規制作用の様式）と自殺の発生を結びつけて論じ, 巨視的な視点から自殺現象を分析しようとした。これはいわゆるマクロ社会学の嚆矢とされる。また20世紀に入ると, 自殺の発生とメディアの関係が取り沙汰され, たとえば D. P. フィリップスは, マスメディアの自殺報道に影響されて自殺が増える現象を, ゲーテの『若きウェルテルの悩み』にならって「ウェルテル効果」と命名した。このように, 従来より自殺は社会学の研究対象であったが, その問題関心は主として研究者と同時代の自殺, すなわち共時的な自殺現象であったといえるだろう。過去の自殺について扱った研究の多くは, 歴史家の手によるものであった。しかし少数ながらも, 歴史社会学的な視点から過去の自殺現象を考察しようとした研究もある。

2 自殺の歴史社会学

加藤秀俊は, かつて昭和初期の自殺ブーム（坂田山心中や三原山自殺）を論じた文章のなかで,「ふと『死』がえらく身近にあることを感じないではいられないような瞬間が人生には何回かあるし, 社会ぜんたいについていうなら, そういう時代がときどきある」と述べた。加藤によれば, 昭和7〜8年という「時代」は, 世界恐慌のあおりを受けた不況期であり, また世界的にみても「ひとのいのちのつまらなさ」といった気分が社会の底流を形成していた時代であるという。そこに特定の自殺事件を「美談」や「猟奇」として語るマスメディアの報道が拍車をかけ, 多くの模倣自殺を生み出す自殺ブームが訪れた, というのが加藤の見立てである。

こうした解釈は, 確かにこの時期の自殺の流行を解釈するうえで, 首肯できる点も多い。しかし特定の人物の自殺が人々の注目を集め, その模倣者が現れるという出来事は, この昭和初期以外にも起きている。その意味で, 少数の事

74

例から，マクロな社会経済状況と，自殺の「流行」現象を結びつけることには，実証性という点で慎重にならなくてはならないだろう。

その点，近年編まれた『自殺の歴史社会学』という研究書は，過去から現在までの日本社会における自殺の発生を，丹念な資料分析から考察した貴重な研究である[7]。同書が対象とするのは近代以降の日本であるが，なかでも1910年前後の「厭世」自殺を扱った第一章は，歴史社会学的な自殺研究の好例といえる[8]。この研究で著者の貞包はまず，現代において「自殺」と総称される出来事が，20世紀初頭まではひとつの社会現象としてみなされていなかったと主張する[9]。この認識が変化したのが1910年前後の「厭世」自殺の流行であり，これ以降は，外在的理由（貧困や病苦など）ではなく，当事者の内面的な「動機」という観点から，それぞれの死が「自殺」として把握されるようになった。

ではなぜこの時期に社会的事実として新しいタイプの自殺（厭世自殺）が広まったのか。その理由について貞包は，当時の統計資料やマスメディア報道を丹念に分析して，①自殺の医療化の進展とその限界，②自殺を規定する家と警察の抗争，③消費社会化に伴う特有の生の様式の成長，という３つの観点から検証している。議論の詳細については同書を参照してほしいが，たとえば「②自殺を規定する家と警察の抗争」については次のような説明がなされている。

すなわち，そもそも自殺には前近代からケガレの概念が染み付いており，自殺者を出した「家」は地域共同体において肩身の狭い思いをしてきた。また近代精神医学も自殺を遺伝性の精神疾患と結びつけることで自殺に対するスティグマを強化した。よって，自殺者を出した「家」にはその死を隠すという動機が存在したが，近代の行政機構である警察は，自殺をほかの不審死と区別する目的をもって捜査を行うため，しばしば「家」の意向と対立する。その結果，警察の調査に基づく内務省の自殺統計と，主として家からの申告に基づく内閣統計局の自殺統計には齟齬が生じ，特に戦前では最大で年間3000件ほども前者が後者を上回ることになった。さらに，自殺をめぐるこうした家と警察の抗争が，統計上の「厭世」自殺の増加にも結びついている可能性を，貞包は指摘する。つまり，警察は不審死に事件性がないことを証明して円滑に捜査を終えるため，「厭世」という「便利な動機」の活用を恒常化させる。また家にとっても，自殺を隠すことがどうしても困難な場合，その動機が「厭世」に分類されることは，家に対するスティグマの軽減に役立つ。なぜならある自殺を「厭世」の結果とみなすことは，その原因を家ではなく自殺者本人の「意志」，あるいは社会の混乱に帰することを可能とし，家の責任を減免する可能性があるからである。かくして「厭世自殺は，家と警察，さらにはそれを報道するジャーナリズムとの利害関係のいわば妥協点となった」と貞包は結論している。自殺に関する歴史的な諸資料を精緻に分析し，現代に至るまでの自殺現象を歴史社会学的に考察した好例といえるだろう。

（佐藤雅浩）

操が日光華厳滝に投身自殺した事件は，当時の知識人たちの注目を集め，多くの模倣者を出したとされる（平岩昭三，2003，『検証藤村操』不二出版）。

▷7　貞包英之・元森絵里子・野上元，2016，『自殺の歴史社会学』青弓社。

▷8　貞包英之，2016，「自殺を意志する」貞包英之・元森絵里子・野上元『自殺の歴史社会学』青弓社，pp. 30-93。

▷9　それらは「自害」「捨身」「心中」「殉死」など，手段や様態に応じて記述され，多くは個人の意志ではなく，避けがたい外在的理由によって引き起こされた，不幸な事故死に近い扱いを受けていたという。

Ⅲ 歴史社会学的想像力の諸相

被害者
「同情を寄せるべき他者」に関する規範の変容

被害者とはだれか

ふだん何気なくニュースを見聞きしていると,「被害者」ということばに出あうことがある。このことばは「社会」や「政治」と同じくらい,マスメディアの用語系になじんでいるため,あえてその意味に疑問をもつ人は少ないだろう。多くの人は「被害者」ということばによって,事件や事故で被害を受けた人,くらいのイメージをもつのではないだろうか。しかし,だれが——どのような状況下で,なにものから,どのようなダメージを被った者が——「被害者」として語られ得るのかは,その社会における「加害」と「被害」の関係性に対する「常識」に依存している。この関係性の変化には,なにが非難されるべき行為であり,だれが同情を寄せるべき対象であるかという,規範や道徳に関する社会意識が反映されている。規範や道徳が時代に応じて変化する以上,「被害者」ということばで指示される対象も,歴史的に変化してきたことが予想される。では,比較的長い時間軸でみた場合,こうした「被害者」に関する社会的な認識は,どのように変化してきたのだろうか。

▷1 たとえば,かつては「からかい」や「叱責」を受けたとみなされていた人物が,現在では「ハラスメント」の「被害者」として語られるようになったことを想起すればよい。

「被害者」の言説史

ここでは拙稿をもとに,近代日本における「被害者」の言説史を簡単に紹介してみたい。この論文は,1910年代から2000年代までの『讀賣新聞』および『朝日新聞』の記事を分析し,「被害者」ということばが使われた新聞記事の数量的・内容的な変化と,その変化の背景を考察したものである。まず量的な変化として,「被害者」ということばを見出しに含む記事は,第二次世界大戦前にはそれほど多く見られないが(年間10～40件程度),戦後になると1980年代までは徐々に増加し,1990年代の後半から激増(年間200～400件程度)していることがわかる。また該当する記事分類の割合を10年ごとに集計してみると,1930年代までは「犯罪・事件・司法」関連の記事が8割以上を占めるが,1950年代以降はその割合が低下し,1970年代になると,全記事の3分の1程度にまで落ち込んでいる。つまり,「被害者」ということばが「犯罪」や「事件」の文脈で使用される状況は,1910年代から1970年代にかけて相対的に減少したといえる。かわって第二次世界大戦後から1970年代にかけて,新しく「被害者」として語られるようになったのは,たとえば公害問題によって健康被害を受けた

▷2 佐藤雅浩, 2013,「近代日本における被害者像の転換」中河伸俊・赤川学編『方法としての構築主義』勁草書房, pp. 134-153。

人々や，「核兵器」や「戦争」によって心身に傷を負った人々であった。また1970年代には，従来は非難の対象でしかなかった「加害者」に対しても，加害の社会的要因（貧困や家庭環境）に同情を寄せる言説や，犯罪の要因を被害者側にも求める初期被害者学の言説が登場し，従来の単純な「加害」と「被害」の関係性は，「社会」を第三項として揺らぎはじめた。しかし1980年代に入ると，被害者救済運動に関する新たな言説が普及し，突発的な犯罪や災害に巻き込まれた「被害者」の，精神的・法的・経済的な救済に対する関心が醸成されていく。そして1990年代後半に入ると阪神・淡路大震災や児童虐待の社会問題化に伴って「トラウマ」や「PTSD」など被害者の精神的被害を表す術語が大衆化し，さらに2000年代に入ると北朝鮮による拉致「被害者」の問題がマスメディアを賑わすことで，前述の「被害者」言説の激増が生じた。過去一世紀にわたるマスメディアにおける「被害者」言説の歴史を振り返れば，①「被害者」ということばで指示される対象領域の多様化，またそれに伴う，②「被害者」に関する言説の漸増と，「被害者」に対する社会的関心の増大が指摘できる。

❸ 「被害者」の歴史から見えてくるもの

では，このような「被害者」言説の歴史から，どのようなことがいえるだろうか。かつて É. デュルケムは「ある行為は，それが集合意識の強力かつ明確な状態を侵すとき犯罪的である」，「刑罰は，本質的には若干の行為規則を犯した社会成員にたいし，社会が構成団体を媒介として行使する……激情的反動から成立っている」と述べた。この議論を敷衍すれば，社会における「被害者」の歴史を知ることは，同時に「被害者」を生み出すと思念された構造に対する，社会意識の歴史を知ることにつながる。すなわち，上記の「被害者」をめぐる言説変容は，加害–被害構造に対する社会意識の変化として，以下のように要約することができよう。

①大正期〜戦前期：「被害者」軽視の時代（加害者／加害構造への関心）

②戦後：新しい被害者の時代（被害者概念の拡張と加害–被害関係認識の揺らぎ）

③1980年代〜現在：「被害者」への関心の高まり（加害者／加害構造への関心の低下）

これが正しいならば，現代社会は「被害者」に対する関心が増大する一方で，その被害を生み出すと考えられる社会構造に対する関心が低下した社会といえる。言い方を変えれば，加害者を取り巻く諸状況のなかに根本的な被害の発生原因を探そうとするのではなく，確率論的に「被害者」が生じることを前提としたうえで，その出現頻度や事後的なリスクを低減させる施策が好まれる社会だといえる。こうした変化は，環境管理型権力の出現や流動化する近代における不安の増大など，現代社会をめぐる種々の考察とも共鳴するであろう。

（佐藤雅浩）

▷3 デュルケーム, É., 田原音和訳, 1971, 『社会分業論』青木書店。

▷4 近年の議論によれば，現代社会においてはかつてフーコーが指摘したような規律訓練型の権力ではなく，環境に働きかけることで主体を統治する環境型（環境管理型）の権力が優勢になっているという（東浩紀・大澤真幸, 2003, 『自由を考える』NHK ブックス。大澤真幸, 2013, 『生権力の思想』ちくま新書）。前者が「加害者」に対する矯正や統治と親和的な権力の様式であるとすれば，後者はリスク評価に基づいて，「被害者」の発生を事前に抑制しようとする実践と適合的な権力であるように思われる。

▷5 社会学者の Z. バウマンは，現代において「生活政治が大文字の政治とぶつかり，個人的問題が公的言語に翻訳され，その集団的解決が議論され」るような社会空間が喪失したと述べ，こうした社会においては諸個人の不安，心配，憎悪などを集約し，1ヶ所に束ねておくことができるような事物（公人のスキャンダルや問題を抱えた個人の語り）が求められると述べている（バウマン, Z., 森田典正訳, 2001, 『リキッド・モダニティ』大月書店）。本章で述べた被害者に対する多様な言説も，こうした事物のひとつととらえることができるかもしれない。

Ⅲ　歴史社会学的想像力の諸相

摂食障害
逸脱的な食行動はなぜ問題化されたか

▷1　厚生労働省「みんなのメンタルヘルス総合サイト　摂食障害」(http://dev03.visual-l.com/portal/100625/disease_detail/1_04_02eat.html 2024年9月アクセス)

▷2　ちなみに同サイトでは、「社会・文化的要因」として「『やせを礼賛し、肥満を蔑視する』西欧化した現代社会」の影響、あるいは「スリムをもてはやす社会、文化の影響」を指摘している。

▷3　ハッキング, I., 出口康夫・久米暁訳, 2006,『何が社会的に構成されるのか』岩波書店, p.5。ハッキングにはこのほかにも、「非常住性の精神疾患」に関する次のような著作がある。ハッキング, I., 北沢格訳, 1998,『記憶を書きかえる』早川書房。ハッキング, I., 江口重幸ほか訳, 2017,『マッド・トラベラーズ』岩波書店。またジャーナリストのイーサン・ウォッターズによる著作『クレイジー・ライク・アメリカ』では、中国を対象とした医療人類学的研究の知見をもとに、この病の発生や増加が、当該社会の歴史や文化と深く結びついていると紹介している。原題は *Crazy Like Us*(=『私たちのように狂え』)であり、北米中心の精神疾患概念が世界中に普及する現

1　摂食障害とは

　摂食障害 (eating disorders) は、謎の多い病気である。「障害」という名が付いていることから、一般的には医師が治療する身体的な病気というイメージをもっている人が多いかもしれない。あるいはこの病気について知っている人であれば、親子関係や家庭環境、本人の性格的な偏りなどと関係する、「心」の病気というイメージがあるかもしれない。

　確かに、厚生労働省がメンタルヘルスの啓蒙を目的として一般向けに開設しているWebサイトによれば、摂食障害とは「単なる食欲や食行動の異常ではなく、①体重に対する過度のこだわりがあること、②自己評価への体重・体形の過剰な影響が存在する、といった心理的要因に基づく食行動の重篤な障害」であると定義されている（傍点引用者）。しかし同サイトは、その発症原因について「摂食障害の発症には、社会・文化的要因、心理的要因、生物学的要因などが複雑に関与しており、……遺伝子-環境因子の相互作用による多因子疾患と考えられている」とも述べており、心理的要因だけではなく、生物学的要因、あるいは社会・文化的要因もあるとしている。「遺伝子-環境因子の相互作用による多因子疾患」と聞くと複雑そうに聞こえるが、要するに摂食障害については、専門家のあいだでも確固とした原因論が存在しているわけではない、ということを示唆するような記述である。

　「謎」は「原因」だけではない。この「病気」は、歴史上、ある特定の時代、特定の場所では多く観察されるが、それ以外の時代、それ以外の地域ではほとんど見られないということが、たびたび指摘される。科学哲学者のイアン・ハッキングは著書のなかで摂食障害の一種とされる「拒食症」について、「『社会的構成』についてどのような直感的理解に照らしても、拒食症は、少なくとも部分的には社会的構成物であるに違いない。少なくともそれは、ある特定の地域、ある特定の時代にのみ流行する症例、すなわち非常住性の精神疾患で……ある」と述べている。

　こうした謎めいた病気である摂食障害をめぐっては、医学者だけでなく、これまで多くの社会学者や人類学者が独自の視点から研究を行ってきた。たとえば社会学者の浅野千恵は、ジェンダー論の視点から「摂食障害と呼ばれている問題は、現代の女性たちの置かれている状況を照らしだす鏡である」と論じ、

78

面接調査や資料調査を通じて，現代の女性たちの痩身（ダイエット）願望と摂食障害の関係性について先駆的研究を行った[4]。また河野静香は，1870年代から2010年代までの「Self-Starvation」に関する日本の新聞報道を分析した論文のなかで，19世紀末から20世紀前半においても，通常とは異なる食行動を精神的な病気とみなす記事があったことを指摘している[6]。ただ，20世紀前半までの記事では，多くの場合「Self-Starvation」は宗教的あるいは政治的文脈において言及されており，この現象が医療の文脈でとらえられるようになるのは20世紀後半以降のことだという。

② なぜ摂食障害は社会問題化されたか

このように，おそらく食行動の異常は過去の社会にも存在し，それなりに「珍しい出来事」として人々の関心を集めていたと推察できる。しかし，こうした行動が医学的な「疾患」として定義され，また多くの「患者」が出現しはじめたのは，河野も指摘するように20世紀後半のことである。では，なぜこの時期の先進諸国で摂食障害は社会問題として注目を集めるようになったのか。

おそらくその背景には，実質的な社会の変化と，身体に対する社会的なまなざしの変化が関係している。実質的な社会の変化というのは，たとえば集団としての栄養状況の改善や，食生活の変化，食行動の異常を「疾患」として定義・分類する医学的な診断体系の成立，それらを正当化するような医療制度の整備といった出来事である。これに対してまなざしの変化とは，身体を標準化された方法で測定したうえで，その「標準」から外れた身体を探し出し，その身体に対して矯正を求めるような人々の意識が一般化することである。

まなざしの変化という点からいえば，摂食障害が社会問題化される前後に，より広い意味での「体型」への関心が高まっていたことには，注意をうながしておいてよいだろう。李煊の研究[7]によれば，日本では摂食障害が広く知られるようになる以前の1960年代から，「肥満は健康に害がある」という主張が新聞紙上でくりかえし紹介され，人々が自分や家族の「体型」を適切に管理することが推奨されていった。また摂食障害が広く人々に知られるようになった1980年代は，同時に各種のダイエット法がマスメディアを賑わす「ダイエット・ブーム」の時代でもあった。つまり摂食障害に対する社会的関心の増大は，「ダイエット」や「理想的な体型」をめぐる，より広範囲の言説と関連して成立してきた可能性がある。李が述べるように，「この二つの言説（ダイエットと摂食障害）は，実際には体型コンシャスな時代における人々の身体に関する意識を象徴する，表裏一体の事象」であったのかもしれない。もしそうだとすれば，摂食障害について語られてきた事物を歴史社会学の視点から分析することで，身体や健康に対する社会意識の変容過程を浮き彫りにすることができるだろう。

（佐藤雅浩）

実と，その問題点を指摘した良書である（ウォッターズ，E., 阿部宏美訳，2013，『クレイジー・ライク・アメリカ』紀伊國屋書店）。

▷ 4　浅野千恵，1996，『女はなぜやせようとするのか』勁草書房。

▷ 5　Self-Starvation とは，「入手可能な食物が十分にあり，内科的にも外科的にも健康であるものの，食物を極端に過少にしか摂取しない食行動」のことであり，当事者が自発的に行う摂食拒否という意味合いと，嗜癖としての摂食拒否という意味合いが込められているという（河野静香，2021，「近現代日本における〈摂食障害〉の生成と定着，その後」『社会学評論』71（4）：pp. 654-670）。

▷ 6　河野静香，2021，「近現代日本における〈摂食障害〉の生成と定着，その後」『社会学評論』71（4）：pp. 654-670。

▷ 7　李煊，2019，「ダイエットと摂食障害に関する大衆言説の分析」埼玉大学大学院博士前期課程人文社会科学研究科修士論文。

Ⅲ　歴史社会学的想像力の諸相

8 趣味
概念史からことばの意味を解きほぐす

 趣味ということば

　趣味は現代において，さまざまな文脈で用いられることばである。たとえば，「趣味を楽しむ」「趣味がよい」「趣味がある」「趣味と実益」「ご趣味はなんですか」「趣味が合う」「趣味をもつ」「趣味に生きる」などの表現を並べると，それぞれ異なる印象を受けるのではないだろうか。この複雑さは，ことばが普及していく過程から整理ができる。

　日本において趣味ということばは，おもしろみを意味する漢語として使われていた。古くは仏教の経典や『水経注』『水心題跋』などの漢籍に用例があり，『紅楼夢』の書き下し文では幸田露伴と平岡龍城が，無趣味に「てもちぶさた」，趣味に「おもしろ」という振り仮名をつけていた。しかしこの用法は江戸時代以前の中島棕隠による漢詩などを除いて，わずかしか確認できない。香川鉄蔵は，趣味という成語が漢籍から日本に伝えられたとしても，実際にはあまり使われずにいたのではないかと推察している。

　一方で明治時代から流行を見せたのが，taste を意味する洋語としての趣味であった。この用法の普及は，自然主義文学の輸入や美学の興隆に支えられた。明治39年に坪内逍遥は文芸雑誌『趣味』の創刊号にて，「美なるもの，秩序あるもの，善なるものを感知し愛敬する心の作用」がテーストだと紹介している。

　taste はもとは味覚をあらわすことばであるが，ガダマーによると，そこにものごとを識別する判断力の意味が加わったのは，17世紀のグラシアンの論考からである。味覚が食べものを受け入れるか拒絶するかを判断するように，人生や社会のあらゆる事物に対しても自由に適切な距離を取ることができるという理想や道徳のあり方は，のちにカントの美学へとつながっていく。カントは趣味判断というヒトの能力について，快と不快を判断する個人的な感官の趣味と，美を判断する普遍妥当的な反省の趣味とが存在すると述べており，これが趣味のもつ社会性への議論を刺激している。

　おもしろみを意味する漢語と，美や善を意味する洋語とを結びつけたのが和語であり，おもむき，あぢということばが漢字を経由して，amusement, pleasure, taste などの意味を相互に引き寄せた。明治初期には『英華字典』『附音插圖英和字彙』などの辞書や，『西國立志編』『泰西勧善訓蒙後編』などの翻訳書に趣味ということばが登場し，少しずつ用例が増えていく。正岡子規

▷1　石井研堂，香川鉄蔵，井村彰，神野由紀，祐成保志，多田蔵人，歌川光一などの議論が参考になる。

▷2　開国百年記念文化事業会編，1980，『明治文化史〈新装版〉第10巻趣味娯楽』原書房，pp. 6-7。

▷3　ガダマー，H-G.，轡田收・麻生建・三島憲一・北川東子・我田広之・大石紀一郎訳，1986，『真理と方法Ⅰ』法政大学出版局，p. 50。

▷4　カントは，すべての人に普遍的な美の共通感覚があると前提を置いたが，たとえばブルデュー，P.，石井洋二郎訳，1996，『芸術の規則Ⅱ』藤原書店，p. 166, 183 では，美的な知覚をアプリオリなものではなく，歴史的に生産され再生産されるものとして，これを批判している。

▷5　近年は古典籍資料のテキストデータ化が進み，国立国語研究所が提供する各コーパスや，NDL ラボが提供する次世代デジタルライブラリーをはじめ，過去のことばの用例を探索する環境が整備されつつある。

の写生文や国木田独歩の『武蔵野』における趣味の用例は自然に備わった美を表現していたが，ここにも和語の影響がある。taste がヒトの能力をあらわすのに対して，おもむきはモノの性質をあらわすことができる。この和語の媒介によって，趣味ということばの美のとらえ方が，自然美を含めた意味へと拡張されてきた。

2 労働や生活との関係

趣味では，おもしろみ，美や善，ヒトの能力，モノの性質に加えて，hobby の意味もまた重要である。この意味は職業や専門としてではなく楽しむための娯楽を指し，おもしろみとアマチュア性のふたつの文脈を備えている。なかでもアマチュア性は現代の辞書でも強調されるようになり，趣味が労働との対比でとらえられていることがよくわかる[6]。娯楽としての趣味は taste の輸入をきっかけに再発見され，漢語のおもしろみの意味で用いられた。石井研堂は，明治40年頃には釣魚趣味，古本趣味，玉突趣味，登山趣味のように盛んに使用されたと記している[7]。

しかしおもしろみとアマチュア性は，ときに taste と対置するかたちでも語られた。taste の意味での趣味には啓蒙や教育の思想が強く，政府や民間による通俗教育や改良運動の支えにもなっていた。そこでは，道楽に耽溺することなく，洗練された taste に基づく hobby としての趣味をもち，人格を高めることが人々に期待された[8]。この意味での趣味はお稽古やたしなみの普及にもつながっていく。戦時下の厚生運動や，労働力を回復するためのレクリエーションにも，家庭や生活を規律化する発想がある。娯楽をどのように位置づけるかによって，労働と余暇を含めた生活が管理されていくことになる。

3 趣味の現代的な展開

これらの複数の意味がゆるやかに結びつきながら使われるのが，現代の趣味ということばである。趣味ということばは好みの違い，遊びのジャンルの選び方，生活の送り方など，さまざまな論点を巻き込んで使われてきた。関連語のもつ影響も大きく，道楽，余暇とレジャー，遊びと仕事，ライフスタイルなどは，現代的な趣味のあり方を問うための切り口となっている。

特に趣味のアマチュア性が問い直される際は，そのグラデーションが問題になる。仕事に没入するワーカーホリックや，趣味に真剣に打ち込むシリアスレジャー，双方に共通する内発的動機付けに注目したフローの概念など，境界の曖昧さについては現在も積極的に議論が重ねられている。

このように趣味やその関連語の背景には，社会規範や社会構造があらわれてきた。だからこそ，趣味はきわめて歴史社会学的な謎をもつ対象なのである。

(塩谷昌之)

▷6 英語において hobby は比較的新しい単語であるが，1901年の『オックスフォード英語辞典』ではすでに個人的探究を意味していた。アマチュア性は，好事家やディレッタントの好古趣味など，明治時代の日本にも十分確認できる。現代における強調は，宮入恭平・杉山昂平編，2021，『「趣味に生きる」の文化論』ナカニシヤ出版における神野由紀，歌川光一の論考に詳しい。

▷7 石井研堂，1997，『明治事物起原1』筑摩書房，pp. 226-227。

▷8 神野由紀，1994，『趣味の誕生』勁草書房，p. 26。

Ⅲ　歴史社会学的想像力の諸相

9 日常生活の観察
対象としての大衆／主体としての大衆

 大衆観察運動

「大衆観察」（マス・オブザベーション）は，第二次世界大戦が間近に迫る頃，イギリスにあらわれた社会調査のプロジェクトである。調査員は街の酒場に入り込んで，そこに集う人々がどんな服装をしているか，滞在時間はどのくらいで何杯のビールを飲むか，どんな話題が交わされているか，などを事細かに記録した。大衆自らが志願して観察者になることもあった。ボランティア観察者たちは身のまわりで見聞きした出来事や自分の体験を本部に書き送り，本部はこれを編集して本をつくった。

この大衆観察運動は1937年にはじまった。きっかけは，トム・ハリソンとチャールズ・マッジという若者の，偶然による出会いである。

トム・ハリソンは，1911年に鉄道技術者である父親の赴任先のアルゼンチンで生まれた。少年時代にバードウォッチングにのめりこみ，早熟の鳥類学者として知られる存在となった。1930年にケンブリッジ大学に進学するも1年余りで退学。自分で資金を集めて探検に出かける。やがて鳥から人間の生態に関心を移してフィールドワークを行った。ここでもうひとつの転換が生じる。彼の関心は，文明から遠く離れた南太平洋の人々ではなく，イギリスのふつうの人々の生活へと移っていくのである。1935年に帰国すると，イングランド北部の工業都市ボルトンに移り住む。酒場の調査は，ここで実行された。

1912年に南アフリカで生まれたチャールズ・マッジの父親は高級軍人である。彼もハリソンと同じく「帝国の子」であった。1931年にケンブリッジ大学に進学すると政治と文芸に熱中し，学業から離れていく。親の援助を受けながら作家生活をつづけたのち，1936年，タブロイド紙の記者となる。マッジの周りには芸術家が集った。彼らは「大衆の無意識の恐怖や願望」をどうつかむかを論じた。それは，なぜファシズムが台頭するのか，これをどう食い止めればよいのか，という切実な問いに根ざしていた。この問いは階級社会におけるエリートと大衆の隔たりの大きさも示していた。マッジたちエリートにとって，すぐ近くにいるはずの大衆の生活と思想は，未知の領域だったのである。

マッジはある雑誌に寄稿し，「身近なものの人類学」の必要を訴えた。この記事を目にしたハリソンは，すぐさまマッジに連絡をとった。彼らはまもなく，連名で大衆観察運動の発足を告げる記事を発表した。

▷1　このハリソンの手法は，日本で1920年代に試みられた「考現学」とよく似ている。考現学についての近年の論集として，筆者も寄稿した雑誌『現代思想』（青土社）の特集「考現学とはなにか」（2019年9月号）がある。本項目は，同特集によせた拙稿「大衆の観察／大衆による観察」に基づく。

▷2　ボランティア観察者は大戦前までに約1000人に達し，大戦がはじまるとさらに増えたという。

▷3　Hinton, J., 2013, *The Mass Observers*, Oxford University Press, p. 6.

▷4　Hinton, J., 2013, *The Mass Observers*, Oxford University Press, p. 8.

▷5　ハリソンは，プロの調査員チームを率いて，ボルトンで組織的な観察を実行した。マッジは，ボランティア観察者による報告を重視し，人々が共時的にいだくイメージをたばねて集合的な詩を制作することに情熱を傾けていた。Hin-

それぞれに大衆観察のアイデアを温めていたハリソンとマッジは，劇的な邂逅を果たした。ただし，ふたりのアプローチは対極的であった[15]。ハリソンにとって大衆観察は科学であり，大衆は観察の対象であった。マッジにとって大衆観察は芸術であり，大衆は表現の主体であった。

当初から分裂の危機をかかえていた大衆観察運動ではあったが，目的は一致していた。それは，「エリートの文化とふつうの人々の文化の隔たりに橋をかけ，民主主義に堅固で持続的な基盤を与える[16]」というものである。この目的が共有される限り，そしてファシズムという共通の敵がいる限り，異質なアプローチの混在は競争と相互補完によって創造的な交流を促進する力となりえた。大衆観察は「大衆の観察」か，それとも「大衆による観察」か，この点が（あえて）曖昧にされたことで，多様な背景や問題意識をもった人々が参加する余地が生まれた。大衆観察運動は，エリートの道をドロップアウトした者，寄り道する者，労働者の世界からの離脱をはかる者が出会う広場となった[17]。

② 大衆観察の夢

大衆観察はイギリスのローカルな運動であり，日本ではあまり注目されてこなかった。清水幾太郎[18]は，この運動に関心を寄せた数少ない社会学者のひとりである。清水によれば，大衆観察運動を生んだのは，価値基準の混乱である。19世紀には，社会現象に一貫した説明を与え，未来の展望を示す大きな思想や知識人の権威が信じられていた。しかし，20世紀にはそれが失われた。すると，かつては取るに足らないとみなされていた大衆の日常生活，しかもそのあらゆる細部が，にわかに価値を帯びたものとしての意味をもちはじめる。清水は，この一種の倒錯を「経験および事実の崇拝[19]」と呼んだ。

大衆観察運動は，二重の意味で既存のメディアを批判した。ひとつは，マスメディア，もうひとつはことばによる問いかけである。前者を介さずに世論をとらえようとしたのがマッジの方法である。後者を介さずに「見えるもの」と「聞こえるもの」から日常をとらえようとしたのがハリソンの方法である[10]。

このような直接性の重視は，現代を先取りしているようにみえる。私たちは，自分でも意識しないうちに観察の主体になっているからだ。まるでボランティア観察者のように，日常から切り出した文字や写真を SNS に投稿する。そして私たちは，観察される対象でもある。とはいえ，酒場の滞在時間やビールを飲み干すまでの時間を，数人がかりで記録する必要はない。自動化された観察の仕掛けが，私たちの日常に入り込んでいる。集められた膨大なデータを分析する手法も開発されてきた。ハリソンとマッジがやろうとしてできなかったことも，今なら技術が軽々と実現するだろう。ここでひとつの問いが浮かぶ。はたして現代は，大衆観察の夢が実現した時代なのだろうか。それとも，大衆観察への情熱をもてなくなった時代なのだろうか。

(祐成保志)

▷5 ton, J., 2013, *The Mass Observers*, Oxford University Press, p. 9.

▷6 Hinton, J., 2013, *The Mass Observers*, Oxford University Press, p. 3.

▷7 大衆観察運動が残した膨大な記録や収集物はサセックス大学で管理されており，20世紀イギリス社会史にとって定番の資料のひとつとなっている。新田光子，1999，「マス・オブザベーション・アーカイブについて」『ソシオロジ』43(3)：pp. 87-91 を参照。

▷8 清水幾太郎は多くの重要な著作を残し，20世紀の日本の社会学に大きな影響を与えたが，政治状況に関する発言や行動でも知られた。その生涯については，庄司武史，2020，『清水幾太郎』ミネルヴァ書房，その社会学については，品治佑吉，2024，『人生と闘争』白水社が詳しく論じている。メディア知識人としての清水については，竹内洋，2018，『清水幾太郎の覇権と忘却』中公文庫が参考になる。

▷9 清水幾太郎，1966，『現代思想』（下）岩波書店，p. 316。清水は，大衆観察運動をマーケティング調査の先駆けとして，「電子計算機」という章で論じている。

▷10 ハリソンは，調査員にフィールドワークの手法を教えるとき，こう論したという。「君たちも鳥に向かって質問なんかしないだろう？」(Hall, D., 2015, *Worktown*, Weidenfeld & Nicolson, p. 44)。

Ⅲ　歴史社会学的想像力の諸相

10 持ち家と賃貸
レジームが生み出す傾斜

1　住まいのレジーム

　「持ち家か賃貸か」——自宅を所有するか，借りるか——というのは，人生の大きな選択のひとつである。雑談でこの話題を持ち出すと，すでに住宅を購入した人や，住まいは賃貸と決めている人が，自分の選択がいかに正しいかを力説してくれるだろう。ネットで探せば，持ち家と賃貸のメリット，デメリットを比較し，どちらが得かを解説する記事や動画がいくらでも見つかる。私たちはそれらの情報を参考にしたり聞き流したりしながら，自らの選択を行う。

　住まいの選択は，とくにだれかから指示されるわけではなく，自由な意志に基づく。とはいえ，その選択はさまざまな制約を受ける。まず，使えるお金や仕事の都合，家族の事情などに左右される。ここで考えてみたいのは，そうした個々の境遇に加えて，社会に人々の選択を一定の方向に向かわせるような「傾斜」がついてはいないか，という点である。つまり，人々が持ち家を選びやすい社会あるいは賃貸を選びやすい社会があるのではないか。そうした傾斜はなにをもたらし，なにによって維持されるのか。このように問うとき，住まいの選択という個人的な出来事は歴史社会学のテーマとなる。

　社会学者のジム・ケメニーは，オーストラリアとスウェーデンを例に挙げて，この傾斜を鮮やかに示した。両国は，いずれも発展した資本主義国であるが，持ち家と賃貸のバランスは大きく異なる。オーストラリアは持ち家が圧倒的に多いのに対し，スウェーデンは持ち家と賃貸が拮抗している。

　ケメニーが注目したのは，政府の大きさと住まいの関係である。スウェーデンでは年金をはじめとする福祉のための政府支出が大きい。逆に，オーストラリアではこれらの支出が小さい。どうやら，持ち家率と福祉国家の規模には反比例の関係がある。これは偶然の一致ではなく，自宅を所有することが政府の拡大に対する抑止力として働くためであるという。生涯のなかでの住居費負担の分布は，持ち家と賃貸では大きく異なる。持ち家生活者の住居費のピークは人生の前半から中盤にやってくる。一方，賃貸生活者の住居費は時期による変動が小さい。この違いが，税金を集めて分配する政府の役割についての意識に大きな影響を与える。持ち家生活者にとって，収入が増える30〜40代は住居費の負担がもっとも重い時期でもある。このため高い税率には反対する。逆に高齢期には住居費が安くなるので，多くの年金を必要としない。それゆえ持ち家

▷1　ケメニー，J., 祐成保志訳，2014,『ハウジングと福祉国家』新曜社．

▷2　ケメニーは，両者の中間に位置するイギリス（持ち家が優勢だが賃貸もそれなりに多い）にも言及しているが，紙幅が限られているので二国のみを取り上げる。イギリスについてはロー, S., 祐成保志訳, 2017,『イギリスはいかにして持ち家社会となったか』ミネルヴァ書房を参照．なお，住まいの選択は，ひとつの国のなかでも都市部と農村部では大きく異なる。ここでは，都市部に視野を限定している。

▷3　住宅を購入するまでは頭金のために貯金し，ローン（銀行などからの借金）で住宅を購入したのちは返済にお金を費やす。高齢期にはローンの返済が終了しているので住居費は安くなる。

▷4　子育て期に広い住宅に住んだり，高齢期に小さな住宅に住み替えたりするとしても，家賃を払いつづけることに変わりはない。

84

生活者は「小さな政府」（福祉支出の抑制）を支持する。これに対して賃貸生活者は，高齢期にも家賃を払わなければならないので，充実した年金を求める。そのためには，働き盛りの時期に高率の税を負担することもいとわない。つまり，賃貸生活者は「大きな政府」（福祉支出の拡大）を支持するというわけだ。

　持ち家と賃貸の分布は，政府の役割だけでなく都市のかたちにも影響をあたえる。オーストラリアの大都市では戸建ての持ち家が主流である。郊外に広がる低密度の住宅地は，自家用車なしでは暮らせない。公共サービスの水準は低く，家族，とりわけ主婦に期待される役割が大きくなる。これに対して，スウェーデンの大都市では賃貸の集合住宅が主流である。機能が集約されたコンパクトな都市では保育・介護のための共同利用施設や公共交通機関が充実している。家族に求められる役割は限定され，共稼ぎが一般的である。

　歴史のとらえ方に関して，ケメニーは「分岐論」の立場をとる[5]。オーストラリアも時間が経てばスウェーデンのようになる，というわけではない（逆もしかり）。生涯にわたるお金の使い方，政府の役割，都市のかたちが，住宅というモノをつなぎ目として互いに補完し合っているからである。このような構造的な布置のことを「レジーム」と呼ぶ。

② レジームの由来

　近年の研究は，住まいのレジームの起源が，少なくとも19世紀まで遡れることを明らかにしている[6]。レジームの違いを生むのは金融である。住宅建設資金の調達には，いくつかの手段がある。主なものは，親族間の貸し借りなどの「直接金融」，組合員などから集めた預金を原資とする「預金型金融」，抵当付き債券を発行して貸付を行う「債券型金融」，そして，国民から集めた資金による「政府金融」である。もっとも古いのは直接金融で，そのあとに債券型と預金型のどちらが発達したかで分岐が生じる。

　スウェーデンを含む欧州中部および北部では，債券型金融が発達した。その特徴は，金融機関が発行する住宅抵当債券が，一般の資本市場で取引される点である。このことは，賃貸住宅への投資と，鉄道などのインフラへの投資が，同一の条件で競合することを意味する。住宅の経営に，鉄道並みの高い収益性が求められるというわけだ。事業の効率化を図るため，大規模な賃貸集合住宅が密集して建設された。一方，イギリスとその影響下にある地域では預金型金融が発達した。預金型金融は，住宅に特化した独自の領域を形成しており，一般の資本市場での競争にさらされにくかった。零細家主や個人が主な融資対象となり，持ち家を含む小規模な住宅が低密度に建設された。オーストラリアの都市は，こちらの系譜に属する。レジームは，利用可能な選択肢を限定することで，変化に対する抵抗力をもつ。その作用は，思いがけない持続性を保って，現在と未来を規定している。

（祐成保志）

▷5　分岐論と対比されるのが「収斂論」である。収斂論は，さまざまな社会が似たような経路で同じ結果にたどりつくと想定する。各国間で違いがあるとしても，結局のところ遅いか早いかの問題にすぎない。これに対して分岐論では，社会によって結果だけでなく経路そのものが異なると考える。

▷6　Blackwell, T. and Kohl, S., 2019, "Historicizing housing typologies," *Housing Studies*, 34 (2): pp. 298-318.

Ⅲ　歴史社会学的想像力の諸相

山車
歴史を具象化したコモンズとその作用

　地域の歴史と繁栄を伝えるメディア

　山車とは祭りにおける練り（巡行）の際，人々によって担がれたり曳行されたりする屋台の総称で，名称は地域によって「山鉾」「だんじり」「曳山」などさまざまである。祭りの担い手である地縁組織，たとえば城下町などで商家たちによって構成される町内がその管理を行い，祭りを賑わせるべく山車に人形やからくりを飾ったり，あるいは町内で選ばれた人や雇われた人が乗って，囃子や歌舞伎といった賑やかな芸能を演じるといったことが行われる。なかには青森のねぶた祭りのように毎年作り替えられる山車もあるが，多くは近世以降に建造されて現在まで継承されてきた共有資源（コモンズ）である。山車の管理のしくみの解読は，現代において人々が町内の過去の繁栄の歴史をどう認識し，またいかなる関係性を通じてそれを継承しているのかを明らかにすることを意味する。

　山車は，町内のような地縁組織の歴史と繁栄を伝えるメディアである。山車などの都市祭礼の道具立ての多くは19世紀以降に形式が定着し，さらに明治・大正期にかけて美々しく飾り立てられて，現在に至るものが多い。都市を構成する複数の町内が経済力や文化的な威信を誇示すべく競い合って山車を作り，彫刻や人形，漆による塗装（とその塗り直し），幕や幟といった懸想品，金メッキをした錺金具による装飾などのアップデートを重ねていった結果として現在の状態に至る。各町内では所有する山車の歴史やその美術的な素晴らしさ，制作に関係した職人などについて紹介したパンフレット類を刊行することも多い。それらパンフレット類は町内の歴史意識を表象するものだ。

　かつて山車の色や装飾のあり方を決めるうえでは，家同士の，そして町内同士の威信の張り合い，さらには職人によるその腕の競い合いという地域社会内部のポリティクスがあったと考えられる。新たに装飾を寄付した家は，山車というメディアを通じて町内外に威信を示すことができ，またその装飾を作った職人の名も広まったであろう。どのような色にし，いかなる装飾を山車に加えるかは自明なものではなく，町内における家同士の発言力や他の町内との競争を通じて決められていたと思われる。ある時期まで，山車とは過去の装飾＝歴史をふまえたうえで人々がそこに上書きしていく，生きられた歴史の反映であった。

▷1　松平誠，1983，『祭の文化』有斐閣，p. 48。

2 山車の管理のしくみの変化と「伝統」の固定化

　ただし現代においてそうしたアップデートの積み重ねとしての山車のあり方は，大きく変容している[2]。それは町内の経済力の変化，そして国や自治体による文化財指定というしくみの影響による。かつての繁栄していた町内には装飾を寄付できるような大店があったが，現代の町内（その多くは商店街である）に同様の財力は望むべくもない。

　それを補塡すべく用いられるのが，文化財という枠組みである。民俗学や建築学，美術史家などの専門家の調査の結果，国（文化庁）や自治体の教育委員会から学術的な重要性が認められ，またその活用（公開）が行われるのであれば，国からの文化財指定を受けられる。そうなれば修理の際には文化庁や自治体からの補助金が認められる[3]。担い手の側に修理にあたっての専門家の指導に対して不満があっても，その真正性を決定する主導権は専門家にある。かくして山車は現在進行形で変容していく歴史ではなく，過去のある時点を「伝統」として固定するものとなった。そのことは担い手である町内の人々の真正性の認識にも影響を及ぼしつつある。

3 共同性の再生産をうながすモノとしての山車

　このように不満があっても人々がなんとかして祭りと山車を継承するのはなぜかというと，コモンズとしての山車自体があたかもアクターのように町内の人々にはたらきかけ，共同性を再生産させる働きをもっているためである。それは，山車が単なる美術品でなく祭りに用いられる道具であるがゆえに損耗することと関係する。たとえば車輪に通す車軸が故障したり，紫外線で漆や幕が次第に色褪せたり，錺金具が破損したりといったことは，毎回の祭りのたびに避けられず，長期的には山車全体の大がかりな修理の必要が予測される。

　そこで町内の人々は，将来の世代が予算不足で山車を使えなくならないようにつねに備え，何世代にもわたって必要な資金の積み立てを行うことを前提に，費用を各家から徴収する責任を負う。長期的な積み立てを想定して次世代の後継者を育て，山車を維持していかなくてはならない。しかもすでに自分たちの前の世代が積み立ててきた資金があるわけで，それは勝手に自分たちが使ったり，その資金を放っておいて町内を解散したりというわけにもいかない。現代の担い手の世代にとっては，積立金はいわば過去から付託された責任として感じられ，その負荷が町内という枠組を次の世代に引き継ぐように人々を駆り立てるしくみとして機能している。その意味で山車というモノは，世代を超えて地域社会を持続させていくうえで重要な意味をもっているのである。

（武田俊輔）

▷2　武田俊輔, 2019,『コモンズとしての都市祭礼』新曜社。

▷3　たとえば文化庁による補助を得られれば文化庁と自治体によって修理費用の6分の5は賄われることになる。ただし修理の際には文化財の安易な変容を避けるため専門家による指導が行われ，装飾については現状を維持しなくてはならない。漆の塗り替えや錺金具の新品への交換もかつては当たり前で，新品同様に修理することが町内では喜ばれたが，むしろ専門家からは用いられている装飾をできるだけそのまま使用し，古色を残すことが求められる。彩色についてはときに，町内の住民になじみ深い現在の色ではなく，解体修理によって発見された建造当初の色への塗り直しが求められることさえある。

Ⅲ 歴史社会学的想像力の諸相

民謡
資本主義と複製技術が再編したオーラルな文化

民謡を生み出したツーリズムとメディア

　民謡ということばには，地域に根ざして民衆に唄い継がれてきた伝統歌謡というイメージがつきまとう。たとえば木曽節といえば木曽地方に，佐渡おけさなら佐渡ヶ島に昔から伝わる唄といったように。だがある唄が特定の地域における「伝統」として意識されるようになったのは，実際には昭和初期頃からである。八木節・磯節など地方の唄が都市で流行する例は昭和初期以前にも頻繁に見られたが，唄の地方性は意識されていなかった。

　地域に根ざした伝統として民謡が理解されるようになったのは，鉄道などの交通網の発達，大衆的な観光旅行ブームと観光雑誌のようなメディアの拡がり，そして昭和不況下で地域振興策が重要になった昭和初期からである。この時期，全国各地の町村，観光協会・芸妓組合・商工会・地元新聞社，鉄道会社などは，新民謡と総称されるご当地ソングならびにその振付を作詞家・作曲家・舞踊家に委嘱して制作し，観光客への地元アピール，商店街の振興イベント，郷土意識の高揚のための手段として盛んに活用した。新しく作る以外にも地元の唄を発掘し，歌詞募集や作詞家・作曲家の補作を経て民謡として売り出した地域もある。現在知られる民謡の多くがこうして有名になったものである。

　こうした民謡・新民謡の流行は，ラジオやレコードの大衆的な普及過程と一体であった。各地の放送局は地元の聴取者を取り込もうと民謡・新民謡を紹介する番組に力を入れ，レコード会社もそれらを次々に録音・発売して，レコード盤の販売と蓄音器の普及を伸ばそうとした。録音や放送では地元で唄の上手とされる芸者が唄い手として起用されることが多かったが，プロの人気民謡歌手も登場し，レコードやラジオ放送，コンサートで全国各地の有名な民謡・新民謡を唄って人気を博した。それぞれの地域は放送やレコードによる観光宣伝効果や，唄を用いたイベントによる地元の盛り上がりを期待して制作を委嘱している。この期待は戦後にも引き継がれ，のど自慢番組での民謡の優遇をきっかけに，その保存会が設立された事例も見出される。

　このように民謡や新民謡は全国各地が地域振興や観光といったかたちで資本主義の経済関係に組み入れられていく社会変動のなかで浮上し，住民や出郷者も含めた郷土の誇りとなった地域文化であった。行政，経済団体，ツーリズム，メディアといったアクターの関係性のなかで，新民謡以外にもこうした地域文

▷1　細川周平，2020，『レコード歌謡の誕生』岩波書店。武田俊輔，2001，「民謡の歴史社会学」『ソシオロゴス』(25)：pp. 1-21。

化はさまざまなかたちで作られていく。民謡・新民謡はその原点であり，現代の類似の現象を解読するうえでも役立つ。

② 柳田國男の民謡論：唄の生成の場を分析する視点

　昭和初期に生み出された民謡・新民謡では，正調や原調といわれる「昔ながらの」正しい歌詞や節回しが「伝統」とされている。しかしそもそも労働など日常の場面での唄の場合，文句や節回しは人によって，また同じ人でも時と場合によって変化するものであった。先に述べたように1920年代から30年代は雑誌等の印刷に加え，ラジオ・レコードという音声メディアの拡がりが成立した時代である。この時代状況においてオーラルな文化が発見され，印刷や録音によって複製技術を通じて固定化されたかたちで流通していく。こうした「民謡」の流通をとらえて厳しく批判したのが柳田國男である[2]。

　柳田國男は彼が考えるところの「民謡」を，唄われる場を共有するもの同士のあいだで，文脈に依存してその場その場で語句が選択される，生活の場に即した「作業歌」として位置づけて分析を行った。ここでの「作業」とは労働に限らず「恋」「酒宴」「盆踊」など，人々がせずにはいられない社会的行動全般を意味する[3]。たとえば酒宴で唄われる唄であれば，その席において「是非とも客人を酔わしめねばならぬ」という「社会的任務」を全うするため，また村の未婚者たちが互いに歌う行事では配偶者選定という「作業」に即して相手の気働きや胸の奥の思いを知るためというように[4]。かつ，そうした民謡の発生する「作業」は田植えや木遣りのようにいかにも「伝統的」なものに限らず，明治期になって設立された紡績工場や港湾工事といった場が挙げられている。

　柳田は，そうした「作業」の場において，「作者に作者意識がなく，聴衆にもこれを問題とする必要がいささかも存在」しないというかたちで，「作者を取囲む看客なり聴衆なりの群が，その文芸の産出に関与する[5]」唄の作者と聴き手との関係性，さらに雑多な唄のなかから取捨選択されるなかで生まれる自主的な豊かな表現の可能性を解読していく。ところが新民謡のようなかたちで詩人たちが印刷メディアを通じて唄を広めてそれが人口に膾炙していくなかでそうした可能性は失われ，「作業」と唄との関係とがかつて一体のものであったことも忘れ去られていった。そのことを柳田は強く批判している[6]。柳田はこうした複製メディアの影響のほか，七七七五調の節回しの身体的なリズムや，かわら版という新聞で用いられる読売の節といった同時代の歌詞の流入，引き写しや真似や誤りも含めた人々の関わり方のメカニズムとその変化から民謡を論じており，その視点は歴史社会学的なメディア論を考えるうえで示唆を与えてくれる[7]。

（武田俊輔）

▷2　武田俊輔，2012，「柳田民謡論の可能性」細川周平編著『民謡からみた世界音楽』ミネルヴァ書房，pp. 89-104。

▷3　柳田國男，［1940］1998，「民謡覚書」『柳田國男全集11』筑摩書房，pp. 3-237。

▷4　柳田國男，［1940］1998，「民謡覚書」『柳田國男全集11』筑摩書房。

▷5　柳田國男，［1947］1999，「口承文芸史考」『柳田國男全集16』筑摩書房，pp. 375-519。

▷6　柳田國男，［1929］1998，「民謡の今と昔」『柳田國男全集4』筑摩書房，pp. 457-526。

▷7　武田俊輔，2012，「柳田民謡論の可能性」細川周平編著『民謡からみた世界音楽』ミネルヴァ書房。

Ⅲ 歴史社会学的想像力の諸相

13 「時代」
社会学の強みを活かすために

1 歴史社会学における「時代」

「時代」といえば，鎌倉時代や江戸時代のようにすでに終わった過去のある時期を思い浮かべるのではないか。歴史学をはじめ，歴史の教科書や歴史書で想定される「時代」のほとんどはこれだろう。

時代区分論と呼ばれる，いつ，どこが切れ目なのかを探る議論もまたこの系であり，「時代」を箱のようにとらえ，閉じた，完結したまとまりだと位置づけてきた。NHK の大河ドラマが多くの舞台を戦国時代に求めるのは，その区分が安定しているからである。

あるいは見田宗介のように，戦後を現実との対応によって，理想・夢・虚構の3つに分ける，そんな「時代」の使い方もある[◁1]。理論にも実証にも強く支えられていたわけではないものの，それゆえに，説得力をもったといえよう。

古くはヘーシオドスが，黄金，銀，銅，英雄，鉄の5つの時代を名付けており[◁2]，それぞれの期間になんらかの表情をまとわせたいといった願望は，歴史社会学を研究するものに限らず，多くの人たちに通じる。

美術史でも，パブロ・ピカソは作風によって，青，ばら色，アフリカ彫刻，キュビズム，新古典主義，シュルレアリスム，それぞれの「時代」に分類され論じられてきた。

日本の歴史社会学において「時代」を考えるときに関わるのは，これらとは別の道だと思われる。テーマを絞るだけではなく，時間も空間も限ったうえで調べ，「時代」の移り変わりを後づける試みである。

拙いながら事例として，筆者の扱った戦後日本における「元号」の変遷を挙げよう[◁3]。前提としたのは，日本の近代化が，1868年＝「明治維新」と1945年＝「終戦」，そのふたつの起源で語られてきたが，それは，もはや自明ではない[◁4]，との，佐藤俊樹が強調した戒めであった。さらにこの議論を受けた佐藤健二による，1945年に始まる「戦後」という時代の区切りが生んだ〈現在中心主義〉への警鐘を拙論の出発点としていた[◁5]。

「明治維新」や「終戦」によって「時代」が変わった，としておけば，語る主体の位置は問われずに済む。そのふたつの地点は，歴史学に限らず，さまざまな学問分野で問い直されてきているにもかかわらず，歴史社会学を掲げる研究において，どこまで自覚をもって考えられてきたのだろうか。

▷1　見田宗介，2006，『社会学入門』岩波新書。

▷2　ヘーシオドス，松平千秋訳，1986，『仕事と日』岩波文庫。

▷3　鈴木洋仁，2017，『「元号」と戦後日本』青土社。

▷4　佐藤俊樹，1998，「近代を語る視線と文体」高坂健次・厚東洋輔編著『講座社会学1 理論と方法』東京大学出版会，pp. 65-98。

▷5　佐藤健二，2001，『歴史社会学の作法』岩波書店，p. 263。

2 「時代」からの出発

　従来は，「時代」を状況に応じた分け方＝段階論と，パターンによる分類＝類型論のふたつの（無自覚な）組み合わせにより「時代」を使ってきた。

　レポートや論文を書くにあたって「問いが重要だ」と説かれるし，実際に，問いがなければ始まらない。とはいえ，「時代」そのものを問いとして掲げるのは難しい。「〇〇の時代」と名ざすことは，問いを解く手段であって目的ではない。

　「時代」には，a. 対象が導くもの，b. 主体が設定する区分，このふたつがある。前者では，先に挙げたピカソや，石器時代や天平時代のようになんらかの様式に基づいて，ある程度は機械的に分けられる。後者は，フランスの哲学者ミシェル・フーコーが論じた「古典主義の時代」や「大監禁の時代」のように，命名する側の問題意識から生み出される。図式的に示せば，a. は客観性，b. は主観性，それぞれに立脚している，そうとらえられなくもない。ただ，そこまで単純ではない。

　筆者の例に戻ろう。「元号」とは，明治以後の一世一元のもとでは，往々にして天皇の治世を事実として a. に当てはまるように見える。しかし実際は b. の時空間にこと寄せてなにかを浮かび上がらせようとする，その論者の問いが再帰的に（ブーメランのように）問い直される目印ではないか，と説いた。

　「戦後」という「時代」についても同じである。第二次世界大戦の「あと」だけを指すわけではない。ある人にとっては日露戦争であったり，大学紛争であったりする。a. と b. をいかに見分け，使い分けるのか。「時代」を扱う難しさと効能がここにある。

　「時代」を区切り，そこにおいて，いかなる思考様式が作用していたのかを探る。もちろんそれは，歴史学や経済学，政治学といった，多くの人文社会科学でもできるし，それぞれの魅力を放つ。わざわざ歴史社会学を名乗り，それにより手かせ足かせをみずから課してしまうなら，百害あって一利なしだろう。

　歴史社会学の自称は，時代の扱いに似て，あくまで手法であって目的ではない。歴史社会学として「時代」を設定することが，自身が解き明かしたい謎や，引っかかっているテーマや，関心を呼び起こされた対象にとって有益だと考える限りにおいて，採用すればよい。裏を返せば，わざわざ歴史社会学の看板を出さなくても，「〇〇時代」などと決めなくても，いくらでも歴史を扱う社会学の醍醐味を堪能できる。

　そう了解したうえで，あえて結論づけるなら，社会学の強みは，時代を区切ることそれ自体の意味を再帰的に，つまり，問う主体そのものを問える点にこそ見出せる。なぜその問いや対象を扱うのかを時代との関わりのなかで問いつづける。そこから出発するために，「時代」は有効になりうるにちがいない。

（鈴木洋仁）

▷6　フーコー，M., 田村俶訳，1975,『狂気の歴史』新潮社。

Ⅲ　歴史社会学的想像力の諸相

14 馬券
モノ／メディアの「てざわり」

 馬券が「紙きれ」だった頃

　数頭の馬が競り合いながらゴールになだれこむ。スローモーションのリプレイ映像でも，どの馬が勝ったのか判然としない。そんなとき，かつてであれば実況アナウンサーは複数の馬の名前を挙げた後，こう注意をうながしていた。「レースが確定するまで，お手持ちの勝馬投票券はお捨てにならないようお願いいたします」。競馬をこよなく愛した詩人・寺山修司は，その勝馬投票券（馬券）になにが賭けられているのかについて，こう綴った。「競馬ファンは馬券を買わない。財布の底をはたいて『自分』を買っているのである」。

　馬券売り場の窓口で，口頭もしくはマークシートを通じて「自分」の予想を胴元（競馬の主催団体）に伝え，財布の中の現金と交換されて手にしたモノ。数分後には帯封の札束に変わるかもしれない，という淡く切ない希望が念じ込められ，多くの場合は本当にただの紙きれとなって捨てられていたモノ。かつて競馬は，そういうモノとセットで興じられる娯楽／ギャンブルであった。

　しかし2020年代の現在，先のアナウンスは「レースが確定するまでしばらくお待ちください」とそっけなくなり，競馬場や場外馬券売場（ウインズ）の床に外れ馬券が散乱する光景もめっきり見かけなくなった。日本中央競馬会の資料によれば，4兆円を超える史上最高の売得金があった1997年には2割ほどだった「電話・インターネット投票」（ただし，当時は電話によるものがほとんどだったであろう）の比率が2010年前後には半数に達し，コロナ禍による無観客開催がつづいた2020年以降は8割以上になっている。そう，今では「紙の馬券」とわざわざ言う必要があるほど，競馬と馬券との関わり方は21世紀に入って様変わりしたのである。

 それは大きな変化なのか？

　かつて紙の形態で流通していたモノが「デジタル」化され，社会に普及すること。なにも馬券に限った話ではない。マンガをスマートフォンやタブレットで読み，銀行預金の残高を通帳ではなくアプリで確認するのは珍しくなくなった。国家が発行する紙幣（メディア）を前提とした経済という交換活動（コミュニケーション）をつづけてきたわれわれは，デジタル表示される数値のやりとりでそれを代替することに，最初は違和感を抱きながら，いつしかそれに慣れ，

▷1　寺山修司, 1979,『馬敗れて草原あり』角川文庫, p.295。

▷2　中山憲治, 2001,『馬券偽造師』アールズ出版は, こうした「紙」の時代の（的中）馬券を, 周到な準備と熱意をもって「偽造」したひとりの男の自伝である。

▷3　日本中央競馬会, 2023,『令和4事業年度 事業報告書』。

今では便利だとすら思いつつある（証券取引の世界では，こうした変化は日常生活よりも先行していたわけだが）。

　紙に印字されていようと，デジタル表示されていようと，ある情報（購入履歴）が示された記号としての「馬券」がもつ価値に変わりはない。しかしわれわれは紙からデジタルへの変化を，かつてアイゼンステインやアンダーソンらが「活版印刷」技術について論じたような[4]，あるいはマクルーハンやオングが「電子」の時代について予言したような[5]，社会の，あるいは人間のありようを一変させる「革命」的な出来事の一端ととらえてしまいがちである。ウェブ2.0云々，シンギュラリティ云々。しかし本当にそうなのか。

　書物と紙，ラジオやテレビと受信機・受像機，音楽とレコード・再生機。人々が娯楽を含むコミュニケーションのために利用してきた複製技術は，なんらかの物質的形態を伴っており，その物質性がコミュニケーションの「内容」を把握する機能と結びついていた。パソコンやスマートフォンにインストールされた各種アプリで本を「読み」，音楽を「聞き」，映画やテレビを「見る」ことが当たり前となった現在，「メディア」に媒介されたコミュニケーションのありようはかつてのそれとは一変した，と言い切ってしまいたくもなる。

　だが，変化ばかりを強調してしまうのは早上がりだろう。われわれはどのような視点から〈いま・ここ〉をまなざしているのか。昔とは様変わりしたように見えるとしたら，それはどんな場所から，どんな角度で見ているからなのか。話はそこから始まる，いやそこからしか始まらない[6]。

③ 「メディアのてざわり」の歴史社会学へ

　かつての日常の「当たり前」がコロナ禍で強く意識されたように，有形／可触的 tangible なモノがデジタルへ移行しつつある現在とは，「てざわり」や「におい」といった，人間の感覚と結びついたモノの社会的な存在様式，ひいてはそれによって媒介されていたコミュニケーションのありようを，歴史的な視点から意識的に観察／反省することができる時代ともいえる。

　たとえば，中央競馬で2006年から発売が開始された，1着を当てる単勝式と3着までを当てる複勝式とがセットとなり，「がんばれ！」というメッセージとともに馬名が印字された「応援馬券」。この馬券は2024年現在でも「電話・インターネット投票」では購入できない。競馬場かウィンズにわざわざ出向き，発売機に現金を入れてようやく手に入れることができる。ネット投票の履歴をスクリーンショットすれば「応援」したことの情報は残るし，だれかに見せることもできる。それなのに，ときに人はここまで手間をかけて一枚の紙きれを手に入れようとする。デジタル化された複製技術で代替可能なはずの人間の行動の痕跡をあえてモノに（再）変換する欲望。そこになにが賭けられているのかを考察するのも，歴史社会学の腕の見せどころである。

（瓜生吉則）

▷4　アイゼンステイン，E. L., 別宮貞徳訳，1987，『印刷革命』みすず書房。アンダーソン，B., 白石隆・白石さや訳，1987，『想像の共同体』リブロポート。

▷5　マクルーハン，M., 栗原裕・河本仲聖訳，1987，『メディア論』みすず書房。オング，W. J., 桜井直文・林正寛・糟谷啓介訳，1991，『声の文化と文字の文化』藤原書店。

▷6　佐藤俊樹，2010，『社会は情報化の夢を見る』河出文庫は，「情報化の夢」を見つづける社会の，しぶといまでの「変わらなさ」を考えるのに最適な一冊である。

Ⅲ　歴史社会学的想像力の諸相

15 クィア・ヒストリー
非規範的な性の歴史をたどる

1　規範的な性のあり方を問いなおす

同性愛者やトランスジェンダー[◁1]といった周縁化された性を生きる人々はいつから存在し、どのような活動が展開されてきたのか――歴史社会学はこうした問いにも取り組んできた。歴史学でも、出生時に割り当てられた性別と同じ性自認をもつこと（シスジェンダー）、女性・男性のいずれかのジェンダーしかないと考えること（性別二元論）、異性愛者であることは自明視されがちだった。しかし、こうした性をめぐる「ふつう」に沿わない非規範的な性を生きる性的マイノリティの人々の活動や人生の歴史は少ないながら書かれてきた。

こうした歴史記述の試みの背景にはまず、逸脱的な存在とみなされ、歴史を書く価値を認められてこなかった性的マイノリティの人々の生の記録を遡り、彼らの声を拾いあげようとしてきた活動家や研究者の努力がある。加えて、ミシェル・フーコーの著作『性の歴史Ⅰ』の影響が挙げられる[◁2]。フーコーは、19世紀後半には同性間で性行為を行うことは、単なる行為ではなく「同性愛者」というアイデンティティと結びつくことを見出した。フーコーの研究により、「同性愛」「トランスジェンダー」などの性の諸概念を自明視せず、それらがいかにして成立し、病理化やそれに対する抵抗の実践を生んだのか、人々がいかに（脱）アイデンティティ化してきたかを、語られたことのまとまりである言説の分析から探求しようとする、数多くの研究成果が生まれた。

ここで見過ごせないのは、それぞれの主体が生きるジェンダーや人種、階級などのさまざまな差異である。1950年代から同性愛者の組織的な運動が活発化したアメリカ合衆国では、1980年代に広まったエイズが"ゲイ男性の病い"としてステレオタイプ化され、対抗するエイズ・アクティビズムが展開されるなかで白人ゲイ男性の特権性が問題化された[◁3]。こうした同性愛者のカテゴリー間／内部にある差異に着目する文脈を背景として、同性愛者を表す侮蔑語であった「クィア」（queer）が、差異を抱える人々の連帯を象徴する語として意味づけなおされていった。したがってクィア・ヒストリーは、アイデンティティの一貫性やカテゴリー集団の同質性を自明視せず、さまざまな権力関係に着目して規範的な性を批判的に問いなおすことを志向しているといえる。

クィア・ヒストリーを書くうえでは、文献資料が公的な資料館等にほとんど残されていなかったり断片的であったりすることが多く、口述資料が積極的に[◁4]

▷1　同性愛者とは、同性に性的／恋愛的に惹かれる人。トランスジェンダーとは、出生時に割り当てられた性別とは異なる性自認（自分の性別に関する持続的な認識）をもつ人。

▷2　フーコー, M., 渡辺守章訳, 1986,『性の歴史Ⅰ』新潮社。

▷3　欧米の活動史は新ヶ江章友, 2022,『クィア・アクティビズム』花伝社に詳しい。

▷4　日本の目録では中央大学社会科学研究所研究チーム「セクシュアリティの歴史と現在」編, 2004,『異性装・同性愛書誌目録』中央大学社会科学研究所が重要。

94

活用されてきた。口述史においては文献に残っていない情報だけでなく，インタビューの過程で生じる性的な親密さ，エイズをめぐる喪の感情，コミュニティの記憶の喚起といった相互行為が歴史の語り方に与える影響が注目される。また，プライバシーや倫理的な課題も重要な検討事項となっている。[5]

② 戦後日本におけるクィア・ヒストリー

　日本でも，性の諸概念やコミュニティ形成の歴史がたどられ，日本社会の性規範が浮き彫りにされてきた。ここでは，戦後日本の言説や活動の歴史の一部を概観していこう。男性同性愛は異性装やサディズムなどとまとめて「変態性欲」と表象されたが，こうした概念区分の不明瞭さは，1970年代からの男性同性愛商業雑誌の発刊に加え，戦後に形成される女装コミュニティや，「Mr. レディ」や「ニューハーフ」などの出生時男性と割り当てられ職業として女性的に自己表出する人々が存在感を増すにつれて，徐々にみられなくなる。[6]1990年代には，多くの性的マイノリティたちが声をあげ始め，「性的指向」概念を導入した同性愛者団体の尽力により，同性愛者像が脱病理化されていく。[7]

　この時代には同時に，同性愛者のあいだにある差異も見出されてきた。レズビアンは，ゲイ男性とは異なる仕方で1970年代からネットワークを形成し活動してきた。男性向け大衆雑誌で「奔放」「肉欲的」などと言及されてきた「レズビアン」を意味づけなおし，フェミニズムとの接点のもとで「女性」であるがゆえの困難を検討し，バイセクシュアルがレズビアンコミュニティで排除されがちな傾向についても議論してきた。地域性も重要で，関西と関東の同性愛者の活動は異なる仕方で語られてきたし，東北で暮らす人々は「地方」や「地元」で活動する際の可視性をうまくマネジメントしようとしてきた。[8]

　「トランスジェンダー」概念は1990年代前半から用いられ，混同されがちだった「同性愛者」との区分も明確化されていくが，これには「性同一性障害」の普及も影響した。[9]トランスジェンダーたちはこの概念を，病理的であるとして当初から批判しつつも，性別移行医療を行うための「建前」，さらには自らの性別違和の証となるアイデンティティとして受容してきた。他方で，脱病理化を志向する自己決定的な概念として「トランスジェンダー」が意味づけられ，男女いずれかに性別移行すべきとする規範へのついていけなさから「Xジェンダー」が名乗られるなど，コミュニティ内の規範に対する抵抗も生じた。

　このように，それぞれのコミュニティの歴史，そこに含まれる差異や規範が明らかになってきたが，さらに書かれるべき領域も多く残されている。バイセクシュアル，アセクシュアル，ニューハーフやオナベ，ノンバイナリーなどの活動史には不明な部分が多く，個人史の蓄積も期待される。[10]加えて，オンライン上での性的マイノリティの活動史はデータが膨大で保存もされにくいため，いかに記録しうるかを今後検討すべきだろう。　　　　　　　　　（武内今日子）

▷5　溝口彰子・岩橋恒太・大江千束・杉浦郁子・若林苗子，2014，「クィア領域における調査研究にまつわる倫理や手続きを考える」『ジェンダー＆セクシュアリティ』9：pp. 211-225。

▷6　女装コミュニティ史は，三橋順子，2008，『女装と日本人』講談社に詳しい。

▷7　この時期には同性愛者に対する差別を問題化した「府中青年の家裁判」が，日本社会における同性愛嫌悪（ホモフォビア）を浮き彫りにした。

▷8　杉浦郁子・前川直哉，2022，『「地方」と性的マイノリティ』青弓社。

▷9　「性同一性障害」は2022年の国際疾病分類ICD-11において，「精神疾患」から外されている。

▷10　貴重な成果のひとつとして石田仁編，2023，『躍動するゲイ・ムーブメント』明石書店。

Ⅲ 歴史社会学的想像力の諸相

16 消臭
ケアワークの領域の拡大

1 消臭というテーマの成立

　現代において，消臭は人々の強い関心事であるように見える。たとえばテレビ CM においても，室内用，あるいは自動車内用の消臭剤や，制汗剤等の直接身体に用いる消臭剤の宣伝，また洗剤や柔軟剤なども部屋干しの折の消臭効果が宣伝されるなど，私たちは日々，そうした宣伝にふれる機会をもち，多くの人が，すぐにいくつかの商品名を思い浮かべることができるのではないだろうか。こうした CM において，においはひとつには"原因菌"等によるとされ，衛生上の問題であるとされる。と同時にもうひとつ重要なのは，CM が描き出す多くの場面において，においが人との関係において重要であるというメッセージを人々に伝えていることである。またスメルハラスメントのような言葉も聞かれたり，においをめぐるマナーや規範が語られることも，最近多く観察される。さらには消臭は，洗濯や室内の衛生管理などの家事と関連づけて語られることで，家庭や家族の健康を維持管理する，女性の新しいケア役割の一環として，現代では位置づけられつつあるように見える。

2 嗅覚という感覚

　ここで嗅覚という，人間の基本的な感覚である五感のひとつとしての特徴について考えてみたい。感覚する対象との距離という点で見るならば，視覚，聴覚のように対象と距離をとって感覚できるものとは違い，嗅覚は，味覚や触覚のように，対象と比較的近接した状態での感覚であるといえる。近代化は，視覚，聴覚のような，距離を置いた対象の認知，特に視覚がほかの感覚に対して優越した位置に置かれてくる過程だったと考えられる。たとえば『感性の歴史』を著したコルバンは，「ルネサンス期以来われわれは視覚の支配を受け入れてきた」と述べる。その結果として「われわれ西洋人はにおいのメッセージを学習するということをほとんど止めて」しまったとコルバンは述べる。そうした変化は，香水の発達など「十八世紀に始まった身体の脱臭化という長いプロセス」に伴う「においの沈黙」が徹底されていくなかで，「きわめて繊細なメッセージに対する新たな感受性」を生み出したとコルバンは指摘する。したがって，においが人間関係における「繊細なメッセージ」として位置づけられるようになるには，香水をはじめとするさまざまな消臭の方法が，人々の生活

▷1　コルバン，A.，小倉孝誠訳，2002，『風景と人間』藤原書店，p. 19。

▷2　コルバン，A.，小倉孝誠訳，2002，『風景と人間』藤原書店，p. 44。

▷3　コルバン，A.，小倉孝誠訳，2002，『風景と人間』藤原書店，p. 46。

の中に浸透してゆく歴史的な過程があったと考えられる。

またこうした消臭の歴史は，産業化の中で，環境に廃棄された汚染物質が放つ悪臭が，公害のひとつとして人々の健康を損ねるものと認められ，公衆衛生上の問題とされて管理されるようになることとも関わっている。健康を損なう有害物質だからというだけでなく，悪臭そのものが人々の苦痛であるとされ，においへの不寛容が強まっていくのである。最初に触れたスメルハラスメントなどの言葉もこうした感性の現れに対応するものであると言えるだろう。

③ においと現代

コルバンのいうような長い脱臭化の歴史を経て現代において，私たちは嗅覚を，他者や自己の評価において重要な，その一方であからさまには言及しづらいきわめてプライベートなファクターとしているのではないだろうか。

たとえば一方には，体臭や口臭についての嫌悪や恐怖症が見いだされる。そこからは，通勤などの群衆の場におけるマナーとしての，一方で家庭などの親密な場におけるケア役割としての，消臭のテーマ化が見出される。その一方ではさまざまに人工的に作り出された香料が，洗剤，制汗剤から室内用芳香剤ばかりでなく，食品から文房具までにも用いられ，私たちの日常生活はほとんどが人工的なにおいによってカバーされているといっても過言ではない。そこではにおいが，単なる消臭というばかりでなく，ひとつの自己演出あるいは表現として用いられ，時にその過剰さや圧迫感がテーマとなる。

最後に，こうしたにおい，あるいは消臭がテーマとなる背景として，見えてくると思われる社会のふたつの変化についてみておきたい。ひとつ目はケアワークへの着目である。物理的な生活空間の変容，たとえば建材や窓サッシなどの発達に伴う室内空間の密閉性の増大や，水洗トイレなどの水回りの衛生設備などの発達という，私たちの居住空間のあり方は，看護や介護などのケアワークのシーンを公共空間から隠蔽した。つまり，においへの不寛容は，介護や看護などのケアワークを隠蔽し，それを担うケア役割をジェンダー化したうえで貶め，低賃金の仕事へと追いやっていることと関連していると考えられるのである。

もうひとつの変化は，異文化への不寛容である。においがしばしばいじめの中で使われる要素であるように，においへの不寛容は，自らと異なる文化的・民族的背景をもつ他者への不寛容へとつながるかもしれない。私たちが多様性へと開かれた社会を望むならば，においへの不寛容はそれを無意識のうちに掘り崩す可能性をもっているものとして，あらためて考えてみるべき問題ではないだろうか。

（中筋由紀子）

Ⅲ　歴史社会学的想像力の諸相

17 「○○力」ということば
実在から動態へ

　「老人力」

　2000年代に入って「○○力」というタイトルの本の出版が，急に増えたように見える。有名になったものでいえば，羽生善治『決断力』2005年や，阿川佐和子『聞く力』2012年などが挙げられるだろう。この「○○力」という言い方を最初に用いたのは，管見の限りでは，赤瀬川原平の『老人力』1998年だと思われる。

▷1　赤瀬川原平，1998，『老人力』筑摩書房。

　赤瀬川は1937年生まれの画家，作家である。藤森照信，南伸坊らと結成していた路上観察学会において，「老人力」ということばを提案されたことに感心し，それをきっかけに，筑摩書房の雑誌『ちくま』に「老人力のあけぼの」というタイトルで連載するようになり，これを1998年に単行本にまとめたという。

> 　ふつうは歳をとったとか，モーロクしたとか，あいつもだいぶボケたとかいうんだけど，そういう言葉の代わりに「あいつもかなり老人力がついてきたな」というふうにいうのである。そうすると何だか，歳をとることに積極性が出てきてなかなかいい。

　つまり，老人力とは，まずは老人ということばが帯びているネガティブな意味価を転換し，ポジティブなものを作り上げるという，ひとつの運動であると考えられる。それはどのような意味の転換だったろうか。老人ということばは，若者と対比されることばであり，そのふたつはそもそもは当人には変更できない与えられた属性を指すことばである。しかしこれに「力」を付けることによって，「老人」という与えられた地位ではなく，「老人力」という能力を表すことばへと，意味のあり方を変換する。そうすることによって，「老人らしさ」，「老人」というものを構成するさまざまな要素とはなにかが，議論の余地のない自明なものではなく，議論可能な領域として浮かび上がってくるのである。「老人」から「老人力」への転換は，こうして老人と若者という二項対立的な属性のあり方を問い直す，ひとつの"政治的"な運動へ発展できるような発想の転換を生み出すのである。

　ところで，この「老人力」ということばが成立した社会的背景には，アクティブエイジングや当事者主義など，社会福祉の分野における，さまざまな高

齢者への見方の変化があった。「老人力」という発想の転換は，ことばだけの出来事ではなく，そうした新しいことばのあり方を要請するような，新しい社会状況が成立してきているからであるといえるだろう。[2]

② 「女子力」

　以上のように「○○力」ということばは，「老人力」のように，それを成り立たせている要素とはなにか，ということに人々の関心を誘導し，考えさせるきっかけを生み出すものであるという点で，いろいろな「○○力」という言い方を生み出すことになったと考えられる。

　ところでここでより複雑な変化の様相を見出せる「○○力」として，「女子力」ということばを見ておきたい。「女子力」は，従来の「女らしさ」に代わる表現とされ，まず「女性」ではなく「女子」ということばを用いている。「女子」という表現は，従来未成年の女性を指していたことばが，年齢問わず「当事者である女性が自称として」用いだしたとされる。[3]「女子会」や「腐女子」などのように，男性のまなざしの対象ではなく，女性同士が自ら主体的に結びつくときに用いられるようになったとされることばである。「女子力」はそれにさらに「力」を付け，男性視線で定義され評価される「女らしさ」ではなく，女性自身が自ら選び努力し獲得していくものとして登場したとされる。

　しかしながら「女子力」ということばのその後の展開は，当初の期待ほど女性が「自分らしく」生きることと順接的ではなかった。女性向け雑誌などの特集などで頻繁に用いられ，「女子力を磨く」などのように，メディアを介して他者から要求されるものとなってしまった「女子力」は，もはや多くの女性にとってかならずしも肯定的に受け取れるものとはいえなくなっている。すなわち現在の「女子力」は，女性たちが同性同士で，かつ女性基準でお互いを認め合うものというよりは，女性に要求される役割が，男性目線のみならず女性目線という部分まで広がって，より多くを満たさなくてはならなくなっていることを表しているのではないだろうか。

③ 「○○力」と「○○化」

　ところで「○○力」のような用い方には，社会学における「○○化」に近い，新しい対象の見方が表れているとはいえるのではないだろうか。「近代化」や「都市化」という社会学の用語は，「近代」や「都市」というものを，単なる歴史的な実在の対象としてではなく，ひとつの変化の過程として動態的に把握する視点や，そうした変化とはどのような要素によって構成されるかというような分析的な視点を可能にしたと考えられる。一時叢生した「○○力」ということばにも，そのような見方の転換をうながすという効果が，期待されていたのではないだろうか。

（中筋由紀子）

▷2　またこうしたことばの成立の背景として，ポスト近代社会における能力主義や成果主義の浸透を見る見方もあると思われる。たとえば本田由紀は，「ハイパー・メリトクラシー」ということばを用いて，学力以外の多様な資質もすべて能力の一種として競争が過熱してきていることを指摘する。本田由紀，2005，『多元化する「能力」と日本社会』NTT出版。

▷3　馬場伸彦・池田太臣編著，2012，『「女子」の時代！』青弓社。

Ⅲ 歴史社会学的想像力の諸相

 # 科学技術
「科学の体制化」と科学技術立国批判

▷1 塚原は吉岡に連なる議論の系譜として，廣重の「科学の体制化」論だけでなく，中山のパラダイム論の重要性，吉岡にとっての「廣重・中山パラダイム」の意義を述べており，必読である。塚原東吾，2016，「〈解説〉科学技術の七〇年」金森修・塚原東吾編『リーディングス 戦後日本の思想水脈2 科学技術をめぐる抗争』岩波書店，pp. 251-296。

▷2 寿楽浩太，2019，「解題 科学・技術と社会に関する批判の学という構想」『年報 科学・技術・社会』28：pp. 69-70 ならびに吉岡斉，2018，「科学技術批判のための現代史研究」『科学技術社会論研究』15：pp. 40-46 参照。

▷3 廣重徹，1973，『科学の社会史』中央公論社。

▷4 研究機関の拡大，専門的職業としての自覚と組織化などを指す。

▷5 たとえば，工業化と資本集中を背景に，理化学研究所のような研究機関や高等教育機関がその規模を拡大し，1918年の文部省・科学研究奨励費をはじめとする政府による研究資金の交付も開始された。また，戦時動員を念頭に置いた内閣資源局の設置（1927年）

 科学技術批判のための現代史・現在史研究

吉岡斉（1953〜2018）は，日本の科学技術政策をめぐる時評的著作を皮切りに，科学社会学の理論的研究や，科学史家・中山茂（1928〜2014）を中心とした『通史 日本の科学技術』プロジェクトの牽引役，さらには日本の原子力政策に関する専門家としてその功績が知られている。最晩年の論稿のタイトル「科学技術批判のための現代史研究」に吉岡のアプローチの特徴が集約されている。すなわち，「現代史」，「現在史」（現在進行中の事象を歴史として対象化すること），「政策論」の三位一体に基づいた「科学・技術と社会に関する批判の学」の追究である。

科学技術が社会にさまざまな，特に負の影響をもたらすことを念頭に置いた際に，政府や産業界は科学技術の編成でどのような役割を歴史的に果たしてきたのか。また，国民国家を中心に編成されてきた近現代の社会において，科学技術が果たしてきた歴史的役割や社会における科学技術の存立条件をいかなる視角でとらえればよいのか。ここでは〈批判〉に貫かれた吉岡の所論，また吉岡に影響を与えた科学史家・廣重徹（1928〜1975）の所論を振り返りたい。

2 「科学の体制化」論のパイオニア：廣重徹

京都大学にて湯川秀樹門下で素粒子論の研究者としてキャリアを開始した廣重は，後に科学史に専攻を転じた。彼の代表作のひとつに『科学の社会史』がある。廣重は「日本の科学の社会的存在構造を歴史的にさかのぼって究明すること」を目標に同書を著した。同氏は，20世紀以後の日本の科学の歴史を「成功の歴史」として描くのでなく，「科学がその歴史のなかで人間に対してになってきた意味の再検討」をめざしながら，日本の近代科学の歴史的・社会的条件の解明を描いた。ここで提起された視角が「科学の体制化」である。

議論の前提として，欧米諸国では19世紀以降，「科学の制度化」が進んだ。その後，初の総力戦である第一次世界大戦は国家による科学の動員への関心を高め，日本にも大きな影響をもたらした。第二次世界大戦後の日本学術会議の発足は，日本では科学の合理化が進展していないという戦時中の批判に基づくのであり，科学が社会・政治体制に編成されることへの根本的〈批判〉に基づくのではなかった。このように，国家の政策のもとで科学研究が方向づけられ

ていく「科学・産業・国家の一体化」の現代的諸相を廣重は描き出し，またそのための視角として「科学の体制化」が用意された。[6]

③ 科学技術立国批判：テクノトピアの黄昏

　吉岡は「科学の体制化」という廣重の視角を批判的に受け継いだ。初期の著作『テクノトピアをこえて』で吉岡は，新しい科学技術の登場とともにくりかえされてきた，科学技術の進歩が人類にユートピアをもたらすという議論を批判する。[7]吉岡は，大規模なテクノロジー開発を伴う「巨大科学」の開発をめぐる無責任な楽観論と，その楽観論をいとも易々と反故にする「科学技術立国」政策の荒涼とした現実を，「テクノトピア」という造語で描いた。

　テクノトピア論の背後にはイギリスの物理学者・科学史家バナール（1901～1971）の影が垣間見える。バナール『科学の社会的機能』（1939年）は，日本の戦後民主主義を牽引する科学者に対して，研究室の民主化を進めるという観点から訴求力をもった。[8]それだけでなく，彼の議論は科学技術の進歩が「人間の真の自由」をもたらすという主張に貫かれていた。この主張は，科学技術を梃子に敗戦後日本の経済復興を推進する気運の醸成と合致していた。

　しかし吉岡は，もはやこのようなバナール主義は成立しないと述べる。際限なく膨張する巨大な科学技術イノベーションは人類の生存基盤を不確実にするばかりだからである。この事態を前に，生活者からの科学批判や文明論的な科学批判だけでなく，「現在の科学技術活動それ自体のはらむ内的な欠陥を衝く」ような，科学者集団内部からの科学批判が噴出した。

　吉岡は廣重の議論をどう受け継いだのか。吉岡は，廣重の「科学の体制化」の議論だけでは，体制化の現代における自明性ゆえに，具体的状況の分析には貢献しないと批判する。むしろ，国家が研究開発を主導し振興した1930年代に巨大科学の起源を求める廣重の議論を，吉岡は積極的に評価する。「科学の体制化と巨大科学の成立とを歴史的に互いに不可分の現象」とみなした廣重の所論，さらには近代科学の展開が必然的に巨大科学に行き着き，「人間の論理」と対立するようになると主張する高木仁三郎の「ロング・レンジ」な所論——ただし政治・経済との関係の分析が手薄になる——をふまえ，吉岡は自身のアプローチを政治・経済の一環として科学技術をとらえる「ミドル・レンジ」なアプローチとして定位する。であればこそ，吉岡の科学技術立国批判は，核融合，宇宙開発，バイオテクノロジーなどの巨大科学の現代史・現在史を通して，〈テクノトピア〉の夢に囚われた国家のあり方を再考する力を有するのである。

　科学技術の時代と伴走し思索を重ねた廣重，そして吉岡の著作は，われわれに歴史に基づく〈科学技術批判〉の道標を示しつづけている。　　（馬渡玲欧）

や，「国家的要請」に基づいて研究活動の近代化・合理化・規模拡大を進めた日本学術振興会の設置（1932年）は，日本の「総力戦体制」の一側面を示す。

▷6　松本三和夫は，R. マートンと廣重の「科学の制度化」論を比較吟味している。マートンの議論は，17世紀近代科学革命を念頭においた「制度化」であり，科学者集団が科学制度へ移行するプロセスを論じている。他方，バナールの影響を受けた廣重の「制度化」は，19世紀以降の専門職業化の局面を指す。松本三和夫，1998，『科学技術社会学の理論』木鐸社。

▷7　吉岡斉，1982，『テクノトピアをこえて』社会評論社。

▷8　バナール，J. D.，坂田昌一・星野芳郎・龍岡誠訳，1981，『科学の社会的機能』勁草書房。

III 歴史社会学的想像力の諸相

19 養育
子の養育とその担い手の歴史性

1 子の養育の普遍性と歴史性

　G. マードック『社会構造』をはじめとして，かつて社会学においては，家族の普遍性を問う議論が活発にあった[1]。しかし，文化や歴史を通じて普遍的な家族を問うことそのものが疑問視されるようになり，特定の家族の形態を普遍的だと考える私たちの暗黙の前提自体が問われるようになった。そうした見方を批判するだけでなく，どのような歴史的，社会的文脈において今日の家族認識が構築されたのかを問うことが歴史社会学の重要なテーマとなる。子の養育は，人類史においてだれかによって担われてきた営みであり，その意味では普遍的である。しかし，単に乳児を育てるという狭義の意味での養育を超えて，生物としてのヒトが誕生してから社会で生きていく過程には，社会の成り立ちや歴史が大きく関わっていた。

　人類の歴史において子育てを担ってきたのはだれか。今日の日本社会に生きるわれわれは，育児の担い手として，子の親，特に母親を思い描きがちである。しかし，長い歴史，そして世界に目を向ければ生物学的な母親が育児に専念するようになる歴史はわれわれの想像より短く，地域的にも階層的にも限られていたとわかる[2]。子の養育の歴史は，親子関係だけではなく，地域や職場などより広い社会関係においてとらえることができる。歴史的文脈で養育をとらえなおすことは，養育に関わる現在の問題を，家族だけの問題としてしまわず，社会に開いていくための思考の助けになるだろう。いつから今日のように子ども期という認識が出現したのか，本当に過去の社会に子ども期という認識がなかったのかについてはさまざまな議論がある。しかし，歴史的にみると，子育てが母親や父親に限定されず，もっと広い親族関係や共同体で担われていたことや，子どもに対する社会の意味づけも時代や地域によって異なっていたという視点は重要である。子どもにまつわる事象が「社会問題」として認識されるかどうかも世界における多様な社会的文脈に大きく依存している。

2 養育とジェンダー

　近代社会においては，子どもの養育役割は主に母親の役割としてジェンダー化されることがひとつの特徴である。日本にあっては戦前から「養育する母親」や「男は仕事，女は家庭」といったことばに代表される性別分業が徐々に

▷1　マードック, G.P., 内藤莞爾訳, 2001, 『新版社会構造』新泉社。

▷2　フィリップ・アリエスは，子どもが愛情や教育の対象であるという今日われわれが抱きがちな家族イメージが，近代になって生まれた歴史的には新しい家族観であるということをさまざまな資料から論じた。アリエス, P., 杉山光信・杉山恵美子訳, 1980, 『〈子供〉の誕生』みすず書房。

進行し，「家族の戦後体制」といわれる女性の専業主婦化につながった[3]。そして専業主婦化は，女性が主婦や養育役割に専念するのをよきこととする規範化を伴っていた。現代においては減少傾向にあるとはいえ，日本では，「子どもが小さいうちは母親が育児に専念したほうがよい」という考えに人口の７割程度が賛成がしていた[4]。

「三歳までは母親の手で育てたほうがよい」という考えは神話であり（「三歳児神話」），すべての女性にはそもそも母性が備わっているという考え方は幻想である（「母性幻想」）とされて久しいが[5]，これ以外にも神話的観念は社会に存在しつづけている。父親の育児参加を促進しようとする取り組みも試みられているものの，依然，男性が稼ぎ手，女性が養育の主な担い手という分業体制はなかなか揺るがない。さらに「親は父親と母親ひとりずつ」という観念が，ステップファミリーやひとり親家族，LGBT の家族など，現実には多様に存在する家族を周辺化するという問題もある。一組の両親と子どもという標準家族を前提とする家族研究は再考される時期にある。

③ 社会のなかでの養育

　家族が子育てを主に担うということ，特に母親がその役割をもっぱら担うという家族形態は，近代社会に入ってから，日本では明治大正期にあらわれた新中間層の家族において出現した新しい事態である。それ以前の社会において，たとえば日本近世社会の上層士族においては，乳児の子育ては乳母や子守役によって担われていた。大名の妻にとっての主要な仕事は，子育てではなく，たくさんの子ども，とりわけ男児を出産することだった。庶民層では，奉公人やきょうだいが子守をすることは珍しくなかった。養子も珍しくなく，生物学的母親が育児に専念するようになるのは近代以降，そして社会に広く一般化するのは戦後社会になってからである。戦前戦中には母親である女性は働き盛りの重要な成人労働力でもあったのである。

　今日，児童虐待が深刻な問題としてくりかえし世間をにぎわしている。また，保育園の待機児童，近年話題になったワンオペ育児[6]は，少子化対策やワークライフバランス政策とともに問題化された課題である。これらの問題に対する施策の背景には，労働力の確保や少子化の解消という水準での政策的関心があるという点には留意すべきである。しかし，特定の育児の担い手や家族のみで子育てを担っていくことが困難になっているという社会認識が広く共有される意義はある。育児が母親の負担にのみ集中しているという問題提起は，父親の育児参加を提唱する動きへとつながった。しかし，父親も負担できたとしても両親ふたりだけで育児を担っていくことにもまた限界がある。より大きな社会的関係のなかで子どもを養育していく方策を考えるために，歴史的に存在した多様な子育てから学べることは少なくない。

（米村千代）

▷３　落合恵美子，2019，『21世紀家族へ第４版』有斐閣。

▷４　国立社会保障・人口問題研究所によって５年に一度実施されている『出生動向基本調査』を参照。

▷５　大日向雅美，2015，『増補母性愛神話の罠』日本評論社。

▷６　ワンオペ育児とは，育児をひとり（ワンオペレーション）で担っている状態を指すことばである。

Ⅲ　歴史社会学的想像力の諸相

20 食
日常的な営みの共同性とその歴史性

▷1　石毛直道, 2005, 『食卓文明論』中公叢書。

▷2　原田信男, 2020, 『「共食」の社会史』藤原書店。

▷3　エリアス, N., 赤井慧爾・中村元保・吉田正勝訳, 1977, 『文明化の過程』（上）法政大学出版局。

▷4　郷田洋文, 1958, 「いろりと火」『日本民俗学体系　第6巻 生活と民族』（1）平凡社, pp. 189-218。

▷5　藤原辰史, 2012, 『ナチスのキッチン』水声社。

▷6　池上甲一・岩崎正弥・原山浩介・藤原辰史, 2008, 『食の共同体』ナカニシヤ出版。

▷7　磯野真穂, 2015, 『なぜふつうに食べられないのか』春秋社。

▷8　牟田和恵, 1996, 『戦略としての家族』新曜社。

1　食の共同性

　食べることは，個人的な行為であり社会的な行為でもある。文化人類学では，人類は食物の分配と火を使用したことから集団での共食が始まったといわれている。人類の交流と共食範囲の広がりは社会の形成につながる。人類は，食の分配と共食によって共同体的な関係性を生み出してきた。

　共食には，神人共食というように宗教的な側面もある。たとえば，キリスト教でのキリストの肉体としてのパンとキリストの血としてのワインを口にする聖餐式があり，宗教によっては禁じられた食物や断食という食べないことによる食の共同性もある。また，食の礼儀の誕生は，合理性というよりは上流階級とそれ以外の階級との区別から始まったとされ，食べ方や食材は社会階層の現れにもなる。共食には，共同性だけでなく，閉鎖性や排他性の側面もある。

　食は火との関係も深い。日本では屋内に古くから炉や竈があり，炊事，照明，暖房，乾燥といった実用的機能と，火の神や火の穢れといった信仰的機能をもっていた。特に炉は日常的に使用する火所であり，食を含めた家庭生活，労働，日常の交際，儀式は炉を中心に展開されていた。また，炉端は座席や座順が決まっているなど，家族成員の秩序や来訪者の地位の序列を現す場でもあった。屋内の火所を中心に，食にとどまらない共同活動や交際が行われていた。

　食を通じた共同性に日常的な行為以上の意味がもたらされることもある。たとえば，ナチス期のドイツのキッチンやレシピにみられる食生活へのナチズムの影響，環境破壊等への関心から生産者と消費者で取り組んだ日本の有機農業運動といった議論もある。

　一方で，摂食障害という「ふつうに食べられないこと」への着目もある。なにをどのように食するかは他者の模倣によって身につくため，食の慣習行動の獲得には食を通じた他者との紐帯があるといわれている。このように，食べることは，個人にとどまらない行為なのである。

2　家族と食

　現在，私たちが想像する家族で囲む食卓の風景は，明治時代に入ってから登場したといわれている。団らんを伴った家族での食事風景は明治時代の雑誌や家庭科の教科書での啓蒙に端を発し規範化され，1960〜70年代に食卓テーブル

が普及するなかで，食事をしながら家族で会話を楽しむことが広がったといわれている。[9] 教育や啓蒙に加えて，産業構造やメディア，時間・空間・道具・食事内容・食の支え手の変化によって実現に至ったのが家族の食事風景である。また，団らんを伴った家族での共食の規範化が近代家族の大衆化に影響を与えたともいわれている。[10] 家族の食事風景の反転現象として，1980年代には子どもがひとりで食事をしていることがメディアで報道され「孤食」として衝撃を与えた。[11] 現代では，家族の生活時間のズレにより，家族が揃って食事をすることは難しくなっていきている。また，単身世帯が増加しており，世代を問わずにひとりで食事をすることは珍しくなくなってきている。

ひとりで食事をするとは，一方では自分の好きなものを好きなように食することでもある。また，昨今は主に SNS に投稿された食欲を刺激する映像を空腹時に見ることを意味する「飯テロ」もある。実際にはひとりで食事をしていても「おいしさのイメージ」のシェアが食のシェアを想像させる。ひとりで食事をすることが浸透する時代の，食を通じた関係性のひとつともいわれている。[12]

③ 家族以外の食の場

日常的な食の場は家庭だけではなく，たとえば学校給食がある。日本において学校給食は，1889年（明治22）に山形県で始まったといわれている。[13] 当初は欠食児童を対象にしていたが，やがて国民の体力向上の観点から制度として拡充し，戦後の1954年には「学校給食法」が制定された。現代でも給食は子どものセーフティネットという側面があるが，自治体ごとに調理場所や食事の提供方法，給食の有無に差があることが指摘されている。[14]

市民が関わる食の場もある。1970年代頃には家族に頼ることが難しい単身の高齢者を主な対象にした，ボランティアの参加を伴う食事サービスが始まっている。[15] このサービスは，高齢に伴う食生活維持の困難さへの支援としても広がり，在宅福祉サービスの端緒ともいわれている。[16]

また，2012年から子ども食堂という「子どもが一人でも安心して来られる無料または低額の食堂」による食を通じた居場所づくりが全国に広がっている。[17] 子ども以外に地域の人も利用できる場所もあり，地域交流の拠点，子どもや子育て家庭の支援としても期待されている。コロナ禍には，弁当や食料の配布といった従来の食堂とは異なる活動を展開したところもある。さらに子ども宅食，フードバンク，フードドライブといった食支援も広がりを見せている。

このように，日常的な営みとしての「食」は，家族を超えた共同体の内部で営まれていたものから，一度家族に閉じられ，今，再び開かれようとしている。だれとともに，どう食べるか——多くの人にとって当たり前な営みだからこそ，その相対化においては歴史が呼び起こされるのである。　　　　　（七星純子）

▷9　井上忠司，1991，「食卓生活史の聞き取り調査」石毛直道・井上忠司編『国立民族学博物館研究報告別冊16号　現代日本における家庭と食卓』国立民族学博物館，pp. 55-82。

▷10　表真美，2010，『食卓と家族』世界思想社。

▷11　足立己幸・NHK「おはよう広場」班，1983，『なぜひとりで食べるの』日本放送出版会。

▷12　菊池哲彦，2019，「飯テロにふれる」ケイン樹里安・上原健太郎編著『ふれる社会学』北樹出版，pp. 10-17。

▷13　文部省，1976，『学校給食の発展　学校給食三十周年　日本学校給食会二十周年』第一法規出版。

▷14　鳫咲子，2018，「学校給食と子どもの貧困」阿部彩・村山伸子・可知悠子・鳫咲子編『子どもの貧困と食格差』大月書店，pp. 89-119。

▷15　栗木黛子，1993，『高齢社会の食事サービス』近代出版。

▷16　清水洋行，2018，「フードシステムにおける市民参加型食事サービスの特性」斎藤修・高城孝助編著『医福食農の連携とフードシステムの革新』農林統計出版，pp. 133-164。

▷17　湯浅誠，2017，『「なんとかする」子どもの貧困』角川新書。

Ⅲ　歴史社会学的想像力の諸相

21 論文
知識の制度

1　認識手段としての論文

　広く学術的な知識の生産に携わる人間は，論文という書き言葉の一定の形式を用いている。知識の発信には書簡やメール，口頭での講演や口伝，あるいはジェスチャーや映像といった，さまざまな方法がある。[1] にもかかわらず，社会は特に論文という形式に特権的な地位を与えている。それはいったいなぜか。

　まず，そもそもものを書き表すということは，人間にとってどういう意味をもっているのか。この点に立ち戻るならば，文章とは他者との知識の共有手段である以前に，人が世界をとらえるための形式であることがわかる。

　言語心理学者の茂呂雄二は，子どもの書記行為の観察を通じて，人間がものを書く意味を，人が自分であると探求する場をくみ上げることに求めている。書くことは文字や絵のような記号を通じて相手に語りかけ，そして自分と読み手とのあいだに対話の場をつくりあげる。その際，第一の読者は書き手自身である。読者となった書き手は，自分の周囲にある外的な対象が書き表されているのみならず，自分がそれらに対してどういう立場に立っており，なにに対して身構えているのか，という自己の位置を知ることができる。[2]

　こうした知見を敷衍すれば，論文を書くということもまた研究成果の発信方法である以前に，自分の研究を物質として対象化し，反省の俎上に載せることである。とりわけ印刷の発明以降の書記，記録，伝達の技術の発達は，書かれた文章を社会のなかで固定したかたちで共有することで，認識の誤りを記録し再検討するプロセスも含めて学問という議論の空間を拡大してきたのである。[3]

2　制度としての論文

　だが，以上のような認識上の価値から論文が社会のなかで特権的な地位を占めている理由を説明することは難しい。歴史はむしろ，論文が一種の制度として確立してきたことを伝えている。たとえば，科学社会学者のロバート・マートンは，科学者の知識の共有が個々人のパーソナルな交流から雑誌論文を通じたオープンなコミュニケーションへと移行する画期を，科学協会による査読雑誌の成立に求めている。すなわち，学術雑誌は，査読制度の導入と雑誌読者への論文公開を通じて，研究者に確実に先駆的発見者としての地位を保障するしくみを作り上げた。[4] こうしたしくみは，学術雑誌の成果公表手段が電子化しつ

▷1　たとえば西欧近世における科学の発達による文通や旅行のようなパーソナルなネットワークの重要性について，Harris, Steven J., 2006, "Networks of Travel, Correspondence, and Exchange," David C. Lindberg and Michael H. Shank eds., *The Cambridge History of Science*, vol. 3, *Early Modern Science*, Cambridge University Press, pp. 341-362.

▷2　茂呂雄二, 1988, 『なぜ人は書くのか』東京大学出版会，特に第4章。

▷3　研究成果を推敲する手段としての論文の意義をとらえた論文論として，佐藤健二, 2014, 『論文の書きかた』弘文堂が挙げられる。特に，印刷技術と認識の関係については同書第3章を参照。

▷4　Merton, Robert K., 1973, *The Sociology of Science*, University of Chicago Press, pp. 460-496.

つある現在にも引き継がれている。

さらに、論文の制度としての地位に決定的影響を与えたのは、それが近代の大学における学位認定制度と結びついたことである。それまで口頭試問によっていた学位認定制度は、出版界における人文主義や科学論文の影響、また19世紀における大学改革を経て、研究能力を示すために論文の執筆を課しはじめる。それ以降の学術界では、自然科学のみならず人文社会科学の分野でも、歴史的・実証的な研究論文が盛んに執筆される[5]。かくして知識人たちに研究者としての地位を保障するしくみのうちに取り込まれることを通じて、論文は学術の世界における特権的制度としての地位を獲得していったのである。

ただし、かかる論文という制度は、かならずしも明示的規則のみによって成り立つ制度ではない。むしろ、個々の分野における「当然読んでいるべき文献」に関する知識や、関連文献からの引用や参照のための規則といった、かならずしも明文化されていない高度な期待が、論文の書き手と読み手に共有されていることは見逃せない。こうした制度のなかで論文を書くことは、かならずしも明示されていない複雑な規則や脈絡を共有する人たちが、それぞれの戦術や技量をもって臨む、一種の競技としての性格を帯びることにもなる[6]。

③ 人生史的事件としての論文

以上に述べてきたような論文の社会史的な来歴と、論文の認識方法上の価値とのあいだに必然的な結びつきはない。したがって、特段の認識上の必要を感じない人間が、もっぱら外部の社会からの要請によって論文を書かざるをえなくなる。とりわけ日本の教育は、国際的に見て珍しい卒業研究という制度をもち、そのなかで学士学生に卒業論文の執筆を課すという慣行が明治初頭以来から多くの大学で行われてきたという特徴をもつ[7]。学術的な動機をもたない学生が卒業のためだけに論文を書く、といった光景は、現在においてかならずしも逆説的事態ではなく、むしろ常態である。

とはいえ、論文の執筆を書き手の人生の一時点における経験としてとらえるとき、論文は書き手の人生の経験をひとつの物質として世に残すものとなる。そこにいやいや書いた論文がのちに自分の「生きている意味」を教えてくれるという美談の生まれる余地もある[8]。たとえば「卒業論文の執筆を通して、自分自身の関心と向き合い、先行研究や史料を読んで、考えて、手にした自分なりの結論は、きっとどこかで『生きることの意味』と結びついているはずである。卒業論文は、今すぐに役立つものではないかもしれない。しかし、いつの日か『ゆっくりと』あなたが『生きている意味』を教えてくれるだろう」と。かかる意味で、論文は、高等教育の大衆化につれて形骸化を遂げる一方で、人々の人生における一度きりの学生生活の記憶の碑という役割も担っている。

（品治佑吉）

▷ 5 Rüegg, Walter, 2004, "Themes," Walter Rüegg ed., *A History of the University in Europe*, vol. 3, *Universities in the Nineteenth and Early Twentieth Century (1800-1945)*, Cambridge University Press, pp. 3-31. Clark, William, 2006, *Academic Charisma and the Origins of the Research University*, University of Chicago Press. 大学を取り巻く社会史の通史的概観として、ブラール、H-W.、山本尤訳、1988、『大学制度の社会史』法政大学出版局を参照。

▷ 6 エーコ、U.、谷口勇訳、1991、『論文作法』而立書房、pp. 77-78。同書は論文執筆とその批評に伴う規範の過酷さを語って余すところがない。そこではまさに書き手のハビトゥスの質が争点なのである。ブルデュー、P.、加藤晴久訳、2010、『科学の科学』藤原書店。

▷ 7 和田正法、2014、「日本の学士課程における教育の一環としての研究」『学士課程教育機構研究誌』3：pp. 117-132。

▷ 8 村上紀夫、2019、『歴史学で卒業論文を書くために』創元社、p. 185。

Ⅲ 歴史社会学的想像力の諸相

 宗教組織
信仰運動と組織改革運動のダイナミズム

 ゼクテという組織

　宗教の発展を歴史的に考えるうえで有用なのは宗教組織のメカニズムを知ることである。宗教組織の活力の強弱について考えたのがマックス・ウェーバーで，その議論は宗教組織に関する今日の社会学理論の前提となっている。
　ウェーバーは，「プロテスタンティズムの諸信団と資本主義の精神」という論考にて，キルヒェとゼクテというふたつの教会組織の類型を提示している。[1]
　キルヒェとは，教会と訳されるように，カトリック教会を念頭に置いた組織類型である。ウェーバーによれば，キルヒェは生まれながらにして所属が義務づけられている。あえてメンバーであることを強調する必要はない。
　それに対して，ウェーバーによれば，ゼクテとはメンバーが自ら望んで入会する自発結社的な組織類型である。ゼクテのメンバーは，プロテスタンティズムの精神に裏付けられた敬虔な信仰の持ち主である。ゼクテのメンバーになるためには，倫理的な人間でなければならない。そして，入会後もゼクテのメンバーは，自身が敬虔な信仰の持ち主であると他のメンバーに対して証明するよう振る舞いつづけなければならない。ゼクテという組織は，敬虔な信仰に支えられていると同時に，組織の成員資格のしくみにより敬虔な信仰を保つようメンバーに要求するのである。

 教団ライフサイクル論

　活力ある宗教組織のなかには，時間を経るにつれて安定，停滞，衰退というプロセスを経る組織がある。宗教組織の変化はあたかも人の一生，ライフサイクルのようにとらえられるであろう。この着想を活かしたのが，宗教社会学者の森岡清美による「教団ライフサイクル論」である。[2]
　宗祖・教祖というカリスマの周辺に集まった人々により形成された宗教組織にとって，宗祖・教祖亡きあと組織をいかに維持するかは重要な課題である。組織の維持には宗祖・教祖の正しい教えと間違った教えを区別する制度を設計しなければならない。そのためには教義の専門家集団を作らなければならないし，儀式に関わる制度も体系化しなければならない。規模が大きくなると，教義の専門家だけでなく，事務仕事を担当する人員も必要となる。こうして組織の官僚組織化が進んでいくと，組織の維持に組織の関心が向けられていく。当

▷1　ウェーバー，M., 戸田聡訳，2019,『宗教社会学論集 第1巻』(上) 北海道大学出版会。

▷2　森岡清美，1989,『新宗教運動の展開過程』創文社。

初は宗祖・教祖の正しい教えを保つために導入された手段それ自体が目的化していた。森岡はこうした過程をデイヴィッド・モバーグの説を借りて，「萌芽的組織の段階」「公式的組織の段階」「最大能率の段階」「制度的段階」「解体の段階」という5つの段階に分けられるとした。そして「制度的段階」と呼ばれる段階では組織の維持が目的となり，個人の内面的な帰依は失われているとされる。日本社会に住む多くの人がなんらかの宗教組織に所属しながらも明確な信仰をもたないという現象は，「制度的段階」に特有の問題ともいえる。

③ 日本の宗教思想運動と宗教組織

　教団ライフサイクル論は発展段階を想定しているものの，かならずしも一方向的に発展するととらえているわけではない。森岡は「制度的段階」から組織として活力ある段階へ若返りを図ろうとする運動があると指摘している。実際，明治以降の日本の宗教界では，停滞状況にあった既成の教団組織に対抗する，あるいは内側から改革する試みがみられる。この点について，森岡も例に挙げている真宗大谷派の教団改革運動を事例に考えてみよう。

　明治に入り欧米の思想・制度の導入が急速に進むと，日本の宗教界も大きな変容を迫られる。真宗大谷派では，僧侶であり哲学者でもあった清沢満之（1863〜1903）を中心に「精神主義」と呼ばれる宗教思想運動が展開される。「精神主義」は真宗大谷派の僧侶を中心とした運動であり，その特徴は西洋哲学を取り入れ，信仰の近代化を進めたことにある。

　清沢らの思想は旧来の宗学・教学を批判する考えだと受け止められ，教団中枢からは異端扱いされた。彼らの思想を異端扱いしたのが教団という宗教組織であるとするならば，時代を経るにつれて清沢を正統化したのも宗教組織のメカニズムによるのである。総力戦体制下にはほかの組織・集団と同様に宗教組織も戦争遂行のために合理化・効率化すべしとの改革要求が突きつけられる。改革の象徴として動員されたのが，異端とされた清沢の弟子たちであった。[3] 戦後になるとマルクス主義者を中心に，東西本願寺教団の非民主的な意識・構造（封建遺制）が批判され，「精神主義」の影響を受けた僧侶を中心に，近代社会に適応する信仰，組織を構想しようと改革運動（同朋会運動）が展開される。[4] この運動は伝統派との対立を生むこととなるが，[5] 活力ある段階へと組織を内側から改革することにより，清沢の思想は正統化された。真宗大谷派という宗教組織が今日もなお大きな勢力を維持しているのは，明治以降の宗教思想運動と宗教組織の関係をみることにより明らかとなる。

　大規模な宗教組織が今日も維持されていることを考えるためには，明治以降の宗教思想運動の展開は見逃せない。宗教組織の社会学理論を活かしつつ，宗教思想運動の歴史を分析することで，信仰運動と組織改革運動が絡み合って展開される宗教の歴史が解き明かされていく。　　　　　　　　　　（宮部　峻）

▷3　宮部峻, 2021,「戦時における教団組織の合理化と教学の再編成」『理論と動態』14：pp. 66-81。

▷4　宮部峻, 2021,「信仰と組織をめぐる矛盾と運動」『年報社会学論集』34：pp. 167-177。

▷5　宮部峻, 2023,「宗教教団の改革の精神と法学の論理」『宗教研究』406：pp. 75-98。

Ⅲ　歴史社会学的想像力の諸相

エアコン
日常を覆う密閉空間の人工空気

いつのまにか日常の当たり前になったモノの歴史

エアコンは，あなたが今いる屋内空間にきっとある。必須のインフラとみなされているものの，日常生活の一部に溶け込みすぎていて，なかなか注意を向けにくい。

エア・コンディショニングという技術（とことば）は，飛行機と同じく20世紀初頭の新しい発明品だ。まして，エアコンが「贅沢品」ではなく「必需品」になったのはごく最近だ。高度経済成長期の「三種の神器」につづいて人気を博した耐久消費財「3C」＝カラーテレビ・クーラー・カーのなかで，クーラーの普及はもっとも遅かった。ところが2001年には冷房普及率5％に満たなかったにもかかわらず，今や公立小中学校の普通教室でも，2020年には92％と，寒冷地以外はほぼ普及した◁2。そこには日常生活の感覚の劇的な変化がある◁3。

もうひとつ，エアコンにまつわる社会問題も見逃せない。確かにエアコンを手に入れた「先進国」は，生産性や快適性を手に入れた。しかし，電力消費量のピークを，暖房による「冬・夜」型から，冷房による「夏・昼」型に逆転させたといわれるほど◁4，エアコンは電力コストがかかる。グローバルサウスでは未だ贅沢品だが，新興国では急速な普及途上にあり，2050年には全世界の3分の2の世帯がエアコンをもつと予測されている◁5。熱中症対策などの効果の一方で，電力消費や冷媒が地球温暖化を促進する。

こうしたエアコンにまつわる生活様式や社会問題にも，生じてきたプロセスがある。知らず知らず当たり前になった物事が，いかにそうなってきたのか，魅力や問題がいかに語られてきたのか，問いかけてみよう。

2 対象のとらえ方とテーマの広がり

では，まず先行研究を調べよう，という姿勢はよい。ただし，落とし穴には要注意。CiNii で「エアコン」と検索しても，ほとんど技術や製品そのものについての論文が並ぶだろう。エアコンという対象と，それを通して追究するテーマの広がりは，別である。エアコンという機械と人間・社会の関係性をとらえることばを探そう。

ひとつ目のキーワードはやはり，空気だ。エアコンの技術的入門書を見れば，エア・コンディショニング（空気調和）は，「空気の温度，湿度，気流，清浄度

◁1　発明者の伝記は，インゲルス，M., 1957, 『空気調和の父』東洋キャリア工業。

◁2　文部科学省「令和4年度　公立小中学校の空調（冷房）設置率の推移グラフ」。

◁3　柳田國男, [1931] 2023, 『明治大正史 世相編』角川ソフィア文庫の「第三章　家と住心地」の昭和以降を書くならばエアコンは欠かせない。

◁4　久保允誉・久保道正編, 1991, 『家電製品にみる暮らしの戦後史』ミリオン書房。

◁5　International Energy Agency, 2018, "The Future of Cooling Opportunities for energy-efficient air conditioning" (https://www.iea.org/reports/the-future-of-cooling).

◁6　立田敏明, [1975] 2019, 『空気調和「超」入門』オーム社, p. 78。

◁7　Ackermann, Marsha,

を決められた条件範囲内に調整すること」と定義されている[6]。いいかえれば，エアコンは〈空気の人工的な制御〉のテクノロジーといえる。大雑把にいえば，論文検索でヒットする大半の先行研究は，空気は人間のために制御できるという前提に立ち，よりよい制御のための研究をしている。

それに対して歴史社会学は，そもそも人間のために空気を科学技術によって制御できる，という分厚い自明性の地層の底を掘ることもできる。たとえば，エアコンが発明された当初は，人ではなく，工業製品の品質保持のために用いられた。その普及過程については，エアコンが発明されたアメリカで蓄積された社会文化史の先行研究が細かい事実を教えてくれることにも気づくだろう[7]。

空気の文献を視野に入れると，そもそも空気を制御するという思想は，不気味な起源をもつことに気づく。哲学者スローターダイクは，個別の身体を狙う剣や銃ではなく，「空気環境を狙う大砲」としての毒ガスを念頭に，20世紀を「もはや敵の身体ではなく，その環境を標的とする」時代だと論じた[8]。エアコンも同様に，団扇や扇風機と違って，身体ではなく環境全体を冷やそうとする技術だ[9]。

さらに，空気という不可視の物質をとらえるうえでは，その容れ物となる空間もキーワードになる。エアコンは消費者からみれば家電だが，施工者からみれば建築設備だ。さて，エアコンに必要なのはどのような建築空間か。

伝統的木造家屋は，夏に涼を得るために，風通しをよくする方法を採った。縁側の夕涼みはその典型的光景だ。これに対して，エアコンは窓を閉めなければ効き目が薄れ，建物に隙間が多ければ空気が漏れて光熱費があがる。つまりエアコンの要件は，気密性の高い〈密閉空間〉だ。その典型的形態は，鉄筋コンクリート製のビルやマンションであり[10]，究極的形態は海中の潜水艦だ[11]。

技術を利用する人間の側からみれば，窓の開閉などの伝統的な暑さ対策の担い手は専業主婦だったが，共働きの増加で「効率」のためにエアコンが使われているという指摘もある[12]。生活の変化といえば，都市化や生活時間の屋内化も，エアコン普及の前提として見過ごせない[13]。

③ 歴史をつかむことばを探し，日常の見方を変える

歴史社会学に必要なのは，粘り強く資料を探し読むことに加え，対象をどのようなことばでとらえ，対象を通してどのようなテーマを探究するか，について考えつづける実践だ。ことばは，対象の意義や面白さを伝える道具でもある。

さあ，お膳立ては整えた。新聞記事や社史などの資料を集めて，あなたが卒論・修論で「エアコンの歴史社会学」を書いてみてはいかがだろう。グローバル展開する日系エアコン関連企業への就職に役立つかはさておき，何気ない日常空間の見方はがらりと変わるだろう。 (清水　亮)

2010, *Cool Comfort,* Smithsonian Books など。日本語の文献では，近森高明，2017，「エアコン」田中大介編『ネットワークシティ』北樹出版，佐藤健二，2025，「ひとと空気の歴史社会学」東京大学東アジア藝文書院編『空気はいかに「価値化」されるべきか』東京大学出版会は必読だ。

▷8　スローターダイク，P.，仲正昌樹訳，2003，『空震』御茶の水書房，pp. 10-14。

▷9　逆に「身体」に寄せれば，大気汚染とも関連した「肺の歴史」というテーマが視野に入る。藤原辰史，2022，「肺に刻まれた歴史」『歴史の屑拾い』講談社。

▷10　戸建て住宅の変化については，渡辺光雄，2002，『窓を開けなくなった日本人』農山漁村文化協会。

▷11　近森高明，2017，「エアコン」田中大介編『ネットワークシティ』北樹出版，p. 137。

▷12　澤島智明，2022，「住宅での防暑・防寒行為とその担い手」日本建築学会編『都市・建築デザインのための人間環境学』朝倉書店。

▷13　21世紀初頭のアメリカでの調査によれば平均的な成人は生活時間の86%を屋内で，6%を公共交通機関や自家用車内で過ごす (Klepeis, Neil, et al., 2001, "The National Human Activity Pattern Survey (NHAPS)," *Journal of exposure analysis and environmental epidemiology*, 11(3))。

Ⅲ 歴史社会学的想像力の諸相

24 ミュージアム
近代が生んだパブリックな歴史の場

1 歴史のなかで生み出されたミュージアム

　歴史社会学的想像力は，現存しない過去の対象に向き合うときにのみ発揮されるのではない。現在目の前にある対象を，歴史の奥行のなかでとらえなおすことも，歴史社会学的想像力の実践だ。あなたが出会った人にも歴史（生活史）があり，訪ねた場所，たとえばミュージアムにも歴史（系譜）がある。逆にいえば，私たちはつねに，現在という歴史の流れの先頭を生きている。

　現在から歴史を照らすためにまず必要なのは，先行研究が蓄積してきた知識を頭に入れることだ。まず，ミュージアムは「西洋」でつくられた「近代」的な空間である。ミュージアムの起源は，大航海時代を背景にルネサンス期ヨーロッパで流行した「驚異の部屋」とされる。これは王侯貴族や富裕な市民が，世界各地から取り寄せた雑多な珍品を陳列した部屋だった。ただし展示品は私有物であり，ごく限られた賓客にのみ披露された。歴史博物館，美術館，自然史博物館といった分類も存在しない。想像を絶する「驚異」的な珍品は，神の創造した自然の偉大さを示すともされた。いわば，私的なコレクションであって，パブリックなミュージアムではない。

　これに対して近代的ミュージアムのわかりやすい一例は，ルーブル美術館であろう。フランス革命後に王侯貴族や教会の財産を没収して，国民議会の決定のもと旧ルーブル宮で一般公開された。展示品は私有物ではなく国有財産である。つまり，国民国家が国民的想像力を涵養すべくミュージアムを生み出した。

　留意すべきは，収集品は国民国家の内側にとどまらないことだ。ナポレオンがエジプト遠征でロゼッタ・ストーンを持ち帰り展示したように，征服地の品を顕示する帝国主義的色彩も濃かった。国家の境界を越えて外側に向かう植民地主義的欲望は，万国博覧会や民族学博物館の誕生にもつながっていく。

　このようなナショナリズムとコロニアリズムの歴史を背負いながらも，多様な価値観をもつ現代社会においてミュージアムはさまざまな様相をみせる。たとえば，真理を特権的に提示する「テンプル」（神殿）ではなく，抵抗と異議申し立てがなされる「フォーラム」（広場）としてのミュージアムがめざされていく。特定の場所に建設される以上は，立地する地域社会との関係も見過ごせない。貴重な文化財や絵画といった高級文化のみならず，マンガやファッションといったポピュラー文化のミュージアムもつくられている。もはや

▷1 ミュージアムの歴史については，竹沢尚一郎，2015，「フォーラムとしてのミュージアム」竹沢尚一郎編『ミュージアムと負の記憶』東信堂，pp. 3-36，村田麻里子，2014，『思想としてのミュージアム』人文書院，ポミアン，K., 吉田城，吉田典子訳，1992，『コレクション』平凡社など。

▷2 Duncan, Cameron, 1974, "The Museum: a Temple or the Forum," Journal of World History, 4(1): pp. 189-202.

▷3 たとえば河島伸子・小林真理・土屋正臣編，2020，『新時代のミュージアム』ミネルヴァ書房，清水亮「地域からみる，観光が拡げる」蘭信三・小倉康嗣・今野日出晴編『なぜ戦争体験を継承するのか』みずき書林，pp. 310-324。

▷4 石田佐恵子・村田麻里子・山中千恵編著，2013，『ポピュラー文化ミュージアム』ミネルヴァ書房。

ミュージアムは消費社会のただなかにあって，テーマパークなどと競合するエンタメ施設だという見方もできる[5]。一方で，神社の宝物殿や個人コレクションを展示する私設博物館のような「前近代的」な形態も絶滅していない[6]。

あなたが研究対象に選ぶ個別のミュージアムはどれも唯一無二の存在だが視野を広げれば，歴史的に生み出されたミュージアムという形式を，古今東西のミュージアムと共有している。では，どのような系譜やカテゴリーに位置付けられるか。先行研究の力を借りて考えることから分析の糸口がみえたり，当たり前だと思っていたことが説明すべき謎として浮かび上がる。

❷ ミュージアムが歴史を生み出す

歴史社会学にとって興味を惹かれるのは，やはり歴史博物館だ。展示にはモノやテキストや映像を通して「歴史」が表象されている。しかし，「歴史」にはさまざまな表象の仕方の可能性があるため，つねに異論や批判が挟まれる。その応答や回避も含めて，展示はつくられリニューアルされている。だから，問いかけてみよう。「なぜ，歴史展示は他でもなく，このようになったのか」[7]。

もちろん展示があからさまに"間違っている"ことは稀だ。しかし，ある歴史的事実は展示されているのに，別の歴史的事実は展示されていないという選択は，ほぼ必然的に起きる。膨大な歴史的事実に比して，どれほど巨大なミュージアムも狭すぎるのだ。それでも事実を意図的に取捨した権力，あるいは半ば無自覚に共有され常識化している歴史観を読み取ることができる。

展示の批評から歴史社会学的な探究に進むならば，目前にある歴史展示が特定の時期につくられた過程の分析が重要だ。広島平和記念資料館が1955年に開館しリニューアルを重ねてきたように，各々の歴史博物館にも歴史がある。展示そのものが人と人，人とモノとの相互作用の過程の産物である。学芸員や，展示業者などのアクターが参与して展示を具体的に設計していく。ある展示物がミュージアムに寄贈されたり収集されるまでには郷土史家や市民団体など多くの人々の活動の連なりがある。ミュージアムはプロの歴史研究者に限らない多様な担い手が協働するパブリック・ヒストリーの場ともなる[8]。

留意すべきは，ある事実を伝えたいと思っても，縄文土器であれ，証言映像であれ，なにか資料がないと展示が難しいことだ。一方で，展示されているのは，ミュージアムが所蔵している資料のほんの一部にすぎない。収蔵庫にもたくさんの資料がある。たとえば地方自治体の歴史博物館は，地域の歴史研究のための資料や情報の宝庫である。

ミュージアムは歴史が生み出した場であると同時に，歴史を生み出す場でもある。そして，あなた自身も，さまざまな問いからミュージアムの歴史を解読し，自らミュージアムを活用して歴史記述を生み出す輪に加わることができる[9]。

（清水　亮）

▷5　古市憲寿，2013，『誰も戦争を教えてくれなかった』講談社。

▷6　一例として，清水亮「歴史実践の越境性」『戦争社会学研究』6：pp. 131-151。

▷7　事例研究の一例として，清水亮「公立戦争博物館における教育・観光の分業と兼業」『軍事史学』57（4）：pp. 57-77。

▷8　菅豊・北條勝貴，2019，『パブリック・ヒストリー入門』勉誠出版。

▷9　実際，筆者の研究も，とあるミュージアムへの訪問から始まり，支えられてきた（清水亮，2023，『「軍都」を生きる』岩波書店）。

Ⅳ　さまざまな歴史資料・データ

新聞・雑誌
出来事の「語られ方」をとらえる

 新聞・雑誌記事を歴史社会学の研究に利用する方法

　近代社会において，新聞や雑誌に代表されるマスメディアは，社会で起きた出来事を広範囲かつ迅速に伝達するメディアとして発達してきた。主として近代を対象とした歴史社会学的な研究を遂行するうえで，マスメディアの資料を活用することは，代表的な研究手法のひとつといえるだろう。◁1

　新聞や雑誌の記事を歴史社会学的な研究に利用する場合，主としてふたつの方針があるように思う。ひとつは，新聞や雑誌に書かれている情報を，過去の社会で起きた「出来事」や「事実」を確かめる目的で利用する場合である。◁2

　しかしこれまでのマスメディアに関する研究が明らかにしてきた通り，新聞や雑誌に掲載される記事の内容は，現実社会で起きた出来事をそのまま「反映」するわけではない。発行主体の編集方針，書き手の動機や問題意識，紙幅の制限，メディアを取り巻く政治状況などによって，マスメディアのテクストや図像にあらわれる「出来事」は，現実に起きた「出来事」や「事実」から意図的に取捨選択され，場合によっては「歪められて」いる場合もある。

　そのような前提をおけば，新聞や雑誌の記事を歴史社会学的な研究に利用する第二の方法として，記事にあらわれた出来事の「語られ方」や「表現のされ方」を分析するという方針が立てられる。これは通常，内容分析や言説分析と呼ばれる資料の読み方であり，記事（資料）にあらわれたテクストあるいは語句や図像の分布・傾向を読み取り，分析する研究方法である。この研究方法の場合，たとえば自分の研究テーマに関係する語句の出現頻度や共起関係を計量的な方法で分析したり，「語られ方」の変化を長期の時間軸に沿って分析したりする方法が考えられる。◁4

新聞記事の探索法

　新聞記事を探すには，いくつかの方法が考えられる。もっとも簡便な方法としては，近年整備の進んだ，新聞社などの記事検索データベースを利用する方法が考えられる。代表的なものには，『朝日新聞』の「朝日新聞クロスサーチ」，◁5『讀賣新聞』の「ヨミダス歴史館」，『毎日新聞』の「毎索」，『日本経済新聞』等の検索ができる「日経テレコン」などがある（いずれの名称も執筆時のもの）。◁6これらのデータベースでは，キーワード検索をはじめとする方法によって創刊

▷1　20世紀後半以降に影響力をもったマスメディアとしては，映画・テレビなどの映像メディアや，ラジオなどの音声メディアもある。しかし資料の保存状況やアーカイブの整備状況，通時的分析が可能な時期の長さ，引用・参照のしやすさといった点において，新聞・雑誌のように文字情報を主体とするメディアには歴史社会学的な分析に際して有利な点がある。

▷2　ここでいう「出来事」や「事実」には，社会で起きた政治的な決定や災害・事件・事故といった出来事はもちろんのこと，ある出来事をめぐる議論や論争の過程なども含まれる。

▷3　タックマンによれば，ニュースは事実の客観的記述ではなく，マスメディア組織や記者，取材対象の関係性によって作り上げられる，社会的構成物である（タックマン, G., 鶴木眞・櫻内篤子訳, 1991, 『ニュース社会学』三嶺書房）。

▷4　新聞記事の具体的な分析方法としては，以下の文献が参考になる。鳥谷昌幸, 2016, 「ディスコース分析，内容分析」藤田真文編著『メディアの卒論第2版』ミネルヴァ書房, pp. 101-129。

号から現在までの記事の見出しや本文が閲覧でき，大変便利である。しかしこうしたデータベースには，①利用するためには個人で高額な契約をするか，利用契約を結んでいる図書館に出向かなければならない，②キーワード検索に頼りすぎると関連する他の記事や同時代の出来事を見逃す可能性がある，③現在のところ対象紙が限られており（主として全国紙）地方紙に掲載された記事が見落とされる，④著作権の関係からデータベース上で読めない記事があるといった限界もある。そこでこうした限界をふまえたうえで，各時代の主要な記事を収録した『新聞集成明治編年史』などの新聞集成編年史や，各新聞社が刊行してきた新聞の「縮刷版」，地方紙の記事索引・検索サービスなどにもあたるべきであろう。◁7

③ 雑誌記事の探索法

　資料に雑誌記事を利用する場合は，新聞記事以上に，どの媒体を研究対象とするのかを慎重に検討する必要がある。雑誌は新聞以上に発行媒体数が多く，媒体によって想定される読者層も異なるので，自分の研究テーマにとって適切な対象を選定することが重要になるからである。雑誌には，大別して「学術雑誌」と「一般誌」がある。◁8 前者は学会や各種の学術団体が刊行したもので，所蔵状況は各図書館の蔵書検索システムで確認できる。また国立国会図書館の「国立国会図書館サーチ」などのサービスでは，各記事の見出し検索ができる雑誌もあるので，こうしたサービスを利用して対象記事を探し，入手可能である。◁9 これに対して後者の「一般誌」は市販目的の雑誌全般を指し，包含する対象も広いが，たとえば『週刊〇〇』『月刊〇〇』『女性〇〇』のように，一般書店で目にする週刊誌・月刊誌を指す場合が多い。これらの一般誌に掲載された記事を探す場合には，公益財団法人大宅壮一文庫の雑誌記事索引検索システムである「Web OYA-bunko」を利用するのが便利である。◁10 利用契約をしている近隣の図書館あるいは直接大宅壮一文庫に出向いて利用するとよい。

④ キーワード検索時の注意点

　新聞・雑誌の記事を収集する際，特にデータベースを活用する場合には「どのようなキーワードで検索するか」という点に注意が必要である。なぜなら歴史を遡って特定の「問題」に関する資料を探す場合は，当該の「問題」に付与されてきた名称が，時代によって変遷している可能性があるからだ。また名称が変化していない場合にも，類似あるいは関連した語句がないかについて念入りにチェックし，必要ならば複数の関連したキーワードを用いて資料を収集すべきである。こうした作業を怠ると，自分の研究にとって必要な資料を見落としたり，名称が変わったために「あるはずの資料を見落とす」ことになりかねない。

（佐藤雅浩）

▷5　ここでは日本の新聞社を例に説明しているが，イギリスの The Times Digital Archive や，オーストラリアの Trove Digitised Newspapers and Gazettes など，海外にも利用可能な新聞データベースは数多く存在する。

▷6　これらのデータベースは，現在のところ契約後にオンラインで利用するサービスが主流である。大学図書館や公共図書館のホームページには契約しているデータベース一覧が記載されている場合が多いので，そこから利用の可否が確認できる。

▷7　国立国会図書館の「リサーチ・ナビ」内にある「新聞」というページからは，国内外の新聞記事検索の方法を知ることができる（https://ndlsearch.ndl.go.jp/rnavi/newspapers：2024年9月アクセス）。

▷8　両者の区分は便宜的なもので，実際には両者の中間に位置する性質の雑誌もある。

▷9　なお，皓星社刊行の『明治・大正・昭和前期 雑誌記事索引集成』を基に作成された雑誌記事索引集成データベース「ざっさくプラス」は，戦前期の雑誌記事を検索するのに便利である。

▷10　また，同システムが電子化される以前に刊行されていた目録として『大宅壮一文庫雑誌記事索引総目録』がある。大学図書館などに所蔵されているので，1995年以前の記事を探す場合には，こちらを参照してもよい。

Ⅳ　さまざまな歴史資料・データ

 言論・言説
思考や認識をめぐる歴史資料

1　言論の時代

　言論に世界を変える力があると信じることができる時代があった。かつて啓蒙思想やマルクスの著作は新しい社会をデザインし，実際にそれが実現したのだ。世界を変えるのは，腕力やカリスマを備えた英雄ではなく，言論なのだと。

　そのような事例があったから，知識人たちは夢中で論文や書物を書き，その主張で読者を魅了しようとした。大量に生産されるようになった言論を整理・弁別するために，いつしかさまざまな「主義」が生まれ（名付けられ），世界をとらえる構図や世界を変える構想の巧拙を競いあった。それらはお互いに刺激しあい，実態以上に対立が強調されることもあった。言論は集積して言論空間をなし，時代を象った。

　もちろん，一冊で世界を変えるような書物・論文を書くことは簡単なことではない。だが一気に世界を変えずとも，それぞれの苦境を「社会問題」として申し立てたり，さまざまな利害や特性をもった人々が共生してゆくための方策を提案したりする言論活動によって，少しずつでも世界を改善できる。

　それゆえその一方で，言論は出版産業が生む商品にもなった。マーケティング的な発想により，書き手が書きたいものではなく読み手が読みたいことにあわせたものが流通するようになる。強固な「主義」は強度を下げられて「立ち位置」となり，論壇の政治のなかで書き手が言論を道具化することもあった。◁1

　そうした時代が300年くらいあったので，特定の時期の言論を分析すればその「時代」を総覧することができる。言論の分析により，数十年・百年単位の時代の把握だけでなく，特定の瞬間のスナップショットを撮ることもできる。

2　言論分析の方法

　言論分析とは，こうした前提に基づく「時代」や「社会」に対する診断の社会学的な手法である。◁2ある程度の密度をもつ知識としての言論が社会のなにか（価値観や社会意識，精神や心性）を表しているという前提を取っているという意味で，これはある種の知識社会学・社会意識論であるともいえるだろう。

　つまり，内容分析を積み重ねて言論たちのマッピングがなされれば社会が描ける，と考えられている。たくさんの読者に読まれて著名になった知識人の言論が収集され，特定の時代を表す資料となる。著名知識人に限らずとも，分析◁3

▷1　毛里裕一，2010，「論壇」北田暁大編『自由への問い4　コミュニケーション』岩波書店参照。

▷2　方法の解説として，烏谷昌幸，2016，「ディスコース分析，内容分析」藤田真文編『メディアの卒論第2版』ミネルヴァ書房。

▷3　たとえば，小熊英二，2002，『〈民主〉と〈愛国〉』新曜社。

▷4　たとえば，山本昭宏，2012，『核エネルギー言説の戦後史 1945-1960』人文書院。その解説として，野上元，2013，「書評・山本昭宏著『核エネルギー言説

者が言論空間にある規準で網を張ってゆけば，時代時代に議論された重要な
テーマにおいて社会が描けるはずだ。この方法は特に社会問題の分析に有効で
ある。言論の動向を追尾すれば，特定の状況が「問題」として形成されてゆく
プロセスを再構成できる。論者たちも学びながら提起しているのだから，分析
者が「問題」を先験的に定義してしまう弊害が避けられる。

　また，今後の展開可能性を考えればまだまだ着手されたばかりの計量テキス
ト分析は，表出された概念間の類似度判定だけでなく，いずれレトリックやロ
ジックの類似性を判定できるようになってゆくだろう。計量テキスト分析の発
達は，言論分析による社会記述の手段として歓迎すべきだといえる。

③ 反社会学としての言説分析

　もちろん，ひたすら言論の内容を分析して特定の時代や社会を記述する・で
きるという前提自体が受け入れられない人もいるかもしれない。

　メディア論は，情報伝達の技術に着目しメッセージの内容ではなくその形式
や媒介作用に焦点をあてて内容分析を回避しようとする。言論の内容をいちい
ち分析しなくとも，メディアが内容を決めていると主張するのだ。ただ人々が
なにを問題と感じ，それによってなにを考えているかは等閑視されてしまう。

　これに対しては，「言説分析」という方法が用意されている。ただ，こちら
は方法としては多少「劇薬」である。言論分析が，究極的には言論を標本とし
た社会調査になってゆくのとは違い，言説分析のターゲットは，集計によって
は表れにくい「考えること」そのものだからだ。「どう考えたか」やその割合
ではなく，「どう考えさせられているか」を考えようとする。そうするとたと
えば，「社会学」もある特定の時代に生まれたひとつの言説として扱われるこ
とになる。それが「反社会学としての言説分析」の意味するところなのである。

④ 言説分析の方法

　「考えること」にとって重要なのが道具としての「概念」だというのであれ
ば，その来歴や用法の変遷を丹念に調べる，エスノメソドロジー的な「概念分
析」もまた有効だろう。私たちの「あたりまえ」を相対化してくれるはずだ。

　言説分析をさらに「考えること」に拘わって進めれば，知覚全体を対象にし
なければならなくなり，とりわけ（言語と技術によって構成された）視覚の検討
が不可欠になってくる。言説を追いながら，「内面」の誕生や，「表情」と「感
情」を結びつける規則の歴史を追わなければならない。そんな労作もある。

　重要なのは，特定の時代の「考えること」をめぐる可能性の平面をぼんやり
と想像しながら言論をひとつずつ読みすすめ，その内容ではなく，その言論を
言論として成立させている思考の規則を点検し，自分の想像した可能性の平面
と照らし合わせてゆく，途方もない作業を諦めないことだろう。　（野上　元）

▷の戦後史 1945-1960』』『ソ
シオロジ』58(1)。

▷5　たとえば，赤川学，
2018，『社会問題の社会学』
弘文堂。

▷6　方法の解説として，
樋口耕一，2020，『社会調
査のための計量テキスト分
析第2版』ナカニシヤ出版。

▷7　メディア論と言説分
析の関係については，北田
暁大，2006，「フーコーと
マクルーハンの夢を遮断す
る」佐藤俊樹・友枝敏雄編
『言説分析の可能性』東信
堂。

▷8　本項で区別している
「言論分析」と「言説分
析」とは多くの場合，区別
されず，ともに「言説分
析」とされている。

▷9　社会学の暗黙の前提
を浮かび上がらせる反社会
学としての言説分析につい
ては，遠藤知巳，2006，
「言説分析とその困難（改
訂版）」佐藤俊樹・友枝敏
雄編『言説分析の可能性』
東信堂。

▷10　概念分析の解説とそ
の実例としては，酒井泰
斗・浦野茂・前田泰樹・中
村和生編，2009，『概念分
析の社会学』ナカニシヤ出
版。

▷11　クレーリー，J.，遠
藤知巳訳，2005，『観察者
の系譜』以文社。

▷12　遠藤知巳，2016，
『情念・感情・顔』以文社。

▷13　フーコー，M.，慎改
康之訳，2012，『知の考古
学』河出文庫。

Ⅳ　さまざまな歴史資料・データ

芸術文化の資料とは
音楽の創作，演奏，流通

　芸術文化あるいは創造物を歴史社会学的に考察しようとするときには，なにが「資料」となりうるだろうか。もちろん，過去に創作された「作品」はひとつの資料形態であるが，その周囲にも独特の資料が存在する。ここでは音楽文化の資料を挙げてみよう。

記譜法というシステム

　ヨーロッパ音楽の歴史上，注目に値するのはなによりもまず楽譜の体系である。今では世界中で当たり前のように使われる五線譜は，西洋で数百年をかけて構築されたシステムである。この楽譜の体系（記譜法）そのものが，歴史社会学的考察の資料として有用である。

　楽譜システムを資料とみなした社会学者としては，M. ウェーバーと M. アルヴァックスがいる。ウェーバーはその音楽社会学において，五線譜に至る西洋の記譜体系が西洋社会の合理化の過程と同型であることを示した。世界中のほとんどの楽譜が楽器の形態に依存する演奏指示譜であるのに対して，西洋の五線譜は音響を視覚化したもので，どんな楽器でも，その音の高さとリズムを音響化できるシステムなのである。ウェーバーの社会学的考察は，数百年かけて徐々に変化していった記譜法の過程を資料として用いた。

　作者が音楽を楽譜に書きとめ，その楽譜にしたがって演奏をするという慣習に注目して，楽譜を「集合的記憶」の集積物とみなしたのがアルヴァックスである。記憶の集団性・社会性に着目した彼は，楽譜もその一例ととらえた。楽譜の書き方・読み方は社会のルールに則っている。それは個人的なものではなく，リテラシーをもつ者ならばだれもが理解できる約束事なのである。アルヴァックスの集合的記憶の文脈では，資料としての楽譜はより細分化される。同じ五線譜でも，時代によって書き入れられる要素は大きく異なる。そのような楽譜の書かれ方もまた，資料となり得る。

　集合的記憶の集積物としての楽譜の分析は，ひとつひとつの音楽作品を対象にした考察とは異なり，より長いスパンでの構造的な特徴とその変化の検討を可能にするのである。

2 資料としての楽器

　音楽の場合は楽器もまた資料になり得る。芸術音楽の現場では，特に1990年

代以降，過去の音楽をその当時使われていた楽器で演奏して，過去の音響を再現しようという試みが広がった。いわゆる古楽器あるいはオリジナル楽器での演奏である。19世紀には楽器にも近代的改良が加えられ，以来，進化した性能のよい楽器で過去の音楽を演奏するのが習慣となっていた。そこに一石を投じたのが1990年代に起きたオリジナル楽器演奏の流行であった。

この現象は，演奏の現場と音楽史の学術的な研究が協同した初めての例でもある。研究成果が現場のコンサートに採用され，その音響実践がまた研究に新たな知見をもたらしたのである。楽譜や文書資料にとどまらない，楽器のような資料は，単なる情報源として存在するのではなく，現在の聴衆にとっては純粋な鑑賞対象としても存在しうる。

③ さまざまなデータ

記譜法も古楽器も，比較的長いタイムスパンの歴史を分析するための資料になりうるが，数年から数十年の単位での分析対象になる資料も多様に存在する。

○作曲者（作者）の周辺

創作に関わる作者の事情を探る資料は比較的容易にイメージできるだろう。作者の生涯に関わる情報，手紙や書簡などは芸術諸学でも歴史学でも真っ先に考慮される一次資料である。作者の人物像と創作活動を探究するための資料としては，その他にも創作の委嘱や報酬に関する文書などがある。これらの資料は，歴史社会学的には，個人の創作意欲というよりもむしろ，社会的存在としての芸術家を探究するための材料になる。[1]

創作に関わる資料は他にもある。音楽でいえば，演奏会場がどのような場所かということも重要な情報源である。会場によって演奏されるジャンルは異なり，それはまたジャンルや会場の社会的な価値，つまり「格」の問題にもつながる。[2]

○作品の流通とジャンルの定着

19世紀になれば，商品としての芸術は口コミだけではなく，マスメディアの回路を通じて流通する。この段階で有用な資料となるのは，各種の新聞・雑誌のジャーナリズム批評などの言論活動である。批評は実際には啓蒙であったが，知識人たちが言論活動に勤しんだ背景にはやはり社会構造の変化がある。芸術をめぐる価値観をまだ共有できない段階でこそ，批評活動は意味をもち得た。

単なる宣伝媒体もまた歴史的な情報源となるし，音楽の流布という点では，楽譜出版情報も欠かせない。[3] 19世紀の楽譜売り上げは後世のレコードやCDのそれに相当する。楽譜の形態，販売場所，ジャンル，楽器編成など，楽譜の出版流通形態を示す資料もまた，歴史社会学的に重要な機能を果たすのである。

（宮本直美）

▷1　たとえばモーツァルト父子の往復書簡はあまりにも有名だが，特に父親からの指導では当時の音楽家たちが貴族社会のなかでどのように振る舞うことを望まれていたかがわかる。

▷2　19世紀のパリにおいては，ナポレオンが劇場整理を行った結果，オペラ劇場が厳選されたうえに上演できる演目にも条件を設け，劇場ごとに序列を敷いた。さらに近年では19世紀当時の会場ごとの全演奏プログラムがデータベース化されている。

▷3　たとえば音楽会や演劇のポスターがその例である。ポスターは単なる文字情報ではなく，文字の大きさやレイアウトを読み取れるビジュアル情報である。当時のポスターには作曲家名よりも歌手名が大々的に記されたことからは，観客の興味の対象が歌手であったということがうかがえる。

（参考文献）

ウェーバー，M., 安藤英治・池宮英才・角倉一朗訳，1967，『音楽社会学（経済と社会）』創文社。

アルヴァックス，M., 小関藤一郎訳，1989，「集合的記憶と音楽家」『集合的記憶』付録，行路社，pp. 208-248。

Ⅳ　さまざまな歴史資料・データ

4 映像・映画
歴史／社会を映す鏡

1　社会学者は映画が好き？

かつて映画研究といえば大御所たちが睨みをきかせ，単に「映画好き」というくらいでは簡単に手を出すことができないような分野だった。もう少しいえば，映画研究は文学という学問に範を採っていて，ちょうど文学研究がベストセラー小説やライトノベルをめったに扱わないのと同じように，ちょっと気の利いた切り口でも見つからない限り，大衆娯楽作品を扱わないのだった。

社会学ではもう少し肩の力が抜けていて（それは専門性の高い隣接分野に緩やかに侵入してゆくこの学問のよいところなのだろう），特に近年では映画は，ドキュメンタリーも含め，ごく普通の社会学の資料として授業や研究の題材に使われている。社会学が，高尚な作品に表れるような難解な思想ではなく，一般庶民の思想や生活に関心を注ぐ学問でもあるからだろう。特に，マスメディアとしての映画，なかでもその娯楽性に基づく一般社会への訴求力は重要である。

それはよいにしても，そもそもなぜ社会学は映画を好むのだろう。そして，研究資料や教材として使用できるのはなぜだろう。

2　映画監督は社会学が好き？

それは，映画監督が社会学に興味があるからである。社会学そのものというより社会問題というべきかもしれない。そう仮定して映画を見始めると，監督が作品の準備にあたって社会学の一般書，あるいは社会問題をめぐるルポルタージュをたくさん読みこんでいるのではないかという例がいくつも目に入る。

そもそも映画とは，本当に忙しい娯楽である。多くの場合，たった2時間で人物を説明し，好意・関心を抱かせ，彼・彼女をめぐるドラマを理解しなければならない。限られた時間のなかで，架空だがどこかほんとうな世界や人物たちを造り，さらに物語に起伏をあたえ観客に納得の行く結末を示さなければならないのである。その結果として，観客は，数時間前には名前すら知らなかったような人物に共感し，その生き様に深い影響すら受けて映画館を出る。

観客を引き込み飽きさせないようにしつつ効率のよい説明を施すというエコノミーは重要だ。だいたいの場合，映画の最初の20分の描写や台詞は世界観の提示，主要人物の説明に費やされるが，それはたとえばカーチェイスの車内で状況を早口で語らせたり，親友の葬式でのモノローグになっていたりする。

▷1　例外として，「小説形式の系譜学」という見地から「読むこと」におけるライトノベルの小説性を分析した遠藤知巳，2010,「ライトノベル」遠藤知巳編『フラット・カルチャー』せりか書房所収を参照。

▷2　たとえば西村大志・松浦雄介編，2016,『映画は社会学する』法律文化社，好井裕明，2024,『原爆映画の社会学』新曜社など。

▷3　興味がある人は，スナイダー, B., 菊池淳子訳,2010,『SAVE THE CATの法則』フィルムアート社，富野由悠季，2024,『映像の原則　改訂二版』キネマ旬報社などの脚本術，作劇術を参照。

もっとも効率がよいのが,「社会問題の設定」である。これを示すことにより,ドラマを予感させるリアリティのある世界を一気に構築し,人物の行動に説得力をもたせ,感情移入を可能にする。なにげない日常を日常として描きつつ観客を映画に没入させるのには相当な技量が必要になるけれども,そこになんらかの社会問題が設定されていれば,ドラマの進行が安定して登場人物の行動原理は理解しやすくなるし,共感や感情移入が容易になる。映画監督は社会学／社会問題を手がかりに,作品の中に「社会」を創るのである。社会をめぐる思考実験の実行者として無視できない。

③ 映画社会学の方向性

そうすると,映画を扱う社会学者は,自分の研究の映像化を観ていることになる,と書いたらいい過ぎだろうか。とはいえ,社会学者がそのテーマや社会問題を映画に見出すことがそもそも起こりやすくなっているという循環構造については,社会学者は自覚的になっておくべきだろう。

映画監督を社会運動家・思想家のように扱い,作品をその表れとしてみてもよいかもしれないが,それだけに還元できない。映画監督は社会運動のために映画を作るのではなく,映画を作るために社会運動に言及するのである。そこを忘れると,映画「の」社会学を進める旨味が削がれ,作品のなかの「社会」と作品をめぐる「社会」の重なりとズレという社会学者が見るべき視点が消えてしまう。

もちろんそれを避けるために,(かつて文学に対してそうであったように)メディア論の視点によるずらし,つまり任意の作品の内容ではなく,その制作環境や流通や受容に注目すること,つまり映画をめぐる社会学的研究も可能だろう。たとえば映画館[4],映画産業やファン・コミュニティに注目することや,批評サイトの社会意識論的なテキスト分析もできる。そのそれぞれが本書の提示する多様な歴史社会学的な主題や方法に開かれているはずだ[6]。

④ 集合的記憶の基幹・その基礎単位としての映像・映画

もう少し構図を大きく取り,それらの核心である「映像」という水準について考えてもよいだろう。社会との循環構造をもつ映画は,私たちそれぞれの快楽や真実性への要求とともにあることによって産み出され[7],合理性ともあいまって「社会」という想像力やそれへの信憑を成立させている。

映像の歴史は100年を超えたところだが,今後も引き続き映像は,私たちの集合的記憶の基幹装置として私たちの社会を規定していくはずだろう。映画はその基礎単位のひとつだ。「声の文化／文字の文化」のうえに「活字の文化」が加わって近現代史があるのだとしても,近年における映像記録の身体化は,「声の文化の回帰」に留まらない歴史認識のありかたの変化を予感させる[8]。(野上 元)

▷4 たとえば近藤和都,2020,『映画館と観客のメディア論』青弓社。

▷5 たとえば谷川建司編,2020,『映画産業史の転換点』森話社。

▷6 長谷正人編,2016,『映像文化の社会学』有斐閣。

▷7 長谷正人,2000,『映像の神秘と快楽』以文社。

▷8 デーヴィス,N. Z.,中條献訳,2007,『歴史叙述としての映画』岩波書店。

Ⅳ　さまざまな歴史資料・データ

5　広告・CM
時代の価値観を映し出すテクスト

1　社会のなかの広告

　広告 (advertisement) とは，企業や団体などが，自分たちが作った商品や自分自身に関する情報を伝達するために，文字・音声・画像・動画などを組み合わせて制作したコンテンツのことである。近年はウェブページの余白，SNSのタイムライン，動画共有サービスの再生中などによく広告が出現するが，伝統的には新聞，雑誌，ラジオ，テレビというマスメディアに出されてきた。テレビとラジオに出す広告は CM (Commercial Message) と呼ぶこともある。そのほか，屋外・屋内に設置された看板やポスターも代表的な広告である。

　歴史社会学で広告を扱うときは，広告が社会で果たしてきた役割（社会のなかの広告）に注目する方法と，広告表現にあわられた当時の社会のありよう（広告のなかの社会）に注目する方法とがある。前者は広告「の」歴史社会学，後者は広告「を用いた」歴史社会学といえるだろう。

　広告「の」歴史社会学では，広告が都市空間やメディアでどのように存在してきたか，広告制作者たちがどのような思想や技術を開発してきたか，メディアの受け手や消費者が広告をどのように受容してきたか，といった切り口がよくみられる。たとえば北田暁大は，明治から昭和初期にかけて日本で広告が定着していく過程を分析した際，新聞・雑誌や駅の構内などに広告専用のスペースが作られる段階，よい広告とはなにかという理論が制作者によって作られる段階，そうした段階を経て生み出された「広告的なもの」が，都市空間やメディアのあらゆる場所に遍在していく段階の3つに分けて広告の誕生を論じた。◁1

▷1　北田暁大，[2000] 2008，『広告の誕生』岩波現代文庫。

　また，加島卓と竹内幸絵は，広告制作者であるグラフィックデザイナーという職業がどのように成立して独自の組織と理論を確立し，時代に応じてどのように変化したのかを考察している。◁2 いずれの研究でも，生産者意識を跡づけるにあたり当時の業界新聞や業界誌，ハウツー本（よい広告のコツが書かれた本）などを資料として用いている。

▷2　加島卓, 2014, 『〈広告制作者〉の歴史社会学』せりか書房。竹内幸絵, 2011, 『近代広告の誕生』青土社。

2　広告のなかの社会

　広告「を用いた」歴史社会学では，個々の広告作品の内容を分析して，その時代に共有されていた価値観や考え方を読み解いていく。広告は，短い文章や短い映像で確実にメッセージを届けるためにできるだけわかりやすく作られて

いるので，作られた時代の典型的な価値観や考え方を反映しやすい。

　高野光平は，1950年代の缶詰のテレビ CM に外車やドレスを着た女の子が登場することに注目し，缶詰に高級品のイメージがあったと分析している[3]。こうした読み解きには異なる時代を比較すると効果が高い。たとえば現在は洗濯用洗剤と台所用洗剤の広告に男性がよく登場するが，平成中期まではほぼ女性（専業主婦）しか登場しなかった。家事労働は女性がするという当時の最大公約数的な考え方が，わかりやすく広告にあらわれているからである。

　女性が家事に専従していた割合を示す客観的なデータとは別に，それがどれだけ「当たり前」と思われていたのかという社会意識のありようが歴史社会学では重要で，そこで広告が役に立つ。制作者が洗剤の広告にふさわしいのは女性だと考え，その提案が企画会議を通って広告が制作され流通した事実から，広告に結実したイメージが受け入れられる社会があったとわかるのだ。ひとつの広告だけで言い切るのは心もとないが，複数の広告に同じ傾向が見られるならば，その傾向から当時の社会意識へと視野が広がる。広告にはジェンダー観，家族観，若者観，外国イメージ，都市イメージなどが頻繁にあらわれるので，それらイメージの歴史的な変遷をとらえるには非常に有用だ。

> 3　高野光平, 2019,『発掘！歴史に埋もれたテレビ CM』光文社新書。

❸　広告資料の保存と公開

　研究のために昔の広告を見たいと思ったら，いくつかの方法がある。首都圏在住者であれば東京・汐留にある「アドミュージアム東京」をぜひ訪れたい。同館は日本最大の広告博物館で，デジタル化したポスター，新聞広告，雑誌広告，テレビ CM，ラジオ CM など20万点以上の資料をライブラリーで閲覧できる。

　文献資料では，ADC 賞，ACC 賞，広告電通賞などさまざまな広告賞の年鑑が役に立つが，高い評価を受けた広告作品しか載っていないところでは偏っている。受賞作に限らず幅広く広告を見たいなら，新聞広告は図書館にある新聞の縮刷版や企業名や商品名で広告を検索できるデジタルデータベースを，雑誌広告は図書館や古書店にある雑誌の現物に根気よくあたるしかない。

　テレビ CM は，公式・非公式を問わず YouTube や各種 SNS にかなりの数がアップロードされていて，昔のものを目にしたという人も多いだろう。非公式の古い CM 映像は，一般視聴者がビデオデッキやハードディスク録画機を用いて録画した映像を，本人または映像を入手した第三者がインターネット上にアップロードしたものである。一般家庭にビデオデッキが普及するのは1970年代後半からだから，それ以前のテレビ CM はほとんど含まれていない。

　非公式の映像はおそらく権利者の許諾を取っていないが，多くの場合，権利者が黙認している。これを著作物の「寛容的利用」と呼ぶ。公式の CM アーカイブも小規模ながら存在するが[4]，視聴者の手による非公式保存の果たす役割が大きい点にテレビ CM 資料の特徴がある。　　　　　　　　（高野光平）

> 4　たとえば立命館大学アート・リサーチセンターが管理する「20世紀のテレビ CM データベース」は，1950-90年代に制作された約1万5000本のテレビ CM を所蔵する。なお，このデータベースは研究・教育目的での閲覧に限定されており一般公開はされていない（2024年11月現在）。

Ⅳ　さまざまな歴史資料・データ

6 インタビュー調査
声の背景を聞く・声なき声を聞く

1　声をデータ化する

　声を記録し社会学のデータとすることに大きな影響を与えたのは，磁気テープによるテープレコーダーの登場であろう．特に，オープンリール式だったテープをカートリッジ化したコンパクトカセットの利用の一般的な拡大は，社会学におけるインタビュー調査に大きな影響を与えたと考えられる．ライフヒストリーという調査方法が成立する大きな契機となったともいえるだろう．

　テープレコーダーは，その場の音声を全体的に録音する．質問と答えという調査の時の声のやり取りだけではなく，背景の雑音までも記録している．たとえば，インタビューを行った喫茶店のほかの人々の雑談や，対象者の自宅の上を飛行する軍用機の音のような．つまりテープレコーダーの録音は，そのとき一回限りの社会調査の現場そのものを音声として記録し，再現するものである．

2　録音されたデータを資料とする

　さてこのような音声の記録は，次のようなふたつの可能性を，歴史社会学として可能にするものだったと考えられる．要約的に述べるならば，そのひとつは，私と異なる他者の意味世界との出会いの可能性，もうひとつは，そのときその場限りの調査現場の歴史社会学的考察の可能性である．

　まずひとつには，そのような録音は，調査者の質問の仕方を反省することを可能にするばかりでなく，データ化された声を聴きなおすなかで，被調査者の回答に，当時は気がつかなかった意味を見出すことを可能にする．換言すれば，調査者の当初の意図を超えた，被調査者の意味世界について考察し，発見することが可能となるのである．つまり音声をデータ化することは，何度もテープを聞きなおすなかで，反省的な考察をくりかえしながら，他者の声によって構築された自らとは異なる意味世界，いわば異文化を見出すことのできる資料をつくりだすことなのである．

　ところでそのような可能性は，現代日本においてテープレコーダーが記録した音声が，オングのいう「二次的な声の文化」であることによって生み出されたと考えられる．私たちの社会はすでに文字の文化を前提としていて，とりわけ社会調査とは，調査者の設計に基づいて調査の現場を作り出しているという意識が調査者の中にある．したがって，調査の当初の仮説やインタビューの目

▷1　オング，W. J., 桜井直文・林正寛・糟谷啓介訳，1991,『声の文化と文字の文化』藤原書店．

的が，調査現場の調査者の意識を占め，対話の相手がそうした目的や文脈にそぐわない意味構造を表現していても，なかなか対話の最中に気づきにくいということがあるだろう。

筆者の次のような調査体験は，その一例といえるだろうか。筆者が，東京都のある寺院の檀家のひとりの当主に，家の先祖祭りについてインタビュー調査を行ったときのことである。相手は最初，自宅よりもどこか駅近くの喫茶店のようなところで，と提案してきたが，筆者はご迷惑でなければご自宅で，とお願いした。実際に家の仏壇などを見たかったからであるが，後からテープを聞きなおしてみて，なぜ対象者が自宅以外を提案したか気がついた。聞き取りの現場に，しばしば同居する長男の妻がお茶などを運んできて少し話していくのであるが，対象者はそのたびに，話題を先祖祭祀から逸らすのである。つまり，対象者は家や墓の跡継ぎの問題などについて，こうした家人の前で話すことに慎重になっていたと考えられるのである[2]。

テープレコーダーの録音が与えたもうひとつの可能性は，そのときの社会調査の現場を歴史社会学的に考察しなおすための資料となる，という点である。社会調査の現場は，そのとき一回限りの他者との出会いであり，そのような出会いの現場を歴史社会学的に考察することは，背景となった調査現場の雑音を聞き取るなかで，可能となる場合があると思われる。どんな現場で，どのような状況で，どのような人々と，どのような雰囲気で，などである。さらにはそうした社会調査が行われた現場が，どのようなコンテキストにおいて成立していたのか，換言すればそこに現出していた語りの場の構造を考察する手掛かりが，録音の音声に見出されるかもしれない。そうした語りの場のあり方は，とりわけそれが私たちが当然のものととらえている，一対一の対面における近代的な個人の語りと異なるものであった場合，インタビューの最中には気づかれにくいものである。筆者がこのような異質な語りの構造に出会った体験を述べよう。

筆者がこうした体験をしたのは，豊田市の近郊農村の同族先祖の祭祀儀礼についてインタビュー調査を行ったときである。対象者の家に行くと，幼馴染というふたりが一緒にいて，同族ではないのにもかかわらず，対象者の同族祭祀の儀礼のこまごまとした出来事について，互いに記憶を確かめあい，または訂正しあいながら語ってくれたのである。対象者はそのふたりとほとんど毎日行き来しており，自分ひとりよりも確かだから，と述べた。筆者はそのような体験の中で，先祖祭祀という儀礼が，このような共同体社会においては，私的な家の儀礼というよりは共有された規範的な振る舞いとして保持されていることに気づいたのである。

このことは筆者にとって新しい発見だった。じつのところ，都市寺院の檀家の当主が跡継ぎについて述べる場合と，農村の同族団の家の当主の言葉と，こ

▷2 中筋由紀子，2002，「都市化社会における個人化された語り」『日本都市社会学会年報』20：pp. 159-174。

とばだけ聞く場合，ほとんど同じような規範意識が語られていたことに筆者は戸惑っていた。にもかかわらず都市寺院の檀家層には，時に散骨を希望するなど異質な意識が見出されたのである。先祖祭祀をつづけていくことへの規範意識の類似と，そのような自らの死後への意識の違いは，どのように生み出されるのか。筆者は，テープを聞きなおすなかで，その答えとなると思われるものを，語りの場の構造に見出した。すなわち，先祖祭祀が，共同体的な語りの場のなかに位置づけられ，お互いにその規範を確かめ合い，認め合っている場合と，そのような語りの場が日常生活から消失し，先祖祭祀が個々の家の個別な問題となっている場合との違いである。[3]

このような共同体特有の語りの構造については，宮本常一が『忘れられた日本人』において描写していたが，私たちのような調査者は，このような個人の語りとは違った語りの構造の場に自分が置かれていたことに，しばしばその場では気づかない。しかしどのように語られているかは，じつはなにを語っているかよりも，社会学的には重要な手掛かりとなるのだと，この調査体験は私に教えてくれたと思う。

③ ライフヒストリー：声なき声の記録

以上は一般的な，声を資料とする歴史社会学的研究についての話であるが，以下では特に，ライフヒストリーと呼ばれる声を資料とした研究について述べたいと思う。というのも，中野卓が始めたライフヒストリー研究は，声を社会学の資料とすることにおいて，特別な意図をもって行ったと考えられるからである。[4]

中野卓が『口述の生活史——ある女の愛と呪いの日本近代』にまとめられた最初のライフヒストリー研究を始めたきっかけは，福武直らの岡山県倉敷市の水島石油化学コンビナート工業地帯における調査に参加し，それへの反発に端を発したものだったという。福武直の戦後の一連の農村社会の実証的研究は，戦後日本の資本主義の発達のなかでの農村社会の変容を，構造分析と社会意識調査によって明らかにしようというものであった。福武が述べる構造分析は，従来の農村社会構造を，古老などを中心とした伝統的な地位構造に沿って聞き取るのに対して，意識調査は，標準化された質問紙の対象として平等に人々を取り扱うものであった。当時は農村における質問紙調査とは，社会関係のなかで抑圧されている個々人の意識を平等に取り上げること自体に，個人の内面の解放や民主化という意味がある作業であったといえるだろう。

中野卓はこの調査にメンバーとして参加しながら，それと別に調査対象者のひとりであった「奥のオバアサン」と呼ばれていた女性に継続的に面談し，その語りをライフヒストリーとしてまとめた。彼はこうした調査を行ったことについて，質問紙による標準化された調査対象の平等さではとらえきれない，

▷3　中筋由紀子，2006，「フィールドにおける二つの語り」『国立歴史民族博物館研究報告第132集』，pp. 121-132。

▷4　中野卓，1977，『口述の生活史』御茶の水書房。オング，W. J.，桜井直文・林正寛・糟谷啓介訳，1991，『声の文化と文字の文化』藤原書店。

「ひとりひとりの生き抜いてきた生活の歴史」とその関わりに基づく「人間の世界ぜんたい」をとらえたかったと述べる。すなわち，中野は，質問紙調査ではとらえられない，ひとりひとり異なる個性をもった存在である個人をとらえたかったと考えられるのである。

　　録音テープは，私が，彼女自身の捉えた主体的な世界とその歴史を，厳密にいえば，それを現在の彼女がどのようにとらえているかを，客観的に記録してくれるのに大きく役立ちました。[5]

▷5　中野卓，1977，『口述の生活史』御茶の水書房，p.5。

　ここで中野が「主体的」と述べていること，また彼が『口述の生活史』のなかで相手の語りを記述することを重視したことに着目したい。中野にとってインタビュー調査に基づくライフヒストリーという方法は，質問項目によって断片化され属性によって分類・数値化された対象ではなく，彼が関心をもち感動を覚えた語り手の，その比類ない個性をとらえようとする試みだったといえるだろう。佐藤健二はこれを「個人というフィールドの自覚化」と述べている。
　ただし佐藤が指摘するように，中野のライフヒストリー・インタビューの方法論的戦略や意義が，当時の社会状況に規定されていたことは，押さえておかなければならない点である。すなわち，中野の「生活史」は，調査対象となった人々が，自らひとりで自伝などの記録を完成しがたい，W. オングのことばを用いるならば「声の文化」に半ばまだ帰属するような人々であり，そうした人々の「声なき声」を見出し，記録するという点で，革新的だったのである。

④ 対話とインタビュー

　では，オングのいう「二次的な声の文化」の中に生き，SNS の発達の中で広くだれにでも発信可能な社会に生きる現代の私たちにとって，インタビュー調査とはどのようなものとなっていくのだろうか。いいかえれば，自発的に世界に向けて発信する能力も場所も広く共有された現代において，あえて出かけて行って対面し，話を聞くことの意味はまだあるだろうか。あるならばそれはどのようなものだろうか。その問いに論者にはまだ答えといえるものをもっているとはいえないが，桜井厚の「対話的構築主義」ということばをヒントとして考えるならば，その可能性は調査を成り立たせるコミュニケーションにあると考えられる。すなわち他者の反応を引き出すためや，他者の共感を得るためではない，自己の世界観を相対化するような異質な他者との対話として調査が可能ならば，そこにはまだ革新的な調査の可能性が見出せるのではないだろうか。

▷6　佐藤健二，1995，「ライフヒストリー研究の位相」中野卓・桜井厚編『ライフヒストリーの社会学』弘文堂。

（中筋由紀子）

Ⅳ　さまざまな歴史資料・データ

組織文書
組織の自意識と社会認識

 組織文書とは

　組織文書とは，さまざまな組織によって作成・保存された文書を指す。行政が残した文書であれば公文書あるいは行政文書とも呼ばれる。

　近代における合理的組織の本質は，その構成員にではなく，文書にあるとされることがある。ウェーバーも次のように言っている。「近代的な職務執行は，原案または草案という形で保存される書類（文書）に基づいて行われ，その任にあたるものは，あらゆる種類の下僚や書記からなる幹部である。官庁に勤務する官吏の総体は，それに対応する物財や文書の設備とともに，「役所」（これは私経営ではしばしば「事務所」と名づけられる）を形作る」。

　組織で下される決定・処分・指令などはすべて文書によって確定される。組織を構成するそれぞれのメンバーは，組織のなかで限られた権限・責任しかもたないが，逆にいえば，彼らは文書化された規約や文書が記録として保証してくれる客観性や永続性に依拠しながら目の前の職務に集中できる。その結果，カリスマ指導者や伝統・慣習の力にしたがうことなく，多くの人員を抱え多数の部局をもった組織がそれぞれで整然と分業をこなし，結果として巨大なパフォーマンスを得られる。

　決定や処分や指令などを示した指示文書だけでなく，他の組織と約束したことや社会に向けて公表したことの控えとなる文書（契約書・対外文書）や，逆に内部だけで共有される意思決定のプロセスに関わる議事録をはじめとするさまざまな記録，職務執行のためのマニュアル・手順書なども組織文書だといえる。組織全体の活動の現状を把握し上下と横の共通理解を得るために，それぞれの部署の活動を要領よくまとめ，上司に提出したり他部署と共有したりする内部報告書もまた，重要な組織文書だといえよう。

　血管を流れる血液，あるいは神経を走る信号として組織における文書を見立てたとき，当該の組織がひとつの有機体のようにみえてくる。

 組織文書と歴史社会学

　それゆえもし文書が適切に保存されており，研究者がそれを自由に閲覧することができるのであれば，それらの資料は形式が整っており，つまり整理番号と日付が入っていて発行主体や宛先あるいは閲覧範囲も記載されているので，

▷1　ウェーバー，M., 阿閉吉男・脇圭平訳，1987，『官僚制』恒星社厚生閣（『経済と社会』第2部第9章『支配の社会学』を訳出して一冊としたもの）。

▷2　もちろん文書主義は手続きの煩雑を生み，文書に書かれていないことはやらなくてよくなってしまうなど，その形式主義が官僚制の逆機能として現れることもある。

▷3　ただし日本の官僚制における公文書保存に問題を限定していえば，確定した決定を記録する文書にのみ価値があるとされ，決定を下すまでのプロセスを記録した文書が残りにくいということがあるという。新藤宗幸，2019，『官僚制と公文書』ちくま新書参照。

これを追跡してゆけば官庁や私企業，その他の組織の活動をかなり詳細にみることができるだろう。歴史社会学のなかでも，政策の決定や実施をめぐるプロセスを再現しようとする政治史・政治過程論的な研究は，すべて公文書館にこもることで進む研究である。テーマが社会的に重要な政策に関わるのであれば，膨大な組織文書の分析による政策の計画・調整・実施プロセスの再現と検証は，手堅い歴史社会学的な研究になることだろう。[4]

あるいは文化社会学・文化研究的なテーマにおいても組織文書の利用が求められる場合がある。たとえば文学作品（群）を成立させている文学場を厚い記述で再構成しなければならないというとき，その磁場に大きな力を与えている組織の詳細な記述や活動の実態分析は不可欠となる。[5]

また，なんらかのかたちで「社会」と関わる活動をする組織もあり，[6]その組織のもつ社会認識やその組織が行った社会調査の研究が社会学に重要なテーマとなることがある。その際には，その組織自体の歴史的性格を検討しつつその組織が残した文書や記録を分析すればよい。[7]

さらにまた，任意の組織についてイメージ研究は，その組織の表象分析によって可能だろうが，社会の一構成員としてのエージェンシーを認める度合いを高めれば，それだけでは物足りなくなってくる。社会に対する自己呈示や自己認識，組織の「自我」のありようも研究できるだろう。[8]そのときには，その組織が外部に提示した資料だけでなく，組織の内部資料も含めて分析する必要が出てくる。

③ 文書・文書館の歴史社会学

ここまで，歴史社会学の研究資料利用の多くを占めているようにみえる，マスメディア産出の資料に比して見落とされがちな組織文書の歴史社会学的可能性を示してきた。もちろん，政治史的・社会政策史的・組織社会学的な研究テーマによるアプローチがこうした組織文書の参照を不可欠としているのは当然ことだ。ここで言いたかったのは，組織文書の利用可能性は意外と幅広く，たとえば文化社会学・メディア文化論的な歴史社会学研究においても，ここへのアプローチが不可欠となる場合があるということである。

さらにいえば，組織文書を収める文書館・公文書館自体が歴史社会学的な考察の対象となることもある。その試みはなによりも公共性や民主主義の根幹に関わるが，[9]それだけではない。なにを「資料」（後世の検証や探究にとって価値あるもの）として選別・収集するのかは，社会に流布する「社会」に関する規準の自己言及的な投影であるし，その一方で文書館は，爾後の私たちの歴史的・社会的な想像力を方向づける強力な「装置」（あるいはメディア）なのである。[10]

もちろんその方向付けを誤用によって自在に裏切ることもできる。それこそが私たちの求めている歴史社会学的な想像力なのだろう。　　　　　（野上　元）

▷4　たとえば浜井和史，2021，『戦没者遺骨収集と戦後日本』吉川弘文館。

▷5　たとえば金志映，2019，『日本文学の〈戦後〉と変奏される〈アメリカ〉』ミネルヴァ書房は，ロックフェラー財団の文書館に赴き，戦後日本文学における「アメリカの影」を実証的に探る。これはかつてロックフェラーの創作フェローだった江藤淳がワシントンDCやメリーランド大学でCIE（連合軍司令部民間情報教育局）やCCD（民間検閲支隊）の関連文書を調査したことに倣っており，江藤の遺した宿題に応えた研究だといえる。

▷6　たとえば副田義也編，2010，『内務省の歴史社会学』東京大学出版会など。

▷7　たとえば憲兵隊の流言蜚語収集をある種の社会調査とみなした探究である佐藤健二，1995，『流言蜚語』有信堂高文社。

▷8　たとえば河炅珍，2017，『パブリック・リレーションズの歴史社会学』岩波書店参照。

▷9　瀬畑源，2019，『公文書管理と民主主義』岩波ブックレットを参照。

▷10　葛山泰央，2022，「文書館の政治学」赤川学・祐成保志編『社会の解読力〈歴史編〉』新曜社。

Ⅳ　さまざまな歴史資料・データ

8 地図
空間を重視する歴史社会学

▷1　空間的なものとして表わされた「社会」の表象としての地図をめぐる歴史社会学的探究として若林幹夫，2009，『増補 地図の想像力』河出文庫。

▷2　野上元，2005，「あさま山荘事件と『戦争』の変容」北田暁大・野上元・水溜真由美編『カルチュラル・ポリティクス』せりか書房。

▷3　植垣康博，2001，『兵士たちの連合赤軍（新装版）』彩流社など。

1　歴史社会学的想像力と地図

　歴史社会学に取り組んで過去に思いをはせるとき，どんな作業が有効だろうか。ひとつ提案したいのは，地図を用いることである◁1。資料に書かれている文章がどうしてもわからないとき，というより内容としてはわかっても意味がどうしてもわからないとき，地図が理解を助けてくれることがあるかもしれない。

2　70年安保闘争の「終わり」を地図でみる

　ひとつ例を挙げよう。1972年2月の「あさま山荘事件」についての論文を書◁2こうとして，連合赤軍のメンバーで一連の事件に関わった人々の手記を資料と◁3して読んでいたときの経験である。
　「あさま山荘」は浅間山にはないという当然の事実も，恥ずかしながら手記に教えられた。山荘の名前は，浅間山がそこからよく見えることから（それを売りにするために）付けられたものであった。場所としては，別荘地で有名な軽井沢の南の外れにある。だが，なぜそこに彼らは立てこもったのだろうか。
　地図を見るとそれがよくわかる。彼らは立てこもる直前まで群馬県の妙義山のアジト，さらにその直前には榛名山にいた。それらの山の裾野が終わるとすぐにあるのが関東平野北端の前橋市や高崎市なのである。つまり彼らは，都市空間でゲリラ活動を行うための山岳拠点・訓練基地を，関東平野の縁にある山々に作っていたことになる。彼らも手記にそう書いているが，その位置関係は地図を見ればより明らかになる。警察の捜索の手が伸び，彼らが妙義山のアジトを捨てることになったとき，選択されたのは長野県の佐久市への脱出だった。地図を片手に読まなければ，この行動のすさまじさはわからない。
　佐久市は千曲川（新潟県では信濃川）沿いの盆地にあり，川の水は日本海に流れ出る。つまり少し大げさにいえば，このとき彼らは太平洋側から日本海側に脱出しようとしたことになる。その途中で拓けた土地を発見し，ここを目的地の佐久市と勘違いし，ふらふらと歩いているうちに警察に発見され，山荘地帯に逃げ込んであさま山荘に立てこもりを始める。
　「拓けた土地」は，佐久ではなく軽井沢の郊外だったのである。といっても，戦前からある旧軽井沢（軽井沢駅の北側）ではなく，駅の南側一帯に広がる北向きの斜面のほうである。ちょうどその一帯は当時，西武系資本による開発が進

んでいた。[4]

なによりも，同志を多数殺害していたとはいえ組織は崩壊せず，さらに2月という時期に雪山を突進しようとする彼らのバイタリティが際だつ。そして彼らの目の前に突然現れた，こぎれいな分譲別荘地をどう見たであろうかという想像も膨らむ。1970年安保闘争をさらに過激化して継続してゆこうとした彼らが，この時期のもうひとつの大きな波である消費社会化の象徴のひとつともいえる開発中の別荘地に引っかかってしまったことは印象的だ。彼らの手記を読む作業のなかで用いた地図は，彼らの歴史的・社会的な位置づけに関する深い「実感」をもたらしてくれた。その分，自信をもって歴史が書けたのである。

Google マップを航空写真のモードにしてこの地域をみれば，妙義山と佐久市を結ぶ線上に，南軽井沢の別荘地やゴルフ場が北から舌のように伸びていることがわかるはずだ。その南端に「あさま山荘」はある。

❸ 「今昔地図」で歴史社会学する

「今昔マップ on the web」[5]というサービスがある。サイトを訪れて地域を選択すると，Google マップと古地図のふたつのウィンドウが開く。両地図は，自動で正確に同じところを指すようにプログラムされている。時期は地域によって異なるが，「1894〜1915年」「1928〜1945年」「1972〜1982年」「1988〜2008年」という時期が選べるので，同一地点の土地変化も追うことができる。

私はこの地図で，自分がかつて住んでいたマンション裏側の細い道が鎌倉街道の旧道だと知った。対向車同士のすれ違いにも苦労するような細い道で，すぐ先で大きな道に分断されてしまっているが，その大きな道の向こう側には確かにこの道の続きがあるように見える。

その細い道の少し先にある多摩川の河原で，700年近く前，大きな合戦が行われた。合戦から10日も経たずに鎌倉幕府が滅亡した「分倍河原の戦い」である。となると，この細い道を幕府軍が落ち延びていったことになる。

たとえば都市論を始める前でも，土地の起伏を意識するとよいと思う。なぜそこに都市がそのようにあるのかが見えてくるはずだ。自動車時代になって場所が多少変わったとしても，国道は旧街道として土地との歴史的なつながりを残す。神社の立地も地図を見れば理由がわかる。土地利用の歴史は，1000年単位のものもあれば100年単位，数十年単位の場合もある。[6]

外国の社会を対象にした歴史社会学的研究であっても，地図の使用が可能性を広げてくれることは間違いない。[7]たとえ一見地図に関係ないように思える学説史であったとしても，その学者が生まれたり執筆したりした都市の地図を開いてみることは無駄とならないはずだ。[8]文学研究での地図利用も参考になるはずだ。[9]

(野上 元)

▷4 その象徴である軽井沢プリンスホテルの開業は，事件の翌年の1973年のことである。

▷5 今昔マップ on the web（http://ktgis.net/kjmapw/index.html）。埼玉大学教育学部に在籍していた地理学者・谷謙二教授（故人）が提供している。

▷6 中沢新一，2019，『増補改訂アースダイバー』講談社。吉見俊哉，2020，『東京裏返し』集英社新書。

▷7 阿部謹也は，部屋に敷き詰めた古地図のうえに腹ばいになりながら日記資料を読んでいたという。

▷8 佐藤俊樹，2011，『社会学の方法』ミネルヴァ書房では，社会学者の思考の鍵としてアルザスの地形図が引用されている。

▷9 勝又正直，1998，「地図の上の主体」『社会学論評』49(1)。小森陽一ほか編，2017，『漱石辞典』翰林書房。杉浦芳夫，1992，『文学のなかの都市空間』古今書院など。

Ⅳ　さまざまな歴史資料・データ

9　全集・著作集
個人アーカイブのテクスト空間

▷1　見田宗介・栗原彬・田中義久編，1988，『社会学事典』弘文堂。

　ある個人を研究しようとするとき，「全集」や「著作集」という著作物の集成は便利で効率的である。社会学の領域でも『社会学事典』掲載の「社会学文献表」の「58 全集・著作集」に一端が示されているように，さまざまな個人全集が編纂されている。

　国語辞書を引くと，「全集」はあるひとりの作家が，生涯を通じて書き残したすべての著述を集めたものだとある。作品・論考だけでなく，手紙や日記，ノート，講演の口述記録などまで収録の対象となる。対談・座談まで入れるのがめずらしいのは，著作権等の問題がからむからだろう。全集が「すべての著述」をイメージさせるのに対し，著作集は本人もしくは編集委員会等が選択した集成と理解されている。

　しかし「全集」を名のっていても，すべてがそこに収録されていると思うのは大きな間違いである。そもそも文献目録のようなリスト化だけを考えても，全著作を網羅するのは難しい。ましてやテクストの内容の集成となると，出版をめぐる現実的な制約もある。草稿やノートのままにとどまって，公刊されていないものは多いが省かれやすい。全集の理念は網羅であっても，公刊という局面では，出版社の方針や体力が影響する問題も考慮しなければならない。こうした集成には編者がいて，収録すべき範囲を決めている編集方針がある。編集委員会が組織されている場合もあれば，本人が編者となった自選の著作集もある。すなわち，制作者の意識・無意識が作りだした資料集成として，全集の具体的な形態があることを忘れてはならない。

▷2　『昔話と文学』（1938年）に始まる「創元選書」が，少なくとも1940年の段階には著作集を意識していたことは，図Ⅳ-9-1でも，『柳田国男著作批評集』（1940年7月）という非売品の投げ込み小冊子の広告でもわかる。

図Ⅳ-9-1　創元選書の広告

出典：『旅と伝説』1940年8月号。

１　『定本柳田国男集』の功罪

　私自身が関わった「柳田国男」という素材を考えてみよう。
　すでに1930年代に刊行されはじめた創元選書は著作集を意識し，戦後すぐには『柳田国男先生著作集』（全12冊，実業之日本社，1947-53年）も試みられてはいたが，柳田国男研究の基礎をつくったのは1960年代に刊行され始めた『定本柳田国男集』（全31巻別巻5，筑摩書房，1962-71年。以下『定本』）である。
　柳田国男は，ごくごく晩年まで「既刊のものをただ全集という形で出すことには不賛成」という立場を堅持し，諸方から持ちこまれる全集企画のいずれも許可しなかった。それゆえ『定本』はまず著作選集として出発する。当初は最初期の『最新産業組合通解』や『山島民譚集』，抒情詩・新体詩の作品等の収

▷3　「不賛成」の引用は，高藤武馬，1983，『ことば

録を柳田は許さなかった[3]，という。1962年1月から刊行が始まり，8巻まで出たところで柳田国男が死去し，そのあと増補拡充の企画が進み，実質的な全集へと近づいていく。しかし「故先生の強い御意志及び御遺族の希望」で収録しなかった作品論考がある，という制約は乗りこえられずに作用しつづけた。

『定本』のテクスト空間が抱え込んだ問題点を簡潔に列挙しておこう。第一は「御意向」の神話化である。それは編者の主体性にも，読者の批判力にも不要な制約をかけることになった。解題・書誌の不十分ともあいまって，単なる見落としでの未収録が，柳田の意志であるとも論じられた。第二に執筆を重視し口述を省く狭義の「著者主義」が，編者・語り手・聞き手でもあった柳田国男を排除し，第三に「本文テクスト中心主義」がまとまった本文以外のテクストの存在を軽視するという結果をもたらした。さらに水木直箭の徹底した文献目録をふまえて実現できた網羅性は第四の論点であるテクストの「定本化」「特権化」をもたらし，第五の「ジャンル別主題別編成」というテクスト集成の方針が，読者の読み方に意図せざる分断を生み出した[4]。

② 『柳田国男全集』の実験

これに対し，新しい『柳田国男全集』（全36巻別巻3巻の予定で筑摩書房より1997年から刊行中）は，第一に基本的な配列原理をテクスト公刊の時系列に置くことで主題・内容の相異に惑わされない透明な一覧性を確保し，分類を刊行形態に限定することで，読者の読み方をジャンルの分断から解放しようとした。第二に挿絵・写真・地図・柱の文字・投げ込み等々のすべてをテクストとして集成することで，暗黙の文字中心主義を切断した。そして，第三に校訂の記録をのこし，解題によって諸版のテクストの重層性すなわち改訂等の情報を盛りこむことで，テクストの地層に自覚的であろうとした。

もちろん，全集の編集方針に正解や完璧はない。どのような基準を立てればもっとも適切に，その人物の活動を見とおし対象化できるか。編集・解読の構想と実践とは，そのつど取り組まれなければならない課題である。対象者の活動によっては，ひょっとしたら著作の意味自体を考えなおし，あるべき「全集」のかたちをまったく変えなければならないかもしれない。『桑原武夫集』（全10巻月報1，岩波書店，1980-88年）や『丸山眞男集』（全16巻別巻1，岩波書店，1995-97年）は，初出の論文をベースにするという集成方針をあえて選んだ[5]。ひとつの見識ではあるが，その方針によっていかなる視野が開かれたのか，またなにが見えにくくなったか。具体的な研究主題をたずさえて利用する読者が，それぞれに問い，意識し，活用する必要があろう。

全集は，研究のひとつの入り口にすぎない。読者は，そのテクスト空間の特質を知ることを通じて，自らの読みを生み出す使い方ができる[6]。　（佐藤健二）

▷3 の聖』筑摩書房，p. 185。収録を許可しなかった著作については，『読売新聞』1964年12月28日の大藤時彦の寄稿「定本柳田国男集」による。

▷4　たとえば，農業政策と口承文芸研究の呼応が見えにくくなり，柳田の理解が農政学と伝承研究に分裂していった。ここでごく簡単に略記した論点については，「私の別な著書」である佐藤健二，2015，『柳田国男の歴史社会学』せりか書房の「第1章テクスト空間の再編成」を参照してほしい。

▷5　『丸山眞男集』は，論文初出ベースでの配列原則を立てたが，テクストは改訂を含む最新版を採用した。この紛らわしさが，テクストの歴史性を隠蔽しかねないことには注意が必要である。丸山眞男については，他に座談集・書簡集・回顧談なども公刊され，東京女子大学の「丸山眞男文庫」には草稿類のデジタルアーカイブもあって，編集方針検討のメモ（1994.7）なども見ることができる。

▷6　ここでは「個人」を枠組みとする全集について述べたが，たとえば『明治文化全集』（全24巻，日本評論社，1927-1930年；全16巻，日本評論新社，1955-1959年；全28巻・別巻1・補巻3，日本評論社，1967-1974年）のように，資料に焦点をあわせた全集も，歴史社会学の素材としては重要である。その制作の主体でもあった「明治文化研究会」のユニークなありようとともに，まだまだ研究すべき余地は多い。

Ⅳ　さまざまな歴史資料・データ

デジタルデータベース
デジタル空間で歴史を編む

1　デジタル資料とデジタルデータベース・デジタルアーカイブ

　近年，歴史社会学にとって有用な資料がデジタル化されて公開されている。デジタル化された画像資料も増えており，自分の関心のあるキーワードを使ってインターネットを検索すれば，デジタル画像となった絵葉書・地図・日記・写真などを探すこともできる。しかし信頼できる情報源を利用しないと，一見正しそうでも，誤った情報に惑わされる可能性がある。それだけでなく，検索結果を論文・書籍・展示などに利用しようと考えた際に，著作権をはじめとする法的問題に直面することにもなりかねない。

　出典や所蔵元が明らかで，整理されたメタデータが付与されており，利用規約も明確となっているデジタル資料を活用することで，上述の問題を避けることができる。こうした情報源の代表格のひとつ，「国立国会図書館デジタルコレクション」を利用した経験のある読者も多いのではないだろうか。

　「国立国会図書館デジタルコレクション」では，著作権が切れた出版物の版面画像のみならず，美術作品，地図，官報などのデジタル画像，さらには歴史的音源までを閲覧することができる。また，さまざまな切り口で整理された「コレクション」単位で資料群を閲覧することも可能である。コレクションは，プランゲ文庫や内務省検閲発禁図書のように収集された単位でまとめられたもの，錦絵や写真のように資料の属性によってまとめられたものがあり，歴史社会学にとって情報源として有用である。

2　データベース・アーカイブを横断する

　今日では「国立国会図書館デジタルコレクション」のみにとどまらず，大学・図書館・博物館などの資料を収集・保存している組織が，自らの所蔵資料をデジタル撮影し，メタデータを付与してデジタルアーカイブやデジタルデータベース上で公開している。研究上の関心がある資料を公開している組織を知っておくことは重要だが，公開される資料は日々増えつづけているため，すべての情報源を把握するのは簡単ではない。そこで入り口として，日本の各組織が公開するデジタルアーカイブ・デジタルデータベースを横断検索できる「ジャパンサーチ」の利用をお勧めする。

　「ジャパンサーチ」は国立国会図書館が運営するポータルサイトである。

▷1　メタデータとは，「データを説明するデータ」のことである。デジタル画像になった古写真であれば，説明されるデータは画像そのもの，メタデータは撮影年月日・撮影場所・サイズ・デジタル化の規格など。正確なメタデータを統一して付与することで，検索や整理が効率的に行えるようになる。

▷2　「国立国会図書館デジタルコレクション」(https://dl.ndl.go.jp/ja/)。

▷3　Webサイトには「国立国会図書館で収集しているデジタル資料を閲覧できるサービスです。発行当時そのままの形でデジタル化した資料や，インターネット上の刊行物を収集して公開しています。」とある。

▷4　「ジャパンサーチ」(https://jpsearch.go.jp/)。

2024年9月時点では，151機関259データベースと連携しており，各機関が公開するデジタル資料の横断検索が可能となっている。連携機関は，大学・図書館・博物館をはじめ，映像アーカイブや自治体まで多岐にわたる。検索できる資料も，文化財や美術作品，人文学資料など歴史社会学にも馴染み深い対象から，アニメ・ゲーム関連資料，放送番組，自然史資料など思わぬ発見がある資料まで幅広い。多くの資料は利用規約が明確になっており，パブリックドメイン（PD）として，商用を含めて自由に利用できる資料も含まれている。

③ デジタル化された資料を歴史社会学に活かす

こうしたデータベースやアーカイブによって研究に利用できる資料を発見することは容易になっているが，もう一歩進んだ研究展開も可能になった。

資料がデジタル撮影されて画像データとなる，またデジタルテキストとして提供されることでデータとしての属性も得ると，デファクトスタンダードとなっているような形式で公開されていれば，再利用性・相互運用性が担保される。その結果，単にデジタル画像として閲覧するだけでなく，共通の規格に則って研究情報を加えたり，一部を特定の粒度で整理・収集して発見を導いたりと，研究の成果による付加価値を資料にあたえることが可能となる。

たとえば，同時代の複数の旅日記に登場する地名をデジタル画像・デジタルテキストから見つけ，緯度経度のような統一的な地理情報を紐づけたのち，そうした情報を現在の地形図や古地図に落とし込むとする。こうすることで，元資料の画像や記述内容，現在の地図と古地図といった多角的な資料を自由に行き来しながら，人々の移動に関する情報の再整理が可能になる。[5]

こうした研究活用は歴史学，文学，美術史学など歴史社会学に隣接する人文学の諸分野で進んでおり，「Digital Humanities」（人文情報学・デジタル人文学）と呼ばれる研究分野の一翼を担っている。そのなかで，歴史社会学に近い試みとしては，ROIS-DS 人文学オープンデータ共同利用センターが提供する，「edomi」[6]というサイトが挙げられる。このサイトでは，歴史資料から「江戸の観光地（名所）の挿絵画像を資料横断的に抽出して空間情報と紐づける」，「江戸時代の商人録から，版画画像を切り出し，居所や仲間組織を整理する。さらに扱っている商品を総務省の日本標準産業分類に落とし込む」といった研究活用が行われている。

資料の発見・収集・整理は，社会学のみならずあらゆる分野において古典的な研究作業ではあるが，デジタルデータベース・デジタルアーカイブの活用で，効率化や大規模化が図れる。今後もますます充実し，新しい技術が導入されていくであろうデジタルデータベース・デジタルアーカイブを知り，活用していくことで，研究の質も量も充実させられるだろう。さらには，情報学の成果を活かした新たな研究方法が生まれる可能性も拓かれている。 （鈴木親彦）

▷5 Suzuki, Chikahiko and Asanobu Kitamoto, 2022, "Geographic analysis of published guidebooks and personal diaries on the diversity of city image in the Edo period", *The Book of Abstracts of DH2022*, 2022: pp. 578-579.

▷6 「edomi 江戸をみる／みせるデータポータル」(http://codh.rois.ac.jp/edomi/)。

Ⅳ　さまざまな歴史資料・データ

 社会調査アーカイブ
歴史資料としての調査データ

▷ 1　Ⅳ-12 参照。

▷ 2　SSJDA が公開・提供するデータセットは2700以上で，2023年度のデータ利用者は8000名以上，提供データセットは 2 万2000件に達する。SSJDA, 2024,『データ寄託の手引』（2024年 7 月）（https://csrda.iss.u-tokyo. ac. jp/202407tebi ki. pdf）。

▷ 3　SSJDA, 2024,『データ寄託の手引』，p. 7。

▷ 4　SSJDA は調査実施者から原データの寄託を受ける。実施主体は研究者に限定されないが，商業用のデータや官公庁の一般統計調査は対象外である。SSJDA がデータクリーニングや回答者のプライバシー保護のための処理を行い，公開データを作成する。そして，データ利用者からの申請を審査し，一定の条件のもとでデータを提供する。データ利用者は成果をSSJDA に報告する。

▷ 5　佐藤香・相澤真一・中川宗人, 2015,「歴史的資料としての社会調査データ」野上元・小林多寿子編著『歴史と向きあう社会学』ミネルヴァ書房，p. 47。

▷ 6　東京大学社会科学研究所所蔵の1940〜60年代の社会調査データ群を指す。

 サーベイ調査のアーカイブ

　社会調査アーカイブは，社会調査によって得られたマイクロデータや関連資料を収集・整理・保管し，学術的な利用のために提供するしくみである。マイクロデータとは，個々の回答者（ケース）ごとに，どの問いにどんな回答をしたのかがわかるデータである。個票データとも呼ばれ，あらゆる集計や分析の基礎となる。学術的な利用のなかでも特に重視されるのは「二次分析」，すなわち調査実施者以外の研究者によるマイクロデータの再分析である。

　社会調査は研究者や行政機関，マスメディアなどが，それぞれの目的に応じて実施する。当初の目的が達成されると実施者の関心は移り，マイクロデータは退蔵または廃棄されがちである。社会調査アーカイブは，ともすれば調査実施者の私有物として扱われかねないマイクロデータを，社会の公共財として活用するためのインフラストラクチャーである。欧米では1960年代から整備が進められたが，日本では1990年代に本格化した。東京大学社会科学研究所附属社会調査・データアーカイブ研究センターが運営する SSJDA (Social Science Japan Data Archive) がデータ提供を開始したのは1998年 4 月で，以降の四半世紀に社会調査データの二次分析は日本の社会学に定着したといってよい。

　SSJDA が収集するのは「日本社会を対象とした社会科学分野の質問紙調査によるデータ」である。いわゆるサーベイ調査が対象であり，インタビューや参与観察のデータは含まれない。SSJDA が受け入れる原データは，デジタルデータに限られる。現在の社会調査は統計ソフトでの処理を前提にしているので，このことは寄託のハードルにはならないだろう。しかし，デジタルデータが失われたか，そもそも作成されたことがなく，質問紙だけが残されている場合は，あらためてデジタル情報としてデータを再構築しなければならない。佐藤香らはこの作業を「データの復元」と呼ぶ。

　佐藤らは「労働調査資料」の復元をつづけており，復元されたデータの一部は SSJDA で公開されている。プロジェクトの狙いは「新たに歴史資料を残し，歴史を紡ぎ出す切り口を提供する」ことにある。歴史資料を扱う諸学問分野と社会学との連携をうながすとともに，新たな視角や手法による分析を通じて戦後日本社会の歴史像を更新することをめざしている。復元作業は過去の調査者や回答者との対話であり，それ自体，ひとつの歴史社会学の実践といえる。

② 質的調査のアーカイブ

　SSJDA はサーベイ調査に特化したアーカイブであり，その対象は，回答を数値として扱い，定量的・統計的に分析する調査に限られる。もっともそれらはあくまでも社会調査の一部にすぎない。社会学者は，インタビューの音声や書き起こし，フィールドノートや写真，映像といった「数値化されていない調査データ[8]」の生産にも携わってきた。「質的」と総称されるこのようなデータの二次分析が可能になれば，歴史社会学にとって強力な資料となるだろう。

　質的調査データのアーカイブは日本ではまだ構想の段階にとどまっている。イギリスでは，エセックス大学に拠点を置く Qualidata のように，1990年代に質的調査データの二次分析のための条件整備が進んだ。Qualidata の核となったのは，1960～70年代に実施された「クラシック・スタディーズ」と呼ばれる著名な社会調査のデータセットである。調査の実施から歳月が経ち，データは散逸の危機に直面していた。武田尚子は，イギリスで質的調査データのアーカイブが設立された背景として，ワーキング・クラスのための成人教育とも結びついた，1960年代以来のオーラル・ヒストリー研究の蓄積を挙げる[9]。過去に社会学者が収集した調査データに，人々の日常生活を記録した歴史資料という公共的な価値が見出されたからこそ，データの救出が急務となったのである[10]。

　イギリスの社会学者マイク・サヴィジは，歴史資料としての質的調査データには，公式見解に傾きがちな文書資料にも，回想によって生じるバイアスから逃れられないオーラル・ヒストリーにも，意味や文脈に対する感度を欠いたサーベイ調査にもない価値があると指摘する[11]。他方で彼は，質的調査に従事する研究者が社会調査アーカイブや二次分析に対して抱く警戒感にも言及している。サヴィジによれば，この警戒感は方法論の違いに由来する。サーベイ調査のアーカイブ構築を駆動してきたのが実証主義的な枠組みであるのに対して，質的調査は解釈主義の立場から行われることが多い。この立場からみれば，アーカイブ化された資料は「意味に満ちた，間主観的な人間の世界[12]」から切り離されてしまっており，その価値は疑わしい。

　そこでサヴィジが提案するのは，調査の実行過程を理解するという戦略である。サーベイ調査のアーカイブは，マイクロデータ以外には質問紙や報告書など最小限の資料だけを収める。しかし質的調査のアーカイブには，インタビュー記録はもとより，フィールドノートやメモ，草稿といった多層的な資料が含まれる。これらを読み解くことで，調査の最終生産物としての論文や書籍をまとめる段階ではそぎ落とされてしまった試行錯誤の跡をたどることができる。こうした作業は，調査がなにを可視化したかだけでなく，なにを不可視化したかを明らかにすることを可能にするのである[13]。ここにこそ，質的調査データのアーカイブに固有の強みがある。　　　　　　　　　　　　（祐成保志）

[7]　佐藤香・相澤真一・中川宗人，2015，「歴史的資料としての社会調査データ」野上元・小林多寿子編著『歴史と向きあう社会学』ミネルヴァ書房，p. 58。

[8]　高橋かおり，2020，「質的データアーカイブ構想の現状と課題」『社会と統計』6：p. 65。

[9]　武田尚子，2009，『質的調査データの2次分析』ハーベスト社。

[10]　武田尚子，2009，『質的調査データの2次分析』ハーベスト社は，Qualidata が所蔵する質的調査データのうち，都市社会学者レイ・パールが実施したシェピー島研究の二次分析である。武田は，インタビュー調査の記録を丹念に読解し，パールが分析した地域社会における格差拡大のプロセスに，新たな視点をつけ加えている。

[11]　Savage, M., 2005, "Revisiting Classic Qualitative Studies," *Historical Social Research*, 30(1): p. 122.

[12]　Savage, M., 2005, "Revisiting Classic Qualitative Studies," *Historical Social Research*, 30(1): p. 120.

[13]　日本における質的調査データアーカイブ構築の先駆的な試みとして「社会意識・調査データベース」(SORD) プロジェクトがある。中澤秀雄ほか，2009，「『社会調査のデータアーカイブズ学』の必要性」『理論と方法』24(1)：pp. 121-128, 新藤慶，2017，「布施鉄治の地域研究における調査と方法」『村落社会研究ジャーナル』23(2)：pp. 25-35 を参照。

Ⅳ　さまざまな歴史資料・データ

　マイクロデータの二次分析
計量歴史社会学

1　社会調査データの二次分析とその利点

　社会調査のデータは，まず調査を実施した研究者が集計・分析を行うが，のちにそのデータがデータアーカイブに寄託されると，一定の手続きを経れば広く利用可能になる。このように調査実施者以外がデータを再利用することは二次分析と呼ばれ，社会学の研究方法としてすでに一般化しており，歴史社会学においても利用が広がりつつある。

　たとえば，計量社会学でデータが広く利用される社会階層と社会移動全国調査（SSM調査）は1955年から実施されている。古い時期のデータは後年のデータと統合して長期的趨勢を明らかにするために利用される場合もあるが，その調査実施時期そのものを対象とした歴史的検討も可能にする。また，実施時期がそれほど古くなくとも，回答者に過去の経験を回顧して記入してもらう内容があれば，その回答から歴史を描ける。

　社会調査データを利用した二次分析の利点は，まず分析の自由度にある。確かに，計量的な歴史分析は国勢調査をはじめとした公的統計を利用することによっても可能だ。しかし，それら公的統計は集計済みのデータ（マクロデータ）であり，分析者の関心に即した再分析には制約がある場合が多い。また，報告書や年鑑，社史・校史など，文字で残された史資料から人数の多寡や出来事の頻度といった数字で表現できるデータを拾い上げることによっても計量的な分析は可能だが，データの背景にあった個人や世帯ひとつひとつの状態を摑むのは難しい。これに対し，データアーカイブに寄託された社会調査データを利用する際には，多くの場合個票単位でデータが提供され（マイクロデータ），調査実施者以外の人々がそれぞれの目的・関心に応じた分析を独自に行うことができる。また，研究に伴うコストの低下も二次分析の利点だ。すでに存在するデータを利用するため，新たに調査を行うための費用は不要だし，調査対象者の時間や労力を奪うこともない。

　さらに，歴史社会学における二次分析では必然的に調査実施者と分析者が時間的に隔てられるが，この点がもたらす独自の利点もある。まず，調査が実施された時代に比べ，現代ではPCや統計ソフトウェアが大きく発達・普及しており，調査当時とは比べものにならない計算能力による高度な分析が可能になっている。これを利用することで，調査当時に理論的には想定されていたが

▷1　Ⅳ-11参照。

▷2　実施者が寄託する場合以外にも，復元による寄託がありうる（Ⅳ-11参照）。

▷3　たとえば1995年実施のSSM調査報告書には，回答者の職歴を対象とした歴史社会学的研究が含まれている。佐藤俊樹編，1998，『1995年SSM調査シリーズ2 近代日本の移動と階層：1896-1995』1995年SSM調査研究会。

▷4　特に学生の場合，大規模な調査を個人で実施するのは困難なので，良質なデータを再利用できるメリットは大きい。統計解析ソフトウェアには高価なものも多いが，近年ではRやHADのように無料で使えるソフトやその手引書も増えており，この点でも学生が二次分析を行う際のハードルは下がってきている。

検証できなかった命題を経験的に議論できる場合がある。他方で，時間的に隔てられることによって，現在の分析者は調査当時の想定を相対化したり，批判的にとらえなおすことも可能になる。現代的な関心を外挿して，調査当時には想定されていなかっただろう分析ができるのも現代の分析者の特権である。これらの利点を活かした分析は，マクロデータや文書資料，口述記録などを用いた研究とは異なる議論を可能にし，歴史社会学の知見を多角化する。

② 歴史社会学における二次分析の課題

　ただし，歴史社会学における二次分析に特有の課題も存在する。まず，上記のように現代の技術・関心を利用できるといっても，同時に歴史への理解は欠かせない。時代が違えば，同じ土地であっても人々を取り巻く経済的環境や科学技術，また文化・習俗・慣行は大きく異なる。そのため，調査票に記された学歴や職名，あるいは進学や就職，結婚といったライフイベントが調査当時の社会においてもっている意味や背景もまた，現代とは大きく異なる可能性がある。データの解釈に際しては，現代の常識が予断とならないように注意せねばならない。また，過去の社会調査は当時の技術的な制約もあって，サンプルが有意抽出であったり悉皆調査であったりということもしばしばある。こうしたサンプルでは無作為抽出を前提とした頻度統計によって母集団への一般化を志向する通常の計量社会学的手法が利用できず，記述的・探索的な分析に留まらざるをえないときもある。▷5　こうした分析になお意義を与えるためには，対象となる時期に対する従来の理解を更新する必要があり，ここにおいても歴史への理解が要求される。

　加えて，利用可能なデータの制約にも，現代のデータを用いた二次分析以上に直面するだろう。当然ながら，過去の調査設計は現代の関心を反映しないし，現代の技術で分析されると想定していない。そのため，現代であれば当然にあるはずのサンプルや変数がデータに含まれていないこともしばしばである。たとえば，SSM 調査の対象に女性が含まれるのは1985年になってからであり，それまでの女性の労働をこのデータを用いて分析するのは難しい。こうした場合，求める情報を含んだ別のデータを探す必要がある。あるいは，過去の調査は現代以上に異性愛主義やシスジェンダー中心主義，性別二元論を自明の前提として設計されているから，20世紀中葉のセクシュアル・マイノリティの生活を二次分析から明らかにするのは困難だろう。こうした場合，別の史資料と方法を用いるのが適切になる。変数についても，利用したい変数を含んだデータを探したり，調査票にある変数から近似的な変数を作るといった工夫が必要になる。たとえば世帯収入がわからないときでも世帯がどのような家財道具をもっているのかがわかれば，そこから暮らし向きを推し測ることができるというように。

（石島健太郎）

▷5　対象者を全体（母集団）からランダムに選ぶことを無作為抽出と呼び，既知の情報から母集団を再現するなどの意図をもって選ぶことを有意抽出と呼ぶ。また，一部を抽出せずに母集団全体を対象とする調査を悉皆調査と呼ぶ。

Ⅴ　歴史社会学の世界

現在の歴史的探究
マックス・ウェーバー「プロテスタンティズムの倫理と資本主義の『精神』」

1　近代資本主義を駆動した「宗教的なもの」の探究

　ドイツの歴史学者であったマックス・ウェーバー（1864〜1920）が1904-05年に発表した「プロテスタンティズムの倫理と資本主義の『精神』」は，社会学でもっとも有名な論文である。この「倫理」論文は，日本でも1938年の梶山力訳以降くりかえし翻訳され，今も広く読まれている。◁1

　テーマは，近代資本主義の展開においてキリスト教が果たした役割である。西ヨーロッパやアメリカにおいて資本主義が顕著に発展した地域では，カトリックよりもプロテスタントの比率が高い。とすれば，宗教改革のなかに「資本主義の精神」に親和的ななにかがあるのではないか，とウェーバーは考えた。

　宗教改革の主な潮流は16世紀，ドイツのマルティン・ルター（1483〜1546）と，スイスで活動したフランス人ジャン・カルヴァン（1509〜1564）にはじまる。ルター派はドイツから東へ，北欧へと広がり，カルヴァン派はスイスからオランダやイギリスへ，アメリカへと波及する。

　宗教改革のなにが「資本主義の精神」と親和的だったのか。

2　資本主義の精神とプロテスタンティズムの天職観念（第一章）

　問題は，経済制度としての資本主義ではなく，近代文化としての資本主義の精神である。ウェーバーはその「精神」を，概念的定義によってではなく，引用によって「例示」する。◁2　18世紀アメリカの実業家ベンジャミン・フランクリン（1706〜1790）の「若き商人への手紙」である。

> 　時間は貨幣だということを忘れてはいけない。一日の労働で一〇シリング儲けられるのに，外出したり，室内で怠けていて半日を過ごすとすれば，娯楽や懶惰のためにはたとえ六ペンスしか支払っていないとしても，それを勘定に入れるだけではいけない。ほんとうは，そのほかに五シリングの貨幣を支払っているか，むしろ捨てているのだ。◁3

　成功者フランクリンが「若き商人」に与える助言には，「自分の資本を増加させることを自己目的と考えるのが各人の義務だ」という，歴史的にみればかなり特異な倫理思想が含まれている。ウェーバーによれば，この倫理思想こそ

▷1　ここでは，ヴェーバー, M., 大塚久雄訳, 1989,『プロテスタンティズムの倫理と資本主義の精神』岩波文庫（以下，大塚訳）から引用している。引用中の傍点は，原文ママ。

▷2　「例示」という方法については，大塚訳, p. 40を参照。

▷3　大塚訳, p. 40。フランクリン, B., ハイブロー武蔵訳, 2004,『若き商人への手紙』総合法令, p. 9。

140

が近代資本主義の「エートス」（持続的な情熱）である。

　資本主義は，古代にも中世にも，中国にもインドにもバビロンにも存在している。だが，それらの資本主義には，フランクリンにみられるような「エートス」が欠けている。逆にいえば，西ヨーロッパとアメリカで発展した近代資本主義の特徴は，その「エートス」にある。

　ただし，フランクリンの場合には，「宗教的なもの」との直接的な関係をまったく失っている。「資本主義の精神」とキリスト教の関係を探るには，両者が緊密に結びついていたところへと遡る必要がある。

　ウェーバーはまず，16世紀ドイツの宗教改革者マルティン・ルターにおける「天職」観念に注目する。ルターは，世俗的な日常労働（職業）に宗教的・道徳的意義を見出していた。この「天職」観念こそが，ルターとカルヴァンから派生したプロテスタント全教派の中心的教義だ，というのである。

　世俗内的生活を宗教的使命とする態度の例として，ウェーバーは17世紀イギリスの詩人ミルトン（1608～1674）の『失楽園』（1667年）を引用する。『失楽園』の末尾では，アダムとイヴが楽園の外の世界へと出ていく。その描き方に，ウェーバーはピューリタニズムの「世界」観を見出している。

> 　世界が，──そうだ，安住の地を求め選ぶべき世界が，今や／彼らの眼前に広々と横たわっていた。そして，摂理が彼らの／導き手であった。二人は手に手をとって，漂泊の足どりも／緩やかに，エデンを通って二人だけの寂しい路を辿っていった。

　このように「世界」（世俗内的生活）を尊重する態度は，たとえば14世紀イタリアのダンテ『神曲』にはみられない。『神曲』と『失楽園』のあいだで，世俗的世界に対する宗教的価値の転換が起こっている。来世をめざしながら世俗的な日常労働に励むという倫理的な態度は，どこからやってきたのか。

③ カルヴィニズムの予定説とその効果（第二章）

　その答えは，カルヴィニズムの予定説である。ウェーバーは，プロテスタンティズム諸教派の天職理念──労働観や禁欲思想──を相互に，またカトリックとも比較しながら，カルヴィニズムの予定説こそが，世俗内的禁欲を駆動する論理であったことを浮かび上がらせていく。

　予定説とは，救済は人の意志や行為によってではなく，神によって決定されている，という教えである。カルヴァンは『キリスト教綱要』第三版（1543年）で予定説を十全に展開した。その意義は17世紀に，オランダのドルトレヒト教会会議やイギリスのウェストミンスター神学者会議で明確になる。

　後者で作成された「ウェストミンスター信仰告白」（1647年）は，カルヴィニ

V-1　現在の歴史的探究

▷4　橋本努，2019，『解読　ウェーバー「プロテスタンティズムの倫理と資本主義の精神」』講談社選書メチエ，p. 57。

▷5　大塚訳，p. 130。ミルトン，平井正穂訳，1981，『失楽園』（下）岩波文庫，pp. 308-309。

ズムの「権威ある典拠」である。カルヴィニズムの論理をウェーバーは次のように再構成する。人はその全的堕落ゆえに，意志や行為によっては救われない（第九章）。救いか滅びかは，神の無条件的選びによる（第三章）。救いに選ばれた人は，召命に応じて従順に「よい行い」へと向かう（第十章）。滅びへと定められた不信仰な人々は，頑固になり欲望にしたがう（第五章）。

　このうち第三章（神の永遠の決断について）が予定説である。

　　　神はその栄光を顕わさんとして，みずからの決断によりある人々……を永
　　　遠の生命に予定し（predestinated），他の人々を永遠の死滅に予定し給うた
　　　（foreordained）。[6]

　救いか滅びか。自分は救われているのか否か。それは神の決断によって予定されている。そして人は，神による「恐るべき決断」を知ることができない。そのため信徒たちは，極度の不安に晒される。信徒になにができるのか。人は意志や行為では救われない。だが救われているならば「よい行い」をするはずだ。こうして自己確信に満ちた少数の聖徒が生まれる一方で，不安をいだく一般信徒には絶えまない職業労働という方法が教えられる。

　カルヴァン派信徒は，世俗的な職業労働によって宗教的不安を解消する。カトリックにみられた，行為による救いではない。職業労働という行為を通じて「救いの確信」をつくりだすのである。こうして，カルヴァン派信徒は，来世をめざしながら，現世の生活を徹底的に合理化していく。

　このようにして，世俗的な日常生活がキリスト教的禁欲の舞台となる。カトリックにおける禁欲の舞台は世俗外の修道院であった。それに対して，禁欲的プロテスタンティズムはその方法意識を世俗内の日常生活に浸透させ，合理的生活へと改造していくのである。

　禁欲的プロテスタンティズムを代表する信徒が，17世紀イギリスの牧師リチャード・バクスター（1615〜1691）である。ピューリタニズムの道徳神学のもっとも包括的な綱要であるバクスターの『キリスト教指針』（1673年）によれば，神のために労働して利益をあげることは，信徒の義務である。

　　　もしも神が……よりいっそう多くを利得しうるような方法を示し給うた場
　　　合，もしそれを斥けて利得の少ない方法をえらぶとすれば，あなたがたは
　　　自分に対する召命〔コーリング〕の目的の一つに逆らい，神の管理人とし
　　　てその賜物を受けとり，神の求め給うときに彼のためにそれを用いること
　　　を拒む，ということになる。[7]

　信徒は神の召命に応じて，神の道具として労働し，より多くの利益をあげな

▷6　大塚訳, p. 146。日本基督改革派教会大会出版委員会編, 1994,『ウェストミンスター信仰基準』新教新書, p. 17。松谷好明訳, 2021,『三訂版 ウェストミンスター信仰規準』一麦出版社, p. 31。

▷7　大塚訳, p. 310,〔 〕は原文ママ。バクスター『キリスト教指針』は，梅津順一による抄訳がある。梅津順一, 2005,『ピューリタン牧師バクスター』教文館, pp. 271-272。

ければならない。富裕になることが目的であってはならない。だが，神のための労働の結果として富裕になるのは，よいことなのだ。

こうして禁欲的プロテスタンティズムの天職倫理と「資本主義の精神」とは，ほとんど同一となる。ここにキリスト教にとっての困難が生じる。豊かさが宗教を掘り崩していくのである。18世紀イギリスでメソジスト派を創始した牧師ジョン・ウェスレー（ウェズリー）（1703〜1791）は警告している。

> どこででも，メソジスト派の信徒は勤勉になり，質素になる。そのため彼らの財産は増加する。すると，それに応じて，彼らの高ぶりや怒り，また肉につける現世の欲望や生活の見栄も増加する。こうして宗教の形は残るけれども，精神はしだいに消えていく。純粋な宗教のこうした絶え間ない腐敗を防ぐ途はないのだろうか。◁8

ウェスレーが危惧しているのは，勤労と節約がもたらす豊かさのなかで，宗教の精神が次第に消えていくという事態である。事実，同時代のアメリカでもフランクリンが体現していたように，「資本主義の精神」の宗教的基礎づけは崩れていた。さらに経済的な繁栄のなかで，資本主義の精神すら失われていく。ウェーバーは結論部で，ニーチェ（1844〜1900）風の警句を記している。「精神のない専門人，心情のない享楽人。この無のものは，人間性のかつて達したことのない段階にまですでに登りつめた，と自惚れるだろう」と。◁9

④ 現在の歴史社会学へ

この論文からみえてくるのは，プロテスタンティズムの禁欲倫理が，いったんは近代資本主義の「精神」を強烈に駆動するものの，次第にそこから剝離していく，という過程である。

16世紀に登場したプロテスタンティズムがヨーロッパ各地へと広がり，17世紀にはその禁欲倫理と「資本主義の精神」が密接かつ強力に結びつく。だが，その結びつきがほどけるなかで，18世紀には宗教なき「資本主義の精神」が，19世紀には精神なき「資本主義」が立ちあらわれてくる。

こうして，20世紀初頭の時点における西洋近代文化の光景が浮かび上がってくる。この壮大な論文は，ウェーバーにとっての「現在」の歴史的な成り立ちを解明しようとする試みであった。そしてこの論文を書くことを通じて，ウェーバーは歴史学者から比較・歴史社会学者へと変貌する。

ウェーバーの「倫理」論文は，歴史社会学が「現在」の歴史的探究としてはじまったことを示している。それから120年。西洋近代文化のグローバル化とともに，ウェーバーの「問い」は世界各地で応用・展開されてきた。この論文を読むと，なぜか歴史社会学をしたくなるのである。　　　　　（赤江達也）

▷8　大塚訳，pp. 352-353。ウェーバーは，サジー『ウェズリー伝』から引用している。

▷9　大塚訳，p. 366。近年の研究では，経済学者グスタフ・シュモラー『一般国民経済学要綱』（1900年）によく似た警句があることが知られている。

▷10　日本についても資本主義の発展と「宗教的なもの」の関係が問われてきた。ベラー，R. N.，池田昭訳，1996，『徳川時代の宗教』岩波文庫。大澤絢子，2022，『「修養」の日本近代』NHKブックス。

参考文献

ヴェーバー，M.，戸田聡訳，2019，『宗教社会学論集1』（上）北海道大学出版会。
中野敏男，2020，『ヴェーバー入門』ちくま新書。
佐藤俊樹，2023，『社会学の新地平』岩波新書。

Ⅴ　歴史社会学の世界

 ## 比較社会学のファウンダー
エミール・デュルケム『自殺論』

1　自殺を歴史的なテーマにする：自殺率という対象設定

　本書は，コントの実証主義の精神を批判しながらも，それを方法論においても確立したうえで継承したとされるデュルケムの代表作である。デュルケムは，当時問題視されていた欧州における自殺の増加というアクチュアルなテーマを設定し，また，通常個人的・私秘的な現象とされる自殺を，自殺率という集合的な事実のレベルでとらえることで，社会学の独自な対象領域を確定した。本書はこのようにしてあくまで哲学的な議論であったコントの実証主義を，統計という科学的なデータ収集と分析手続きを備えた，実践的な社会学へと生まれ変わらせたのだと評価される。

　しかしそうした第一の印象の一方で，本書は最終的には『宗教生活の原初形態』へと結実するデュルケムの歴史学的な探求の，重要な一端を担うものである。デュルケムは，本書の中で，当時のヨーロッパにおける自殺の増加の要因を，統計的な分析を行うなかで，アノミー的自殺と自己本位的自殺というふたつの類型の自殺の増加として明らかにし，近代化に伴うふたつの問題，アノミーとエゴイズムを取り出してみせた。そしてこれらの問題が，近代化に伴う「集合意識」の拘束力の低下の表れによるものと論じたのである。

　このような『自殺論』の議論に見出されるデュルケムの歴史観は，進化ということばを用いながらも近代化を批判的にとらえるものである。かつまたこのような近代批判は，当時の欧州の功利主義的な個人という人間観に対する批判でもあった。デュルケムによれば，個別な自殺の生起と区別される集合的な自殺率は，集合体の連帯の状態を反映しているのであり，自殺率という集合的な指標の安定性は，そのような集合意識が個人の動機などに還元されない外在性，拘束性をもつことを示しているのである。そして近代化によって見出されてきた個性ある個人の自由・平等という価値も，こうした連帯のうえに成立するもの，集合意識から派生するものとされる。すなわち，社会的事実を個人の意識や行動には還元できない実在として，一貫して社会学の対象とするデュルケムの方法論は，こうした彼の歴史観，近代観に基づくものである。

2　比較史を可能にする一貫した対象としての集合意識

　近代化がかならずしも人々の幸福を増大しないことは，1893年の『分業論』

▷1　デュルケムについては主に次の3冊から。デュルケーム，É.，田原音和訳，1971，『社会分業論』青木書店。デュルケーム，É.，宮島喬訳，1985，『自殺論』中央公論社。デュルケム，E.，古野清人訳，1941，『宗教生活の原初形態』（上・下），岩波書店。またデュルケムの評価については，たとえば，大村英昭，1979，「実証科学としての社会学」新睦人・大村英昭・宝月誠・中野正大・中野秀一郎『社会学のあゆみ』有斐閣。

▷2　彼の統計分析にはすでに宮島がまとめたような多くの疑問が呈されているが，とはいえ統計を用いて自殺増加をめぐる俗説を次々批判してゆく議論の過程は今でもエキサイティングである。デュルケムのデータの扱い方については，佐藤健二・山田一成編著，2009，『社会調査論』八千代出版。

ですでに述べられていた。『分業論』では，個性をもった個人の発達が，分業の原因ではなく結果として位置づけられ，分業の発達という社会的事実は，先行する社会的な事実，社会の容積や密度の増大に伴う競争を緩和するという「機能」によって説明される。すなわち，諸個人は，それぞれの個性に基づく異なった貢献と必要による分業によって，お互いの相互依存を深め，個人と社会の道徳的な絆を，小さな共同体よりも抽象的で理性的なかたちで生み出すのである。このような新しい連帯の方式を彼は「有機的連帯」として類型化し，小さな共同体の相互の類似に基づく「機械的連帯」と比較しながら，その問題点を考察している。

　ただここで重要なことは，共同意識が退行するにつれて「機械的連帯」から「有機的連帯」へ移り変わるとデュルケムは述べているが，そのふたつの歴史的類型は，代替的なものとして位置づけられてはいない。テンニースによるゲマインシャフトとゲゼルシャフトという類型と似て，前者から後者への移行は，実態は前者から後者が派生すると理解するほうが近い。すなわち，有機的連帯が優越する近代化された社会においても，そもそもの機械的連帯に基づく集合意識は存続していて，その存立が脅かされるような事態とは，社会の病理的な状態であり，そのような状態の指標となるのが，たとえば自殺率なのである。

　分業の発達した近代社会においては，人々は個性によって結びつくようになることで，より代替不可能な個人としてお互いを平等に認め，また社会に盲目的に服従するのではない自由を価値とするようになる。しかしそうした自由や平等という価値は，集合意識の支えなくしては人々にとってむしろ苦痛の源泉となってしまうとデュルケムは述べる。

　　　個人の属している集団が弱まれば弱まるほど，個人はそれに依存しなくなり，したがってますます自己自身の身に依拠し，私的関心に基づく行為準則以外の準則を認めなくなる。そこで社会的自我に逆らい，それを犠牲にして個人的自我が過度に主張されるこの状態を自己本位主義（エゴイズム）とよんでよければ，常軌を逸した個人化から生じるこの特殊なタイプの自殺は自己本位的と呼ぶことができよう。[3]

▷3　デュルケーム，É.，宮島喬訳，1985，『自殺論』中央公論社，p. 248。

　彼によれば，個人は集合意識と結びつくことによって，自らを超える目標に自己を結びつけ，それによって生に結びつくのであり，その喪失は人々に生きるための理想や希望，生きる意味そのものを失わせるのだという。また同様に集合意識の衰退は，集合体の拘束力の衰退でもあり，それはアノミー，すなわち欲望が無規制となることによる苦痛の増大となるのである。

　デュルケムはこのように「集合意識」という歴史的に一貫した対象を設定することで，それを生み出す連帯の様式を歴史的に類型化し，それらを比較する

ことでその問題点などを考察することができると考えたのである。

③ 多様な資料を比較するための共通項としての「機能」という概念

　以上のように『自殺論』におけるデュルケムは、統計的手法を現代社会の分析において、集合意識を生み出す連帯の状態を考察するための、客観的指標を見出すものとして用いていた。そしてこのような『自殺論』の分析は、近代における連帯の異常な個人化の問題点を明らかにすることになり、そうした発見はデュルケムを、集合意識のもっとも純粋なかたち、原初形態の探究へと向かわせる。『宗教生活の原初形態』は彼によればもっとも単純な社会、すなわちもっとも純粋なかたちで集合意識が成立しているような共同体の研究であるが、その研究は『自殺論』のアクチュアルな課題への実践的な解決の模索から敷衍されている。

　ただ、そうした行政的な統計の不十分な地域における分析においては、自殺論のような手法は不可能であるため、彼が用いるのは現地を訪れた研究者による民族誌である。デュルケムがこのように多様なかたちでデータを収集し、それらを一貫した比較の対象として分析することが可能であったのも、比較の単位としての集合意識という社会学的な対象の明確化と、それを多様な資料に見出すための社会的な「機能」というとらえ方であった。民族誌のなかに現代社会における宗教や道徳と機能的に等価な対象を見出すという方法が可能であったからこそ、このような多様な資料を扱いながら、それを歴史的に類型化して比較していくことができたのである。

④ 受け継がれた3つの系譜：機能主義，構造主義，アナール派への展開

　デュルケムの業績は、ひとつには1899年に創刊された『社会学年報』を中心として形成された学派を通じて、実証科学として、かつまた総合科学としての社会学を確立したことである。M.モースら『年報』の学派の学者の協力の中で実現されていった彼の社会学は、法、宗教、教育などさまざまな社会現象を「制度」ととらえ、社会全体との関わりを見るなかでその「機能」を考察する、というかたちで、発展していった。

　ただしこうした発展の途上で、デュルケム自身は「機能」と作用因とを混同してはならないと述べ、機能分析と歴史的方法を両立させようと試みていたがそれにもかかわらず、そのふたつの混同が生じる。デュルケムの説明の難点は、「制度」の成立の説明を、単純に過去に求めない、という主張の一方で、その発生を起源に遡って、かつ多様な異なった類型と比較しながら原因として分析する、というところにある。そこには歴史を遡った過去の社会がより単純で原初的であるという視点、すなわち単純なものから複雑なものへ、という進化的な視点が、進化という見方を否定する彼自身の主張に反して、ひそかに導入さ

▷ 4　デュルケムの業績のその後の継承については、バーク、P.、大津真作訳、1992、『フランス歴史学革命』岩波書店。また中島道男、1997、『デュルケムの〈制度〉理論』恒星社厚生閣。

▷ 5　レヴィ＝ストロースの歴史批判は、西欧中心主義的な近代化を進歩とする歴史観への批判であり、そうした批判を「相対的に単純な」「未開の」小さい社会の分析によって展開するという視角は、じつのところデュルケムが『宗教生活の原初形態』において用いた視角に等しいものであるといえるだろう。彼がモースを高く評価するのは、

れてしまっているといえるだろう。A. R. ラドクリフ゠ブラウンに代表される
イギリス社会人類学の「機能主義」のような，「機能」に基づく比較方法をと
り，歴史的方法を禁欲するという方向への展開は，このようなデュルケムの議
論に見出される混同を，一貫した方法論へと整理することで生じたものである
と考えられる。

　デュルケムの業績を受け継ぎ発展させた研究のもうひとつの大きな成果は，
構造主義である。C. レヴィ゠ストロースは『今日のトーテミズム』のなかで，
デュルケムを批判しモースを高く評価しているが，じつのところ彼の「構造主
義」はデュルケムの業績に深く負うものである。レヴィ゠ストロースのデュル
ケム批判は，上記のような展開のなかで一面化されたデュルケム理論に基づく
誤解（または彼の社会学主義への反感）であると考えられる。[5]

　デュルケムの学問の3つ目に重要な展開は，1929年に創刊された『社会経済
誌年報』に協力した，歴史・社会・経済学者たちによる，アナール派とのちに
呼ばれた新しい歴史研究の成立である。[6]直接の学問的影響に加え，デュルケム
は「事件史から制度分析へ」という社会史の重要な主張を生み出すきっかけを
あたえている。アナール派の重要な主張である，従来の歴史学は「事件史」で
あり，それに対して自らの歴史学を「制度分析」であるとする視点は，デュル
ケムの，「事件」と「制度」を区別する歴史学的な視点に由来する。デュルケ
ムの歴史学は，個別で偶然的な要素の単なる連鎖である「事件史」に対して，
その背景となる集合体によって確立された信念や行為様式である「制度」に着
目するものである。彼によれば，「制度」は「事件」よりも基本的で組織化さ
れ，長期に持続する実体である。したがって「制度」を対象として設定して初
めて，統計的な分析手法が歴史学においても導入可能なものとなり，またそれ
に基づく比較が，歴史学を科学にするのである。[7]

　最後に，日本におけるデュルケム受容について，簡単に付言しておきたい。
戦後日本の社会学においては，デュルケムの業績は長く，当時影響下にあった
パーソンズの整理の下で，M. ウェーバーの「方法論的個人主義」との対比で
「方法論的集合主義」と位置づけられることで機能主義に偏って理解されてい
た。また理論的研究を除くと，デュルケムの理論は，大村の非行研究や宮島の
社会意識論などの現代社会の分析においてのみ取り上げられてきた。以上のよ
うにデュルケムの業績を歴史社会学的に読み直し，その本来の方法論的・理論
的可能性に着目することでは，比較制度分析などの歴史社会学の方法に自然科
学の方法が応用されるような研究が現れている今日，マルクス的な発展段階論
やウェーバーの近代化論とは違った，歴史の分析可能性を見出すことのできる
重要な営みであると考えられる。　　　　　　　　　　　　　（中筋由紀子）

モースが「全体的社会的事
実」を社会そのものとして
とらえるデュルケムに対し
て，それを神話などの文化
の構造のなかに見出そうと
する点への学問的共感であ
ろう。

▷6　この学派は，L.
フェーブルとM. ブロック
というふたりの歴史家に
よって主導されていたが，
ブロックは高等師範学校に
おいて直接デュルケムに学
んでおり，また自身の研究
を『社会学年報』に大きく
負うものであると述べてい
たという（バーク，P.，大
津真作訳，1992，『フラン
ス歴史学革命』岩波書店，
p. 26）。たとえばブロック
自身の『封建社会』は，
「集合意識」等のデュルケ
ムの概念を用いて，社会に
対する機能を分析するとい
う説明方法を用いている。

▷7　デュルケムは第一次
世界大戦中に『世界に冠た
るドイツ』等のパンフレッ
トを発表していたが，そこ
では実際に彼自身も，従来
の政治史，事件史を批判し
て，ドイツ的マンタリテ
（心性）の分析を行ってい
る（中島道男，1997，
『デュルケームの〈制度〉
理論』恒星社厚生閣，p.
12）。こうしたデュルケム
の視角は，F. ブローデル
における「全体史」への志
向や「長期持続」という概
念へと展開していったと言
えるだろう。ブローデルが，
マルクスやウェーバーを，
資本主義を単一の要因で説
明するものとして退けるこ
とができたのも，思想や文
化に自立性を認めない説明
を可能にした，デュルケム
の社会学主義に大きく負う
ところがあったと言える。

V 歴史社会学の世界

礼儀作法が作り出す支配の構造
ノルベルト・エリアス『文明化の過程』『宮廷社会』

「礼儀作法」から社会構造を探る

　私たちの日常生活には「礼儀」というものがある。たとえば挨拶や服装，あるいは求められる振る舞い方であり，典型的にはテーブルマナーのような礼儀作法が想起される。礼儀そのものは特別な集団に特有ではなく，会社でも学校でもサークル活動でも地域の会合でも，人間が集まるどのような場でもそこに応じた礼儀，すなわち社会的に望ましい振る舞いに関する暗黙のルールがある。それは法律でもなければ，明文化もほとんどされないが，しかし社会生活においては場面に応じて求められる共通の約束事である。ノルベルト・エリアスはそうした振る舞いの規範の歴史を文明化の過程として分析した。礼儀と文明化という概念は一見無関係のように思われるが，これは単なる思いつきやこじつけではない。エリアスは概念史的な検討のうえで，一定の歴史的事実から着想を得て，それを壮大な歴史社会学へと練り上げたのである。それはミクロな行動様式の議論に見えながら，実はマクロな構造につながっていることを示すダイナミックな考察でもある。

　エリアスは，礼儀と呼ばれるようになる振る舞いの望ましさへの意識は，西欧では礼節（courtoisie）という概念で表現されていたが，それが徐々に礼儀（civilitas）という概念に引き継がれるようになったことをさまざまな文献に見られる使用法から確認している。この変化は重要で，人間の振る舞いに関する意識は court すなわち宮廷という場に紐づいて登場したということ，そしてその概念に取って代わった civilitas とは，いうまでもなく文明（civilisation）に直接的に結びついていることを示している。▷1

振る舞いに向けられる目と支配のメカニズム

　そうした問題意識のもとでエリアスが具体的な分析対象として重視する歴史資料は，中世から18世紀までの礼儀作法書である。あるべき振る舞いについての指南書のようなかたちで登場したこの種の書物には，聖職者が新入りに向けて書いたものが多かった。それが徐々に広く社会に向けて影響力を発揮した例として，彼は特にエラスムスの『少年礼儀作法論』に注目する。▷2

　エリアスが礼儀作法書で着目するのは，時代ごとの礼儀作法の具体的事実ではなく，礼儀がどのような表現で指南されているかという点である。彼は中世

▷1　18世紀に文明化が「振る舞いの抑制，洗練された態度」そして「礼儀作法が細かい法律の代わりをするようにみんなが心得ている知識」だと認識されていたことを，エリアスはミラボーのことばに基づいて述べている。

▷2　1530年刊行のこの書物は6年のうちに30回の増版を重ね，18世紀だけでも13度の改訂版が出され，トータルで130版以上となったことから，ヨーロッパの広い範囲で，そして長期間読まれていたことがわかる。過去の書物が数多く版を重ねていたという事実は，それ自体社会的な意味の大きさを物語り，そして資料的価値を担保する。

148

の礼儀作法書には「これは良い，悪い」といった単純な区別があると指摘し，それらが階層の上下の振る舞いに結びつけられていたことをまず明らかにした。つまり，「高貴な人」の振る舞いと「百姓」の振る舞いとを区別し，前者を望ましいものとして提示するという特徴が初期から見られたことをもって，エリアスは振る舞いが社会的な上下関係の可視的な指標として機能していたと説明する。可視性ゆえに自他にとって明らかなその指標は，上下を含む社会関係と社会の秩序を維持するうえで重要な役割を果たしていたとエリアスは解読するのである。

　礼儀作法は単に「こう振る舞ったほうがいい」という程度の基準ではなく，上下関係を明示しつづけるための装置として機能する。他人が見てすぐにわかるその上下関係を維持するために礼儀作法自体も反復され強化されることになる。礼儀作法と序列および支配の構造は，とりわけルイ14世治世の宮廷社会という閉鎖的空間のなかで究極のかたちを見せることになる。そしてエリアスは『宮廷社会』において礼儀作法が絶対的な支配権力の基盤になることを示した。

　礼儀作法のこのような機能を裏付けるのは，彼が分析した礼儀作法書の内容の経時的変化である。初期には「良い・悪い」という単純なことばで語られていた振る舞いの指南は，より細分化され，複雑になっていく。それは直接的な指示ではなく，自他の振る舞いへの「観察」を主眼としたものへと変化した。行動の観察に基づいた礼儀は，同時に自他を監視するような行動様式と結びついていくのである。それが頂点に達したのも，ルイ14世以来のヴェルサイユ宮であった。宮殿は，国王とその下に群がる５つの階位の貴族階級の社会である。貴族たちは公爵・侯爵・伯爵・子爵・男爵というランクにふさわしく振る舞い，それが実践できているかをつねに相互監視し，身分に応じた振る舞いができない者を侮蔑して社会的に排除し合う，そのような相互牽制によって国王の絶対的権力を支える構造が維持されていた。そこでは階級に応じた礼儀作法自体が位階証明だったのであり，礼儀作法の放棄は特権の放棄を意味し，権力行使の機会と威信価値の喪失を意味した。宮廷人は細々とした礼儀作法を馬鹿馬鹿しいと感じ，いやいやながらもそれに従わざるをえなかった。礼儀作法とその監視は国王が直接的に支配権力を行使せずとも支配を自動的に可能にする，権力の網の目だったのである。

3 宮廷という場と文明化

　このような振る舞いとその監視強化という礼儀作法が発展した背景として，中世の騎士という封建的貴族階層が没落する一方で，新しい宮廷貴族階層が形成されたことをエリアスは挙げる。つまり，領地争いをするなかで武力によって上下を決していた時代から領主の宮廷が誕生して平和な時代に入ったときに，武力に代わって上下関係を決する方法として，振る舞い方という可視的指標の

重要性が増したというのである。可視的指標はつねに他者からの観察に晒される。自分の社会的地位を守るために，他者の振る舞いに目を光らせる。礼儀作法とは冷静な観察を必要とするのであり，感情的になり，我を忘れ，礼儀に反した行動をとることは，宮廷人にとって致命的な振る舞いであった。それゆえに，礼儀に適う行動をとるということは，つねに冷静に情感を抑制するということでもあった。礼儀作法書には礼儀に外れた行動を注意する方法まで書かれているが，その注意の仕方すら，直接的ではなく「それとなく」行うことが推奨された。このように，宮廷社会の礼儀とは，行動の徹底した自己管理と他人の監視によって支えられる。エリアスは，この特徴はヨーロッパに限らずどの社会においても「文明化」の過程として確認できると主張する。文明化とは，人間が行動を自己規制する規範の普及ともとらえられるわけである。

　エリアスはこのような文明化の特徴を明らかにするなかで，18世紀から19世紀のフランスとドイツを比較する。政治的にも経済的にも後進国であったドイツでは，特にナポレオン戦争後に市民層のナショナリズムが高揚するが，その際にキーワードのように持ち出されたのが，文明と文化の対比であった。フランスに劣等感をもつドイツ市民は，フランスの文明を外見だけで判断する表層的なものとして切り捨て，外面ではなく内面を重視するドイツの文化（Kultur）を称揚した。それはフランス的な貴族文化に対するドイツの市民的アイデンティティ形成ともつながった。文明化の議論はこのように，ルイ14世の支配構造にも，19世紀のナショナリズムのロジックにも発展する。

④ 文明化と暴力のコントロール

　礼儀作法の変遷を分析する際に，エリアスはその波及効果にも目を向ける。振る舞いの望ましさの規範は，望ましくない振る舞いへの侮蔑や苦々しさの感情にも結びつく。映画でもヨーロッパの貴族が——あるいは日本の平安貴族でも——，洗練された行動を知らない粗忽者に向ける侮蔑の表情にはよく出合う。このような意識は，礼儀をわきまえない行動に対する不快感にもなっていく。つまり，社会的な規制が内面にまで影響を与えるのである。エリアスはテーブルマナーのなかでもとりわけナイフに関わる規則が多いことに注目し，かつて武器であったナイフが平時の宮廷文化になる過程において特に取り扱い注意の対象となり，ひとつ間違えば他人を傷つける暴力にもなりうるのを想起させるような使用法を拒むかたちでルールが結晶化していく過程を明らかにする。彼が強調するのは，食器となったナイフが実際に危険な行為を引き起こすという現実的なリスクよりもはるかに過剰な取り扱いルールが出来上がったという点である。ナイフを口にもっていってはいけないというのは私たちにもお馴染みの習慣であるが，ナイフが顔に向けられるのを見るのも不快であるという感性の成立と連動している。このような過剰とも思える敏感さと不快さへの拒絶の

感覚が宮廷人の特徴であるとエリアスは述べる。

　文明化の過程はナイフのような武器，すなわち暴力性を想起させる道具やそれにまつわる行動を日常生活のなかで極力制限する方向に動いていった。食事の際にナイフの使い方をルール化して使用法を制御し，かつては主人の名誉であったテーブルで肉を切り分ける行為が厨房という舞台裏へと追いやられ，人目に触れなくなる。中世では日常にあったあらゆる暴力は，コントロールされ，最小化されるようになる。

　市井においていつでも小競り合いが殺傷にまで達するような中世は暴力にあふれた社会である。だが徐々に人間と人間が接する場面のルールが出来上がり，暴力行為は法的にも禁じられる。それは理不尽な暴力行為が起これば国家が介入する，つまり市民を拘束したり罰したりするという暴力行為は国家が独占し，それ以外の人々から取り上げることによって市井を比較的安心できる場にしたということである。文明化された社会とは，そうした暴力独占機構が備わった社会ということになる。実際，ヨーロッパの人々は19世紀の植民主義のなかで，そうした暴力独占のシステムをもたない他文化圏の人々を未だ文明化されていない未開の人々とみなした。

⑤　暴力の独占と刑罰

　絶対王政期に見られた文明化＝暴力の独占という現象の一例をエリアスから離れて当てはめてみるならば，18世紀から19世紀のパリの死刑執行人サンソンの手記がよい材料になるだろう。死刑執行人一族の4代目シャルル＝アンリ・サンソンは，世間から忌み嫌われる自分たちの存在を正当化すべく演説を行い，それを手記に残した。彼によれば，犯罪者を震え上がらせるのは自分の剣であり，その剣が秩序を保つのであり，自分の職業は軍隊が国外に対して平和を維持するのと同じように，国内で平和を維持する。18世紀フランスの刑罰は罪の種類と階級によって厳密に手順が決められており，まさに作法に則って処刑がなされていた。その作法と職人技は代々死刑執行人という身分に置かれた者が担い，国王の代行という権限で刑は実行された。サンソンが述べるように，暴力がそこに神聖なものとして委ねられるからこそ日常の平和が保たれる[3]。

　文明化，礼儀作法，支配の構造，暴力の独占といったテーマはエリアスの手で壮大な歴史社会学としてまとめられた。その特徴は，個人の意志や特定の理念，イデオロギーを探究するのではなく，人間の外面的な振る舞い，つまり外から観察可能な行為に視点を置いていたところにある。そうした視点と考察方法は，ダイナミックな歴史社会学の可能性を示唆するだけではなく，現代社会の分析にも大いに寄与するだろう。　　　　　　　　　　　　　（宮本直美）

▷3　サンソンはギヨタン博士とともに人道的な処刑方法を実現するはずのギロチン発明に関わった人物としても知られているが，職人芸と作法に則った前近代的な処刑方法よりも人道的で近代的な機械のほうが大量殺人を可能にした皮肉を吐露している。

参考文献

エリアス，N.，赤井慧爾・中村元保・吉田正勝訳，1977，『文明化の過程』（上）法政大学出版局。

エリアス，N.，波田節夫・溝辺敬一・羽田洋・藤平浩之訳，1978，『文明化の過程』（下）法政大学出版局。

エリアス，N.，波田節夫・中埜芳之・吉田正勝訳，1981，『宮廷社会』法政大学出版局。

安達正勝，2013，『死刑執行人サンソン』集英社新書。

Ⅴ　歴史社会学の世界

不定形な対象をどうとらえるか
ルース・S. コーワン『お母さんは忙しくなるばかり』

1　楽になったはずの家事が、なぜつらいのか

　よく「○○化」ということばを目にする。それとは逆の動きが目立ってくれば、「脱○○化」と名付けられたりする。あるいは、「△△から□□へ」という言い回しもしばしば見かける。これらの表現は、社会のなかのある領域の変化が、それぞれの時期ごとにひとつの方向に進んでいるという発想——歴史を扱うときの立場といってもよい——に基づいている。

　しかし考えてみれば、たとえ同じ時期の同じ領域であっても、別の方向に向かう動きがぶつかりあっていることは珍しくないし、隣り合った場所でまるで正反対の変化が起きていることもある。そうした非一貫的な変化の細部に分け入っていくところにこそ、歴史分析の面白さがある。

　『お母さんは忙しくなるばかり』は、「家事」という領域に光をあて、その一筋縄ではいかない変化を描く。ふしぎなことに、家事については対立する見方がある。ひとつは「家事は楽になった」というものである。労力を節約するさまざまな装置や設備が、そのような変化をもたらした。その対極に、「家事はつらいものである」という見方がある。つらいからこそ、だれがどのようにそれを担うかが切実な問題となる。楽になったはずの家事が、なぜつらいのか。コーワンはこの矛盾を解明しようとする。

　本書を貫くのは、家事は「労働」であり、家庭（住宅）は工場や炭鉱と同じく「生産」の現場だという視点である。もっとも、家事が労働であることに着目するだけでは具体的な研究の指針は得られない。なぜなら、家事が境界のはっきりしない労働だからである。「家事労働が難しいのと同様に、家事労働の研究は難しい。家事労働者のように家事研究の学徒も、作業がどこから始まりどこで終わるか、何が不可欠で何がそうでないか、何が必要で何がやむを得ず行うことなのかを決めるよう強いられる」。

　不定形な対象をとらえるときにこそ、方法が試される。コーワンが着目したのは、「道具」の変化の仕方とその作用である。家事という労働（家事労働）は、工場や炭鉱やオフィスで行われる労働（市場労働）と同様に、さまざまな道具を用いる。コーワンによれば、道具は単なる手段ではない。労働と道具には弁証法的な関係があるというのだ。「人が仕事に道具を使うのであるが、実は道具が仕事を組織するのであり、道具が仕事のやり方と人の振る舞いを決める」◁2。

▷1　コーワン, R. S., 高橋雄造訳, 2010, 『お母さんは忙しくなるばかり』法政大学出版局, pp. 12-13。

▷2　コーワン, R. S., 高橋雄造訳, 2010, 『お母さんは忙しくなるばかり』法政大学出版局, pp. 7-8。

V-4 不定形な対象をどうとらえるか

この見方だけでも十分に独創的なのだが，コーワンはさらに周到に方法を整備する。そこで導入されるのが「労働の過程」と「テクノロジーのシステム」という概念である。これらの概念は，個別の作業や技術にとどまらず，それらの間の複雑な結びつきに光をあてるものである。「労働の過程という概念から家事労働の歴史に光を当てると，いくつかの驚くべきことがわかってくる。この驚きが，本書の分析の中心である」。[3]

ひとつの例を挙げてみよう。敷物の掃除という家事労働が，真空掃除機という道具の登場によって楽になったかどうか。本書は次のように吟味する。

敷物についたホコリを取り除くという作業だけを取り出せば，手間が減ったのは明らかである。しかし，敷物の掃除は，ホコリの除去だけにとどまらない込み入った一連のプロセスである。それは大がかりな力仕事であり，かつては男性も女性も関わっていた。真空掃除機が変えたのは仕事の仕方である。この技術が普及すると，敷物の掃除は女性が「一人でもできる」ものに変わった。この変化が「一人でこなさなければならない」という規範を支え，他の担い手の退場をまねき，ひとりひとりの女性にとっては，かえって重労働となった。

家事の工業化によって，確かに家事労働の総量は軽減された。しかし，軽減されたのは，もっぱら男性が担当してきた労働であった。女性の労働は，維持されたか，むしろ増大した。なぜかといえば，男女が担う領域の相互分離が進み，「家事は両性が分担しなければ成り立たない労働から，本当に『女の仕事』になった」ためである。[4] さらに，家事に対する要求水準が上がったことも見逃せない。たとえば，木綿製品は着心地がよいだけでなく，丈夫で簡単に洗濯ができるという利点がある。そのことが洗濯の頻度を高める。家事の工業化は男性と女性にまったく異なる影響を与えたのである。

2 消費か，それとも生産か：社会科学批判

本書は主流の社会科学への挑戦でもある。経済学者や社会学者は，男性の家庭外での賃労働への従事と家庭テクノロジーの革新により，家庭が「生産」の単位から「消費」の単位に変わったと説いてきた。

これに対しコーワンは，複数のテクノロジーのシステムが家事を成り立たせていると指摘する。具体的には，「食料，衣服，保健，交通・運搬，水，ガス，電気，石油製品の供給」の8つを挙げる。そしてこのなかに，明らかに「生産から消費へ」という変化にあてはまらないシステムがあることに注意をうながす。それは「交通・運搬」である。[5]

彼女は言う。「家庭への交通・運搬システムは，食物・衣服・保健ケアのシステムとは全く反対のパターンで発達した。つまり消費から生産へと移行したのであり，主婦は，購入した品物を受け取る立場から，運搬する立場に変わった」。[6] 家庭は，自動車という新しい道具を用いることで，運搬というサービス

▷3 コーワン，R. S.，高橋雄造訳，2010，『お母さんは忙しくなるばかり』法政大学出版局，p. 11。

▷4 コーワン，R. S.，高橋雄造訳，2010，『お母さんは忙しくなるばかり』法政大学出版局，p. 53。

▷5 コーワン，R. S.，高橋雄造訳，2010，『お母さんは忙しくなるばかり』法政大学出版局，p. 73。

▷6 コーワン，R. S.，高橋雄造訳，2010，『お母さんは忙しくなるばかり』法政大学出版局，p. 81。

を消費する側ではなく，自ら生産する側へと立場を変えたのである。

　さらに，生産されるものの変化という視点が導入される。たとえば水道というテクノロジーによって，炊事，風呂，洗濯のための水を川や井戸から汲んでくる必要はなくなった。では，家庭は水を消費するだけになったのかといえば，そうではない。水が豊富に利用できるようになったことで，室内や衣服や食器をより清潔に維持するという新たな必要が生じた。水道は家事の生産性を飛躍的に向上させたが，かつては家庭で消費していなかったもの（＝すみずみまで清潔な部屋）まで生産できるようにした。ガス，電気，石油製品といったテクノロジーもまた，生産の対象を変える。

　技術革新は女性の労働を軽減しただけでなく，「新しいチョア〔こまごまとした用事〕と新しい生活水準および家事負担を創出した」[7]。つまり家庭は，工業化が進んだ社会においても，単なる消費の場にとどまらず，物・サービスの生産の場であり続けたのである。「近代的な労働節約器具は，骨折り仕事をなくしたが，労働そのものをなくしたのではない。家庭は私たちの社会が健康な人々を生産する現場であり，主婦はこの生産過程のほとんど全段階に責任を負う労働者である」[8]。

　このように本書は，「楽になったはずの家事が，なぜつらいのか」という謎をあざやかに解き明かしていく。ひとつの答えは，生産性の向上が要求水準の上昇によって相殺されるところに求められる。もっとも，それだけならば市場労働にも当てはまるかもしれない。家事の特質は，そもそも労働であることすら認められず，それゆえ対価も支払われず，しかも孤立している点にある。このことが，家事に市場労働とは異なった質の苛酷さをもたらす[9]。

　決定的に重要なのは，家事の生産性の向上，女性への家事責任の集中，要求水準の上昇，そして女性の市場労働への参入が，同時に進んだことである。「今日の家庭ではお母さんの仕事は増えるばかりである。なぜならば，彼女を助ける人はいないからである」[10]。

③　敗北の歴史に学ぶ

　本書で展開される謎解きは，道具に着目するという独創的な方法と，徹底した資料の探索が可能にしたものであるが，歴史のなかの批判的な実践に学ぶことによって得られたものでもある。

　すでに19世紀の末には，家事が女性によって担われる労働であり，それが男性によって搾取されていると主張する思想家（シャーロット・P.ギルマンなど）が登場し，共感を集めた。そして，家族ごとに分離された住宅，世帯ごとの道具の私有，家事の女性への割り当てを批判し，オルタナティブな生活を模索する運動が展開された。コーワンは，テクノロジーの歴史のなかに，こうした思想や運動の水脈を読み込む。そこには，本書と同時期に書かれたドロレス・

▷7　コーワン，R. S.，高橋雄造訳，2010，『お母さんは忙しくなるばかり』法政大学出版局，p. 91。

▷8　コーワン，R. S.，高橋雄造訳，2010，『お母さんは忙しくなるばかり』法政大学出版局，p. 103。

▷9　家事労働についての家族社会学者による考察として，アラン，G.，天木志保美訳，2015，『家族生活の社会学』新曜社が示唆的である。

▷10　コーワン，R. S.，高橋雄造訳，2010，『お母さんは忙しくなるばかり』法政大学出版局，p. 217。

ハイデン『家事大革命』[11]とも深く共鳴しあう問題意識がある。

アメリカでは19世紀末から，マテリアル・フェミニストと呼ばれる人々によって地域を単位とする家事の協同化が試みられた。20世紀初頭には「台所のない住宅と家事労働のない町」の実現をめざす実験が各地で展開された。「これらもう一つの道には熱心な賛同者がいて，そのいくつかは短期間であったが繁栄した。しかし，結局これらはすべて失敗に終わった」[12]。

当時圧倒的な支持を集めたのは，家事を住宅の内部に留めたままでも改善は可能であるとの主張であった。その根拠とされたのが，主婦の役割を固定しながら家事の軽減を約束するさまざまな設備や道具の発明である。家事工学者たちは，主婦への負担の集中を温存したままで家事を合理化できると主張し，協同化の運動を否定した。"Mr. Home Owner"（住宅所有者としての男性）と"Mrs. Consumer"（消費者としての女性）の幸福な結婚という筋書きが描かれた。

こうしてマテリアル・フェミニストたちは敗北し，「なぜ孤立して幼児の世話をするのか，日に二，三度の食事の用意や，洗濯や，カーペットや家具やカーテンや床の手入れや，買物は，なぜ孤立して行われているのか」[13]という問題提起は忘れ去られた。男性の仕事としての建築学・都市工学，女性の仕事としての家政学・住居学という知の分業体制が忘却を加速した。

さて，コーワンが『お母さんは忙しくなるばかり』の結論として示すのは，次のような提案である。「洗濯機や真空掃除機が女のものであるという観念や，一点のしみもないワイシャツやピカピカの床が君臨する支配を次の世代（私たち自身も）が無力化するように努力すること」[14]。この提案はあまりに慎ましく，肩すかしを食らったように感じられるかもしれない。しかしそれは，「もう一つの道」の敗北の歴史をふまえた熟考の産物に他ならない。

いみじくもハイデンは，「建築は，それ自体では大きな変革を引き起こすことはできない。つまり〔物理的〕空間の変化は，それ自体では社会変革に影響を与えることはない」[15]と述べている。急進的な思想や目新しいデザインが社会を変えるのではない。かといって，私たちはただ無力なだけではない。日常生活を拘束する規則の由来を知ることは，社会を変えるための足がかりを与える。なぜなら，歴史との対話を通じて，「私たちにとって意味のある規則だけを選び出す術を身につけ」ることができるからである。そうすれば「家庭テクノロジーにコントロールされるのではなくこれをコントロールできるようになる」[16]。家事労働の削減という夢は，このときようやく現実のものとなるだろう。

コーワンの提案の眼目は，「家族のプライバシーと自治を維持し増大する社会的仕組み」[17]との対決を避ける点にある。テクノロジーがいかに変化しようとも，人々はこの仕組みを守ってきた。これを破壊してしまうのではなく発展させる過程で，テクノロジーを飼い馴らす力を獲得すること。コーワンはその可能性にこそ，したたかな変革の糸口を見出すのである。　　　　　（祐成保志）

▷11　ハイデン, D., 野口美智子・梅宮典子・桜井のり子・佐藤俊郎訳, 1985, 『家事大革命』勁草書房。

▷12　コーワン, R. S., 高橋雄造訳, 2010, 『お母さんは忙しくなるばかり』法政大学出版局, p. 106。

▷13　ハイデン, D., 野口美智子・梅宮典子・桜井のり子・佐藤俊郎訳, 1985, 『家事大革命』勁草書房, p. 394。

▷14　コーワン, R. S., 高橋雄造訳, 2010, 『お母さんは忙しくなるばかり』法政大学出版局, p. 233。

▷15　ハイデン, D., 野口美智子・梅宮典子・桜井のり子・佐藤俊郎訳, 1991, 『アメリカン・ドリームの再構築』勁草書房, p. 271。

▷16　コーワン, R. S., 高橋雄造訳, 2010, 『お母さんは忙しくなるばかり』法政大学出版局, p. 238。

▷17　コーワン, R. S., 高橋雄造訳, 2010, 『お母さんは忙しくなるばかり』法政大学出版局, p. 159。

Ⅴ　歴史社会学の世界

5 空気の管理による社会的区分
アラン・コルバン『においの歴史』

1 「瘴気」の時代

「におい」が感知されるには，ある物体から放たれたにおいの成分が，空気の流れに乗って拡散し，鼻の受容体に届かなければならない。逆にいうと，触覚とは異なり，「におい」を感じる嗅覚は，物体との直接的な接触を必要としない。しかし，物体から放たれた成分との接触が必要な点で，視覚とも異なる。したがって，「におい」とは，物体から鼻の受容体へとにおいの成分を伝達する空気という媒体に支えられて成立するものである。

「におい」の元になる成分の放出と，空気という媒体を介した拡散，そして各人の鼻による受容という一連の過程を確認するならば，「におい」を切り口に考察を展開する本書の主題の広がりを理解できるだろう。呼吸しながら暮らす人間にとって，「におい」から逃れるのは困難である。しかし，都市に多様な人々が集中して暮らす時代において，「におい」は空気という共有物を媒介として，異質な他者の存在を感知させ，自己のありようを意識させるきっかけとなりうる。本書は，社会階級と親密性，自己といった近代社会における社会的区分と「におい」との関係を歴史社会学に検討した研究なのである。

▷1　コルバン，A.，山田登世子・鹿島茂訳，1990,『においの歴史』藤原書店。

本書が扱っているのは，政治的にも社会的にも大きな変容を遂げた，1760年代から1880年代に至るフランス社会である。1760年代のフランスはルイ14世の死後に王権を継承したルイ15世の治世，いわゆる「アンシアン・レジーム」の爛熟期にあたる。フランス社会はその後，1789年のフランス大革命に端を発する幾多の政体変動を経験し，ようやく1880年代に政治秩序が安定するに至る。この18世紀後半から19世紀の終わりという時期は，社会的には国王や貴族といった身分を主軸として形成される社会から，個人の才覚をもとに商工業に従事する「ブルジョワジー」が力をもち，個々人間の親密性に基づく家族が重視される社会へと移行し，パリをはじめとする大都市の人口が増加した時代である。このように政治的にも社会的にも変化の激しい時期であるが，しかし「におい」という本書の視点に立てば，一貫した特徴が見出せる。すなわち，フランス語原著のサブタイトルに含まれる「瘴気」への社会的着目である。

▷2　ルイ14世（1638～1715）は1643年から1715年までのフランス国王，ルイ15世（1710～1774）は1715年から74年までのフランス国王である。「アンシアン・レジーム」とは，16世紀からフランス大革命に至るまでの身分と職能を中心として構成されていた社会の特徴を表す用語である。

2 「悪臭」への対応

「瘴気」とは，人体の健康に悪影響を及ぼすとみなされた「におい」を放つ

156

空気である。この瘴気の発生源とされたのが，腐敗した有機物，具体的には糞尿や死体である。現代の私たちの感覚からすると，腐敗物の「悪臭」に「健康を害する」可能性を感じとり，「悪臭」を嫌悪するのは当然のように思える。しかし本書によれば，この「悪臭」への嫌悪は，受容側の感覚の歴史的な変容が前提となっているのである。

　1760年代のフランスで「におい」に対する感覚の変容が生じたのは，空気のとらえ方が変化したためである。それ以前の時代において空気は土や水，火と並んで自然界を構成する要素のひとつとしてとらえられており，空気の性質を細かく分析しようとする発想は一般的ではなかった。しかし呼吸や消化のメカニズムおよび空気の化学的な組成の研究が進むにつれ，空気が人体に与える影響や，有機物の発散する物質が空気の性質に与える影響に注目が集まる。「悪い」空気は人体に悪影響を及ぼしうるという観念の社会的な共有こそが，「瘴気」の時代を画するメルクマールであり，健康への害を避けるべく，空気の性質の「良し悪し」を判断する基準として持ち出されたのが嗅覚なのである。

　「悪い」空気を感知すべく動員された嗅覚は，不安と結びつきやすい感覚である。物体から離れていても「におい」は不意に自らを襲ってくる。眼では変化が見つからなくとも有機体を蝕む腐敗の兆候を「におい」は示してくる。にわかに訪れる崩壊の兆しは，安定した秩序という見掛けの背後に潜む危険と，その危険が突如として顕在化する怖れを喚起させるのである。

　「悪臭」を避けるには，「悪臭」の発生源から十分な距離をとり，発生源からの空気の流れが自らに及ばないようにすればよい。しかし，人間が集中して居住している都市には，糞便や死体といった有機物も同時に集中してしまう。特に危険視されたのが，都市に存在する汚泥と糞尿溜め，墓地，屠殺場，淀み，沼である。また，「におい」に対する関心の高まりは同時に，人間の発する体臭への感覚も鋭敏にさせた。特に注目を集めたのが，人間の体臭を変化させる原因と想定された社会的な属性である。性別や年齢，居住している地域や職業，健康状態によって，その人の体臭や吐息が異なり，かつ人口の集中する大都市ではそれだけ多くの体臭や吐息が充満している。このような観念こそが，「悪臭を放つ群衆」という恐怖を引き起こしたのである。

　では，どうすれば，「悪臭」を緩和できるのか。伝統的には，自分のまわりに動物性の芳香剤を焚き染めて「悪臭」を遮断し，周囲の「空気を浄化」する方法が用いられてきた。しかし気体化学の発展によって，芳香剤の空気浄化作用が疑問視されると，「悪臭」の流れを分析し，新鮮な空気を大都市に取り入れるという公衆衛生的な方法に期待が集まるようになったのである。公衆衛生への関心の高まりは同時に，個人衛生の水準も高めることになった。当初は社会のエリート層に限定されていた「におい」への配慮だが，体臭だけでなく香水も含め，自らの発する「におい」による不快感を他人に与えないため身体を

▷3　大森弘喜，2014，『フランス公衆衛生史』学術出版会，pp. 76-77。

清潔に保つ配慮が求められるようになったのである。しかし興味深いことに，この身体衛生への配慮の高まりは，「におい」の完全な除去ではなく，その人の「独自性を示す体臭」への関心を呼び覚ます結果となった。「悪臭」を除去したからこそ，その人自身の個性的な存在をほのめかすかすかな「におい」を相手に届けることができる。近代社会を特徴づける個々人間の親密性は，この時期にあらわれた植物性の香水によって彩りを添えられた「におい」に誘われて形成されるのである。

③ 自己の析出

　「瘴気」を媒介に嗅覚が呼び覚まされ，「悪臭」を除去したからこそ，個々人の「におい」が嗅ぎ分けられる。「瘴気」と並んで原著のサブタイトルに使われる「黄水仙」とは，はかない香りを通じて感じ取られる他者と自己の存在，そしてそれらのあいだのつながりを象徴している。視覚がとらえるのは，その瞬間の物体のありようである。対して嗅覚は，物体が残した痕跡を感じとることができる。それゆえ，はかない香りの感知には，「におい」を嗅ぎ取り，今しがた存在した物体を想起し，記憶を通じてその存在を現在から再構成しようとする主体の側の積極的な働きかけを必要とする。現在から過去を再構成するこのプロセスを経て初めて，自己という時間的な存在が成立するのである。

　「悪臭」対策としてさまざまな公衆衛生的な方法が採用された。水たまりを除去して街路を舗装し，街路に溜まった汚物を大量の水で洗浄し，下水道を通じて排水する。泥と汚物が堆積している場とみなされた沼を干上がらせて「瘴気」の元を断つ。汚物処理場を都市の郊外に設置し，「悪臭」の発生源であるゴミと糞尿を集中的に処理するといった方法である。しかし，いずれの対策も実効的な効果をあげられなかった。そのため「悪臭」対策として実際にとられたのが，換気と消毒，個人衛生である。「瘴気」が都市の一角に滞留するのを避けるには，密集した人間を分散させなければならない。軍隊や病院，刑務所といった人間の密集する場において，人間の肉体間の間隔に対する管理が開始されたのである。また，糞尿溜めや死体の「悪臭」対策として石灰水による消毒が活用され，「悪臭」の原因に対して化学的に働きかける手法も広まった。さらには「悪臭」の発生源を直接的にコントロールすべく，入院患者には下着の定期的な交換を義務づけ，刑務所の囚人には体を定期的に洗わせるといった身体のコントロールも行われるようになる。

　ただし，個々の「悪臭」源への働きかけだけでは限界があった。実際，1826年には下水管が詰まり，「悪臭」を放つ汚泥がパリの中心部に漏れ出す事故が起きる。この事故を受け，都市を襲う糞尿への抜本的な対策として導入されたのが，糞尿を生活困窮者に回収させ肥料として再利用するという方法である。この公衆衛生と功利主義との結合が「悪臭」対策を前進させたのである。[4]

▷4　本書でいう「功利主義」とは，政策の費用と便益に着目して，その妥当性を勘案する発想を意味している。糞尿を肥料として再利用できれば，費用をかけて処理すべき廃棄物が，便益をもたらす資源となるということである。

V-5 空気の管理による社会的区分

ともあれ、この時代にほのかな香りを感じ取れるような無臭の空間を享受できるのは、一部の社会階級に限定されていた。社会階級と「におい」への感受性とが重なり合っているのであれば、「におい」をめぐる問題は単なる公衆衛生の対象ではなく、社会的な意味をもつようになる。排泄物と汗から距離をとることが可能なブルジョワ階級の人々は、「悪臭」を放つ労働者階級から自らを区別し、労働者階級の「悪臭」が自分たちのまわりに流れ込んで来るのを警戒する。19世紀初頭のフランスで行われていた社会調査の背景のひとつには、「悪臭」を放つ都市貧困層にブルジョワ階級が抱いていた警戒心がある。

1832年にパリで流行したコレラによって、「におい」に対する社会的な意味づけは、さらに強化されることになった[5]。コレラの感染源と目されたのは、単なる「瘴気」ではなく、労働者階級の住む建物の共用部分から漂ってくる糞尿と汚物が発する悪臭だった。狭く暗くて空気が淀み、不衛生で湿気た建物に密集して居住しているとみなされた貧困層は、社会病理の原因として「悪臭」ともども除去すべき対象ととらえられたのである。

共用部分の「悪臭」対策として進められたのが、排便をめぐるプライバシーの強化である。他人の排泄物と臭気から自分の身を守り、自分の排泄物は自分で管理する。この排便の私化を通じた自己規律によって、公衆衛生の対象が街区から建物や住居のなかへ、さらには個々人の衛生管理にまで及んだのである。

しかし「におい」は空気の流れを通じて都市の街区に広まってしまう。その「悪臭」を徹底して避けるには、住居のなかに閉じこもるしかない。無臭を誇るブルジョワにとって、衛生的な住居こそが貧困層の「悪臭」から身を守ることのできる幸福の場なのである。ただし、空気までも閉じ込めてしまっては、逆に「におい」が建物にこもってしまう。そのため重視されたのが、まずは換気であり、次に台所やトイレとそれ以外の部屋との分離である。加えて重視されたのが、家族の吐く息を避け、ひとりになれる私的空間と個人ベッドである。身体衛生への配慮は、清潔さをブルジョワの美徳に仕立て上げることになった。許される「におい」は、女性がまとう植物由来の香水の香りだけとなる。情動や欲望を抱かず、清らかで慎ましやかで自らは動かないという植物に託されたイメージは、この時代のブルジョワ女性に求められていた規範でもあった。

「瘴気」の時代の終わりを画するのが、パスツールによる細菌の発見である[6]。伝染性の病気の原因は「瘴気」それ自体ではなく病原菌であるとの発見により、「悪臭」と「健康を害する可能性」との関連は断ち切られた[7]。しかし嗅覚で「におい」は感じられても、病原菌の存在をとらえるには科学的な機器が必要となる。人間の感覚だけではとらえられない存在に感染してしまう恐怖と、病原菌が繁殖しやすいとされた地域を社会的に隔離することへの強迫観念は、「瘴気」の時代後もブルジョワのなかにくすぶりつづけていたのである。

(流王貴義)

▷5　都市の衛生環境の悪化が「社会的」な問題であると認識されるようになったのは、1832年のパリでのコレラの大流行がきっかけである（田中拓道、2006、『貧困と共和国』人文書院、p. 67）。

▷6　ルイ・パスツール（1822〜1895）はフランスの生化学者・細菌学者・医学者であり、腐敗は細菌によって引き起こされ、また細菌がさまざまな伝染病の感染原因であると指摘した学者である。

▷7　ただし大森弘喜は、感染症の原因を病原菌に求めるパスツールらの発見が「瘴気」の時代を即座に終わらせたわけではないと指摘している（大森弘喜、2014、『フランス公衆衛生史』学術出版会、pp. 422-423）。

Ⅴ 歴史社会学の世界

6 病気のイメージの歴史
スーザン・ソンタグ『隠喩としての病い』／サンダー・L. ギルマン『病気と表象』

1 医学の歴史を描く

「医学や医療の歴史」と聞いてあなたはどのようなイメージをもつだろうか。マスメディアなどでも取り上げられる例としては，医療の発展に寄与した医学史上の偉人，あるいは著名な医療従事者に焦点をあてた「歴史」があるだろう。古くはフローレンス・ナイチンゲールやエドワード・ジェンナー，日本では野口英世などが何度も小説や映画の題材となっている。また2010年前後にヒットしたテレビドラマ『JIN-仁-』はマンガ原作の架空のストーリーだが，幕末の医療事情についての詳しい描写が取り入れられている。「医は仁術」ということばがあるが，使命感に燃えた医師が人命を救うために奔走するというストーリーは，医学に馴染みのない人々に対してもその歴史的意義を伝えやすく，それゆえもっとも提供されやすい物語形式なのであろう。

こうした医療提供者（医師や医学者，看護師など）あるいは彼らが用いた学説の歴史は通常「医学史」と呼ばれ，従来から歴史学者や医学者らによる研究対象となってきた。その研究は，確かに医療の実践について，ある一面の史実を明らかにしている。しかし，記述が単線的な発展史観に陥りがちなことや，医療を受ける側（患者）の視点，あるいは「病気」そのものが社会のなかで有していたイメージの歴史が見えにくいという難点があった。この弱点を補うため，1970年代以降，病人史と呼ばれる患者の歴史に焦点をあてた研究が蓄積される一方，病気という現象が社会のなかで有していた意味や表象に焦点をあてた歴史研究も進展してきた。

2 隠喩としての病い

後者の例としてよく知られているのが，スーザン・ソンタグの『隠喩としての病い』（*Illness as Metaphor*）である。本書は，著者自身の闘病経験をきっかけとして書かれ，「結核」と「癌」というふたつの病が有してきた，社会で共有されてはいるものの普段は意識化されにくい意味（隠喩）について論じている。

彼女によれば，19世紀の「結核」と20世紀の「癌」は，ともに「仰々しくも隠喩に飾りたてられた病気」であり，このふたつの病気が人々の空想を掻き立てるのは，「すべての病気は治療できるということが医学の大前提になっている時代にも，手におえぬ気紛れな病気——つまり，正体不明の病気——とされ

▷1　ソンタグは1933年生まれの批評家であり，1966年発表の『反解釈』（*Against Interpretation*）で注目を集め，1970年代にはアメリカを代表する論客となった。そんな彼女が1978年に発表したのが『隠喩としての病い』である。ソンタグ, S., 富山太佳夫訳, 1982,『隠喩としての病い』みすず書房。

るものへの反応の典型[2]」をあらわしているからである。ソンタグは冒頭部でこのように書く。「私の書いてみたいのは，病者の王国に移住するとはどういうことかという体験談ではなく，人間がそれに耐えようとして織りなす空想についてである。実際の地誌ではなくて，そこに住む人々の性格類型についてである。肉体の病気そのものではなくて，言葉のあやとか隠喩（メタファ）として使われた病気の方が話の中心である。[3]」

　こうした問題意識にそって，ソンタグは「結核」と「癌」にまつわる隠喩の成立過程を各種の資料から解き明かしていく。隠喩の解明に歴史的な分析が求められる理由は，「結核」が19世紀を代表する歴史上の病いであるからという理由以上に，このふたつの病いに関して，現在のわれわれが共有している意味の体系を理解するためには，その複雑な成立の過程を記述する必要があったからである。

③ 結核と癌の表象

　たとえば「結核」と「癌」は，今日ではまったく異なる病いとして，医学的にも，表象の世界でも区別されている。しかし語源学的，あるいは症候学的にいえば，両者はともに病的な「突起」を意味する語から派生しており，長い間，概念的に近い位置にある病気だった。ところが19世紀末に「結核」が細菌性の伝染病であることが発見されると「この二つの病気に関連する代表的な隠喩が画然と別れて，おおむね対比的になったのである[4]」。そして「結核」が肺という器官に局在する病気，「癌」が体の全体に関わる病気とされただけではなく，前者には情熱過多，幸福感，食欲増進，性欲増大，崩壊，発熱，肉体の軟化などの意味が付与されたのに対し，後者には情熱不足，生命力の阻碍，食欲不振，退化，石化といったイメージが付与されていく。また「結核」が階層的に低い人々の環境（貧困と零落）と結びつけられて語られるのに対し，「癌」は「中流生活のうむ病気で，豊かさや過剰と結びつく病気[5]」とされていった。こうした考察を進めることで，ソンタグは，私たちが暗黙のうちに共有してしまっている病気についての観念を明るみに出し，その相対化をめざしたといえるだろう。

　ソンタグが「結核」と「癌」にまつわる隠喩の歴史と現状を明らかにする際に用いた資料は，病気についての辞書の記述，文学作品，哲学書，詩，病者の日記，医学者のテクストなど，多岐にわたる。これらの資料からテクストを縦横無尽に引用することで，ソンタグは病気に関する隠喩が確固として社会の内部に存在すること，また隠喩のあり方が時代とともに変化することを主張していく。こうしたソンタグの手続きは，分析手法の妥当性が問われがちな社会学の立場からすると，やや問題含みかもしれない。彼女の記述では，なぜ，どのような基準によって，当該のテクストが分析対象に選ばれたのかという議論がほとんどないからである。

▷2　ソンタグ，S.，富山太佳夫訳，1982，『隠喩としての病い』みすず書房，p. 7。

▷3　ソンタグ，S.，富山太佳夫訳，1982，『隠喩としての病い』みすず書房，pp. 5-6。

▷4　ソンタグ，S.，富山太佳夫訳，1982，『隠喩としての病い』みすず書房，p. 15。

▷5　ソンタグ，S.，富山太佳夫訳，1982，『隠喩としての病い』みすず書房，pp. 21-22。

▷6 ソンタグ, S., 富山太佳夫訳, 1982, 『隠喩としての病い』みすず書房, p. 82。

▷7 ソンタグ, S., 富山太佳夫訳, 1982, 『隠喩としての病い』みすず書房, p. 85。

▷8 コンラッド, P. &シュナイダー, J. W., 進藤雄三監訳, 2003, 『逸脱と医療化』ミネルヴァ書房。

▷9 ギルマン, S. L., 本橋哲也訳, 1996, 『病気と表象』ありな書房。

▷10 ギルマン, S. L., 高山宏訳, 1996, 『健康と病』ありな書房。ギルマン, S. L., 小川公代・小澤央訳, 2020, 『肥満男子の身体表象』法政大学出版局。

▷11 ギルマン, S. L., 本橋哲也訳, 1996, 『病気と表象』ありな書房, p. 7。

▷12 ギルマン, S. L., 本橋哲也訳, 1996, 『病気と表象』ありな書房, pp. 18-19。

しかし，病気に関する隠喩という，日常生活において私たちが意識しにくい現象を捕捉していくためには，ソンタグが行ったように同時代の多様なテクストを研究対象とする方法が，むしろ有効だったというべきであろう。また彼女の記述の技法は，多様な表現が織り込まれたテクストを，その複雑さに飲み込まれることなく，明晰な概念によって分類・整理する方法に貫かれており，社会学的にみても重要な洞察を含んでいる。たとえばソンタグは，「情緒がさまざまの病気の原因となるとする理論[6]」について批判的に言及し，「肉体の」病気も「精神の」病気と考えるような「精神の病いの範囲の飛躍的拡張化[7]」について論じている。こうした洞察は，同時代の逸脱や医療の社会学が追究していた「逸脱の医療化」現象や，精神医学の管轄権の拡張といった社会学の分析視角とも，深く関連する[8]。このような意味において，本書は医学という学問の歴史でも，病気を患った人（病者）の歴史でもなく，「病気そのもの」がもつ文化的な歴史性について考察する研究の端緒を拓いた。

④ 病気とその表象

以上のようなソンタグの仕事は，テクストの分析から「病気」という現象に付与された社会的な意味を読み解く作業であったわけだが，同様の試みを図像の分析（図像学）という手法を取り入れながら実践した研究に，S. L. ギルマンの『病気と表象』（*Disease and Representation*）がある[9]。ギルマンは文化史，文学史が専門の研究者で，本書のほかにも，病気や身体の文化的表象に関する歴史を扱った著作として『健康と病』『肥満男子の身体表象』などがある[10]。

『病気と表象』は「われわれがいかに病気を想像し，病に罹っているという標識（レッテル）を貼られた人々をいかに表象するかに関する幅広い考察の成果」であり，「科学の歴史，とくに医学の歴史が，文化事象の理解を深める可能性，そして文化事象が科学の社会史の再構築にもつ明白な……重要性を明らかにするため[11]」に書かれた。本書においてギルマンが着目するのは，われわれが「病気」という無秩序な存在と「われわれ」とのあいだに境界線を引き，病気にかかりやすい人々を「他者」として表象する，差異化の過程である。この差異化の過程では階級，性差，年齢，人種といった「差異のカテゴリーの拘束によって，患者という観念が直接に強力な仕方で構築され，『健康な』観察者，医者，一般の人と，『患者』との境界がかたちづくられる」。なぜならば，「患者のイメージの構築は……常に，われわれ自身と，病気に表象される文化的カオスとを区別する欲望をなぞる[12]」からである。

しかしギルマンの分析は，こうした「病気」のカテゴリーや意味が社会的に構築される過程だけではなく，構築されたイメージが，危険だとレッテルを貼られた人々自身に内面化される過程にも及ぶ。すなわち「病気についてのフィクションの構築が行われるプロセスと，こうしたフィクションが自己に関する

現実として受け入れられていくプロセスの双方」◁13が本書の考察対象なのである。ソンタグが前者の契機（病気についてのフィクションの構築が行われるプロセス）に着目したとすれば，ギルマンの第一の貢献は，後者（フィクションが自己に関する現実として受け入れられていくプロセス）にまで，分析の射程を拡げた点に求められるだろう。

⑤ 病気の図像学

こうした視角に基づいて，本書では狂気や精神疾患と呼ばれる現象を中心に，精神分析，精神病院，精神分裂病，セクシュアリティや自慰，東洋医学，性病とエイズなど，多様な事例をもとに病気に関する表象の構築と，その社会的効果が論じられている。ギルマンは，ソンタグと同様に，医学書や自伝，文学作品など多様なテクストを分析対象としているが，医学者や科学者の残した図版や写真だけでなく絵画やオペラといった芸術作品のイメージも中心的な分析対象としている点に第二の特徴がある。◁14

そこではたとえば，狂気を視覚的に表象する絵画の伝統が，18世紀の観相学や19世紀の骨相学の影響を受けて，視覚的に狂気を識別しようとする専門家の実践（医学書における病者の図版）と結びついていった過程や，古典的なメランコリーの図像学的形姿（膝に肘，手に頭をのせ，受動的な屈従や反省，絶望の身振りをした孤独な病人の姿）が，長い伝統を経て，性病（梅毒）や現代のエイズ患者の表象にも受け継がれていることなどが論じられている。こうした図像学的な分析においては，ある特定の時空間におけるひとつの病の表象が，学説的，文化的，技術的な変化からの影響を被りながらも，別の時空間における異なる病の表象へと受け継がれていく興味深い過程が記述されている。

⑥ 病いの歴史的分析はなぜ必要か

もっとも，ある病いの表象やその連関を分析することは，われわれが生きる現在を対象としても可能である。ではなぜ，病いの歴史的分析が必要なのか。ギルマンが歴史的分析を必要とする理由は，「病気のさまざまなイメージが社会的に構築されるプロセスをより見やすくするため」であると同時に「病気のあるモデルにおいてどれだけ多くの歴史的意識が存在しているかを示すため」◁15であるとされる。しかしエイズの分析例などは，現代における病気表象の構築過程と，そこに過去の病気モデルが与えた影響について考察している点で，「歴史の現在」を分析するという，きわめて社会学的な問題意識にも通じる視角が共有されているといえよう。複数の時空間を対象として，概念とイメージ双方の水準における病気表象の歴史を考察することで，私たちが「病気」という現象に対して付与しつづけてきた意味の体系を読み解こうとした点に，ギルマンの先駆性は求められる。

(佐藤雅浩)

▷13 ギルマン，S. L., 本橋哲也訳，1996, 『病気と表象』ありな書房，p. 17。

▷14 『健康と病』では，この視点がさらに明確化され，多くの病気や身体に関する図像の分析が行われている。

▷15 ギルマン，S. L., 本橋哲也訳，1996, 『病気と表象』ありな書房，p. 26。

V 歴史社会学の世界

7 家と同族団を軸に伝統都市の200年を描く
中野卓『商家同族団の研究 [第二版]』（上・下）

1 本書の課題

『商家同族団の研究——暖簾をめぐる家と家連合の研究』は中野卓（1920～2014）による，近世から近代にかけての日本の資本主義社会の形成と展開の時期における都市の社会構造とその変容を明らかにした研究である。伝統的な都市の構成要素であった商家に焦点をあて，都市を構成する商家の家同士の家連合としての同族団，そして親族間のネットワークに着目し，その歴史的な変容を通して上記の目的を果たしている。

ここでの商家の「家」とは，同じ先祖をもつという系譜観念に基づいて先祖祭祀をともにし，また生活上・経営上の共同をもつ互いに認識し合う成員によって構成されている経営体である。「家」には家産・家業を継承し先祖祭祀を司る直系の人間だけでなく，それらを継承しない傍系の血縁，さらには奉公人のような非血縁も含まれる。そして直系の人間を中心に構成される本家から，傍系が「暖簾分け」として血縁であれば分家，非血縁の奉公人であれば別家というかたちで新たに「家」を設立してもらい（分家・別家の成員はかならずしも独立した店をもつとは限らず，本家の店に出勤する場合もある），それらが本家とのあいだに上下関係・支配従属関係をもちながら構成している家々の連合体が同族団と呼ばれる家連合である。

中野による商家同族団の分析において鍵になるのは，本家・分家・別家の階統的秩序に基づく「全体的相互給付関係」である。これは中野に大きな影響を与えた有賀喜左衛門が提起した概念で，「各戸間の一切の相互給付関係」であり「生活行為の内面的な部分に及」ぶ「労力，物品，心情の総合的贈答」からなる関係を意味する。中野が論じた商家の場合であれば，それは経営面のみならず経営と密接に結びついた日常生活の多面にわたる共同であり，日常的な交際や相互扶助，月並行事・年中行事，同族内での法要，葬送，婚儀といった宗教・儀礼・社交・娯楽の各場面に見出される本家の支配のもとでの庇護と従属といったかたちで多面的に見出される関係性である。

こうした本家・分家・別家同士は本家が立地する町内を中心として隣接する町内に分布しており，対面的接触，全人格的な直接的な交渉をたもちうる範囲内でのみ可能な近隣性に基づいて，同族団内部のこのような関係性が成立している。その関係性の分析により中野は京都という伝統都市の近世から近代に至

▷1 中野卓, 1978,『商家同族団の研究 [第二版]』（上）未來社。中野卓, 1981,『商家同族団の研究 [第二版]』（下）未來社。

▷2 有賀喜左衛門, [1939] 1967,『有賀喜左衛門著作集Ⅲ大家族制度と名子制度』未來社。

るまでの変遷，聚落的家連合としての都市のありようと近代化のなかでの崩壊を描き出そうとする。こうした聚落的家連合としての都市という視点は，有賀が素描的に示した「都市社会学の課題」という論文を受け継ぐものである。

▷3　有賀喜左衛門，[1948] 2001，「都市社会学の課題」『有賀喜左衛門著作集Ⅷ民俗学・社会学方法論』未來社，pp. 147-203。

❷ 「家」をめぐる歴史社会学的な分析視点

「家」という概念は日常的で当たり前とみなされがちであるがゆえに，そのあり方を歴史的に相対化してみることがそもそも難しい。本書が執筆された戦後の状況においてはまず，戦後日本における夫婦の自由意思による婚姻とふたりのあいだに生まれた子どもによる民主的な家族と，その規範的な対極である「封建遺制」としての「家」という対立軸が多くの人々に共有されていた。そして後者が近代以前の日本における家族のあり方だと考えられていたのである。しかし実際には，その考え方は明治民法においてつくり出された家族制度を近世以前にも投射しているだけであった。それに対して，近世における家および家連合のあり方と，それが明治以降においていかに解体・変容していったかを明らかにするためには，史料に基づく綿密な歴史的分析が必要となる。

本書ではまず，戦前からの日本の社会学でもっとも重要な成果である，具体的には有賀喜左衛門，喜多野清一，及川宏による家と同族団に関する農村社会学の批判的検討が行われる。そこから見出されるのは，家とは父系血統に基づくとする一般的な見方が，明治民法以降に拡がった「家」を自明視し，それを過去に遡及的に投射する錯誤であるということだ。家の成員かは単に生物学的な親子きょうだいであるかどうかによってではなく，文化的な契機によって規定されるのであり，近代以前からの家と家連合は，親族だけでなく奉公人なども含めた系譜関係としてとらえなくてはならない。

そしてこうした近世後期における家と家連合の原形を描いた後に，近代においてそれがどう変化したかが，膨大な史料に基づき明らかにされる。経営が次第に巨大化し，店の経理と家計とが分離するとともに経営の官僚制化が進むなかで，奉公人には家の一員ではなく企業経営体における職務上の地位が与えられるようになっていった。さらに明治期以降は欧米の家族観念や近世武家の家のモデルと結びついて，血縁家族を前提にしたかたちで「家」が「古来の美風」とする教説が創造され，そのうえで商家では奉公人を「家族のように」扱うべきとする道徳が発生していったことが論じられる。

すなわち，明治以降に「家」は血縁を前提とされたために奉公人はそこから排除されていったのだが，あたかも（近代において創造された伝統である，血縁を前提とした）「家」の一員であるかのように奉公人を包摂すべしという経営家族主義が広まっていった。この時期の「家＝家族」のあり方を過去の「家」にも投射してしまったことで，「家」とはそもそも父系血統という血縁に基づき，非血縁の関係は擬制的な家族にすぎないとするその後の研究者の錯誤がどのよ

うに発生していったかもまた，同時に明らかにされていく。「家」をめぐる歴史社会学的な分析そのものの面白さとともに，歴史的な視点の重要性も本書からは学ぶことができる。

3 資料の選択と分析手法

本書の分析対象における重要な史料は，まずそれぞれの家の把握，また各家における成員・性別・年齢構成や本家からの分家・別家の有無，丁稚・手代・下女といった奉公人も含めた全成員の出生・死亡・転出入といった経時的変化を把握するための人口データ，また奉公人の調達範囲を示す出身地や宗教的なコネクションを導き出すための，宗門人別改帳や明治期の原戸籍簿である。そして同じ暖簾内を形成している同族団とその本家・分家・別家，さらにそれらの関係性を明らかにするための年間売上高の書上帳，家長による詳細な日記や本家に残された証文・手紙類，政府に提出した書類の控えなどが，同族団における家のあり方を明らかにするための史料として参照されている。加えて本家・分家の当主への聞き取りも重要な役割を果たしている。

これらを手がかりとして，時間的には創家から戦時中の強制疎開によって家業を失うまでの200年間にわたる家および同族団の構造や関係性の変容が明らかにされる。また葬儀や月並行事・年中行事といった，同族団における系譜関係と生活共同のあり方を示す儀礼，特に正月行事のような年中行事の分析を通じて，分家・別家が同族団としての生活共同・生活連携を運営する存在であることが明らかにされる。かくして同族団内における本家と分家・別家，また奉公人とのあいだにおいて期待される役割や交際の仕方，都市における同族団の領域的な拡がりとその変化が示される。

本書の終盤では，近世末期から近代にかけての同族団の変質と終焉が論じられる。まずは天から諸国の神々のお札が降ってきたという「おふだ降り」，そして「ええじゃないか踊り」をめぐる日誌の記述を手がかりに，すでに述べたような家や町内の年中行事および葬儀・婚礼等の機会を通じた同族団や組といった家連合の枠組みを超えて，異常な法悦感のなかで発生した都市の群衆（中野のことばでは「乱衆」）の生成の様子が描かれる。さらに近世の市場経済から明治期の資本主義経済へという大きな社会変動のなかで，必要に迫られて行った家政改革に関する文書や予算書から家計と店の経理が分離され，また家の一員であったそれまでの手代が雇用契約を結ぶ従業員となっていったことが明らかになる。かくして長きにわたりつづいてきた商家同族団のあり方が存続不可能となり，終焉を迎えるプロセスが具体的に示されていく。

4 歴史社会学としての意義

すでに述べたように，本書は戦前期における「家」の状況を「封建的」「家

▷4 こうした行事は，特定の家を中心にそれと関係の深い家や人々の社会的なネットワークを鳥瞰できる機会である。そして行事が毎年くりかえされるがゆえに，その関係構造が変化していく様子が明瞭かつ具体的に見出されるのであり，本書において重要な分析の手がかりとなっている。

父長的」と表現してこと足れりとするまた血縁に基づく「家＝父系家族」といった家族のあり方を自明視する見方を相対化し，歴史社会学的な方法論を通じて近代化のなかでの「家」の歴史的な変容とそれを規定した社会的条件とを結びつけて分析することに成功している。

　本書が扱っている史料はきわめて膨大だが，その分析の仕方は着実なもので，奇をてらったところやレトリカルな記述による飛躍は一切ない。にもかかわらず，主な分析対象である大和屋という商家の暖簾内に迫る記述のリアリティは驚くべきものである[5]。本書には数多くの表や時間軸に基づく成員の異動に関する図・グラフが用いられ，各町内や各家の状況とその推移が分析されていく。個々の家についての記述でも，血縁・非血縁の家の成員のライフヒストリー，同族間のさまざまな行事における生活共同・経営共同のあり方がいずれも丁寧に記述され，家のヒストリーとその近代化の過程での変容が浮かび上がってくる。さらに地図を用いて空間的にも本家と分家・別家の展開する都市空間や奉公人を調達するネットワークの拡がりが示されている。

　本書は200年という，社会学としては異例にロングスパンの歴史的な時間軸において商家同族団の変容と終焉を論じた巨大なスケールの作品である。中野の母の実家が二条の薬問屋のひとつであり，また中野自身の生家が五条の大和屋忠八家であったという条件が，膨大な史料やインフォーマントへのアクセスを容易にしたことは確かだろう。また本書が刊行された時点においてすでに商家同族団という存在は過去のものとなっており，そのことが本書の意義をわかりにくくさせたともいえるだろう。

　とはいえこれらは本書の価値を一切減じるものではない。残された史料の緻密な分析と積み重ねによって，商家の歴史的な継承という縦軸と，都市を構成する本家・分家・別家や姻戚などの関係性，およびその空間的拡がりという横軸の両方から，伝統的な都市の社会構造と近代化に伴うその変容が描き出される点に，本書の歴史社会学としての達成がある。その意味では，その後に家族社会学や産業社会学の文脈で読まれたような，単なる過去の家族のあり方や商業組織の歴史を描き出した研究ではなく，やはり有賀・中野による「聚落的家連合」という観点からの都市社会学なのである[6]。

　シカゴ学派やマルクス主義を中心とするその後の都市社会学においては，中野の「聚落的家連合」という観点からの都市研究は受け継がれなかった。しかし本書の家連合としての都市という視点は，都市の歴史社会学や現代の地方都市の分析を考えるうえでも未だに重要性をもつものであり[7]，その観点からあらためて再読される意義をもっている。　　　　　　　　　　　（武田俊輔）

▷5　人口学的な基礎資料や売り上げを示す書上帳，日誌や聞き取りを通じて，成員ひとりひとりの来歴や異動が丁寧に跡づけられる。

▷6　中筋直哉，2006，「地域社会学の知識社会学」似田貝香門監修，町村敬志編集チーフ『地域社会学講座Ⅰ　地域社会学の視座と方法』東信堂，pp. 192-212。中筋直哉，2013，「商家同族団の研究」中筋直哉・五十嵐泰正編著『よくわかる都市社会学』ミネルヴァ書房，pp. 166-167。

▷7　有末賢，2011，「都市研究は都市の民俗をどのように見てきたのか」有末賢・内田忠賢・倉石忠彦・小林忠雄編『都市民俗基本論文集4　都市民俗の周辺領域』岩田書院，pp. 7-24。

V 歴史社会学の世界

8 組織としての家と宗教
森岡清美『真宗教団と「家」制度［新版］』『真宗教団における「家」の構造［増補版］』

教団という組織を「家」から読み解く

　ここで取り上げる 2 冊の本に共通するキーワードはタイトルにある通り真宗教団と「家」である。どちらも耳慣れないことばだと感じる人もいるにちがいない。確かに，取り上げられている題材は現代社会を生きる多くの人々の日常とは少し距離があるだろう。しかし，キーワードを私たちの日常に近いことばにおきかえてみれば，2 冊のテーマは宗教（ここでは仏教）と家族である。葬式仏教という表現があるように，近しい人の死をきっかけにして，特定の宗教を信仰している人でなくても，葬式や寺や墓と関わり，宗教の難しさを実感することはある。葬式や法事に出たことがある人，あるいはそれらを差配しなくてはならない立場になった人には，慣習への対応に苦慮した経験もあるだろう。だれが弔いの儀式を執り行うのか，亡くなった後どこに埋葬し，どのように供養するのか。葬送には，地域や宗派による違いをはじめとして，さまざまな制度や慣習が張り巡らされている。森岡による 2 冊は，そうした慣習に関わるひとつの巨大な仏教教団組織の構造を解き明かそうとした壮大な研究である。

　ただし，2 冊とも宗教の教義の内容を分析する研究ではなく，組織としての教団を題材とした歴史社会学研究である。膨大な歴史資料を読み解くことから，巨大な宗教集団の支配と権力の構造，村や寺，家，そして関わる人々のせめぎ合う姿をとらえた重厚なモノグラフである。真宗教団を「家」との関連から社会学的にとらえ，教団における「家」の構造，特に近世的構造と近代への変容を明らかにすることを通して，「家」研究に新たな知見を加える。通底する主題をかなり思い切って凝縮してまとめるならばこのようになる。

森岡清美と教団研究

　森岡清美には，真宗教団に関して多くの研究がある。ここでは，『真宗教団と「家」制度［新版］』と『真宗教団における「家」の構造［増補版］』を取り上げる。森岡の教団研究の著書にはこの 2 冊以外に，『真宗大谷派の革新運動』がある。著者自身が「この本は私の著作のなかのベストといってよい」（「新版あとがき」）と誇る『真宗教団と「家」制度』は，1962年に初版，1978年に増補版がいずれも創文社より刊行されている。62年の初版は森岡の最初の単著でもある。新版は1978年の増補版を底本とし，いくつかの表現の修正と，新たに追

▷1　森岡清美，2018，『真宗教団と「家」制度［新版］』法藏館。森岡清美，2005，『真宗教団における「家」の構造［増補版］』御茶の水書房。

▷2　森岡清美，2016，『真宗大谷派の革新運動』吉川弘文館。

補が加えられている。序文は初版から変更なく，増補版には初版への「補注」と「あとがき」が加えられ，新版にはさらに「追補」と「新版あとがき」が加えられている。新版に収録されている「あとがき」（増補版のあとがき）と「新版あとがき」からは，著者の真宗教団研究の足跡をたどることができる。森岡自身が「姉妹編」と位置づける『真宗教団における「家」の構造』にも初版（1978年）と増補版（2005年）がある。いずれも御茶の水書房から刊行されている。高度に専門的な書籍でありながら，初版から時間を経ても折に触れ増補版や新版が出されていることからは，一連の研究が森岡のひとつの中心的主題であり，後々まで読み継がれていくべき研究であるとわかる。

なお，森岡には真宗教団研究以外にも数多くの著作があり，それらの研究は宗教社会学と家族社会学を主な領域としている。宗教社会学的研究には，真宗教団に限らない先祖祭祀の変容をとらえた研究や，神道，キリスト教に関する著作がある[3]。他方の家族社会学的研究は，歴史社会学的な「家」の研究と戦後家族に関する現代家族研究にさらに分けることができる。研究歴の詳細については，森岡自身が整理しまとめている論考があるので，そちらに譲ることとするが，真宗教団と「家」に関わる研究は，その両方にまたがる森岡の出発点であると同時にライフワークでもある[4]。

③ 探索的視点という魅力

『真宗教団と「家」制度』は，序に続く8章からなる総頁数691頁に29頁の索引を加えた文字通りの大著である。「研究方針」（第1章）に続いて第2章と第3章では当時の「寺院分布」と「真宗門徒」の性格が示される。第4章以降が「家」制度との関連へと密接につながる展開である。「寺檀関係」（第4章），「末寺関係」（第5章），「大坊をめぐる合力組織」（第6章），本末関係（第7章）とつづき，「真宗教団と『家』制度」と題された第8章では，真宗教団における「家」の構造がまとめられたうえで，真宗教義と「家」制度との関連が問われる。真宗教義には「家」制度と本質的に結びつく要素があるわけではないこと，実際にアメリカ仏教団には「家」的要素は見出されず，先祖供養の重要性も薄いことが指摘される。著者自身も述べているように，制度面に焦点をあてた研究でありながら，後続の研究で展開される思想や個人への着眼点をすでに内包している。そしてなにより「家」が社会変動のもとで，個々人の行動や思想によってつねに分解や統合のダイナミズムとともにあったことが，資料から丹念に描き出される。

本のなかに出てくる用語ひとつひとつは専門的かつ歴史的であり，地域や宗教に特化した表現も多い。歴史社会学に興味はあるが宗教や家族の領域を専門に勉強しようと考えていない読者にとっては『真宗教団における「家」の構造』の方が，読みやすいかもしれない。『真宗教団における「家」の構造』の

▷3 『近代の集落神社と国家統制』吉川弘文館，2017年オンデマンド版，（初版1987年）。『日本の近代社会とキリスト教』評論社，1970年。『明治キリスト教会形成の社会史』東京大学出版会，2005年。『家の変貌と先祖の祭』日本基督教団出版局，1984年など。

▷4 『発展する家族社会学』有斐閣，2005年。『ある社会学者の自己形成』ミネルヴァ書房，2012年など。なお拙稿において，家族社会学における森岡の真宗教団研究の意義を論じている（米村千代，2023，「家族変動論としての『家』研究」『家族社会学研究』35(2)：pp. 158-170）。

▷5 「辻本」と「毛坊主」は、いずれも近世浄土真宗の村落において多く見られた半僧半俗の人々を指すことばである。当時は寺のない村落も多く、そうした村落は道場において宗教儀礼をつかさどった。

章構成は、以下の通りである。「辻本」に関する章を第1章として、「辻本」考——近世真宗寺院の存在形態、真宗本山と山内院家、地方一小教団の独立、本願寺の家憲と「家」制度、真宗教団の寺と住職家、真宗門徒団の組織と活動、毛坊主と村の道場、真宗興生派の成立、補論とつづく。第1章は、最初は読み方すらわからないところからはじまって、歴史的資料と先行研究をつきあわせることにより、「辻本」とはなにかを解き明かしていくプロセスが描かれている。この手法は、「毛坊主」に関する章にも共通している。魅力的であるのは、単に真宗教団構造についての知識を得るだけでなく、「辻本」解明のプロセスから社会における宗教、村と宗教、「家」と宗教といった重要な要因が見えてくることである。くりかえしになるが、この2冊は高度に専門的な研究書で、ひとつひとつの専門用語も私たちが日常的に見知っている概念ではないし、知識もなかなか追いつかない。その意味で決して読みやすいとはいえないのだが、著者の森岡自身もまずは「辻本」の読み方を探るところから始めているのである。歴史社会学の題材になるような時代やテーマは、そもそも現代を生きるわれわれにわかりやすいものではない。しかし、手探りで資料と格闘することによって、新しい知見が見つかる可能性がある。ひとつの手がかりから「家」の構造に迫る視界が描かれるのである。まさに歴史社会学的思考の魅力のひとつがここにあるといえるだろう。

④ 寺，村，家と教団：中央と末端の関係

教団を「家」の構造としてみることにどのような意味があるのだろうか。真宗教団も「家」制度も身近ではない読者にとっては、その意義はわかりにくいだろう。真宗教団という大きな組織は、中央に総本山があり、そして末端には村々の寺が位置づく巨大な組織である。末端の寺（末寺）には多様性があって、寺という形態をとっていない場合もあるし、厳密な意味での僧侶がいるとも限らない。本社と支社という関係の先に、さらに営業所や事業所があると考えるとイメージしやすいかもしれない。あくまで喩えとしていうならば、現在のフランチャイズやアウトソーシングのようなしくみとも少し似ている。現代では、同じ企業名のもとに仕事をしている人であっても社員とは限らないわけで、さらにいうと本社の中枢にいる正社員と末端で働いているアルバイトとのあいだで、会社に対するコミットメントも異なっていることは想像に難くない。

教団に話を戻すと、組織としては末端でも、人々の葬送儀礼を担うのは、まさにその末端にある寺や道場だ。教団という巨大組織の中心と末端は、同じ理念で強固に結びついているわけではなく、完全な統率がとれているわけでもない。集団間の結びつきがかならずしもなめらかではないとしても、ではどのようにしてそうした個々の宗教組織が真宗教団という大きな組織構造として結びつき得たのだろうか。この問題に森岡は「家」制度という枠組みで説明を試み

る。これが真宗教団を「家」としてみるということの意味である。[6]

　一連の研究に共通してみられる視点は，教団の歴史が，「家」のもとに人々を包摂・統合しようとする力と，そこから分離独立しようとする力との，つねに緊張をはらんだ併存過程だという点である。その葛藤はつねに「家」と「家」の問題であり，さらに寺や村の問題も絡み合う。寺と家に関わる支配の構造，その政治的抗争には，教団からの独立をめざす革新的な運動があり，その運動の内部においても本末関係，寺と家の緊張関係を内包していた。近代においては宗教と国家との関係も射程に入ってくる。こうした緊張関係には「家」制度の矛盾も凝縮されている。寺を住職家のものと考えるか，寺中全体[7]のものと考えるかという齟齬も，家業経営において共通にみられた問題である。教団が「家」制度の本末関係を編成原理にするということは，その原理にしたがってなめらかな社会関係が維持・形成されているという意味では決してない。

　ヨーロッパにおけるキリスト教会をみても明らかなように，日本の仏教教団も，村落共同体において人々の死後祭祀をつかさどる存在であり支配権力でもあった。その教団の中心からは遠く離れた社会的存在である末端において，死後祭祀の役割を担ったのが「辻本」や「毛坊主」である。葬送は，死が人間にとって避けることのできない事象であるがゆえに，社会において欠くことのできない行事であり儀礼である。村で誰かが亡くなれば，そこに直ちに葬送が必要となる。辻本や毛坊主が地域によって特色をもちつつ存在しているのも，地域や信仰に応じたその必要性からである。死後祭祀の運営は共同体にとって必要不可欠であり，寺が管理し運営している村落にあっては，教団の支配構造が村や家の政治構造よりも強くなることもある。半僧半俗の辻本や毛坊主の存在が，上寺の本末関係を通した支配体制によって廃絶に追い込まれることもあれば，あるいは組織の末端に組み込まれてゆくこともある。そして両者を媒介する過程，たとえば中本寺と本山とのあいだにしばしば葛藤が生まれる。

　こうした寺と家，家と家の葛藤の歴史は，人々の生活において，死が避けられないことであり，人の死に関わる葬送や死後祭祀を担う人が津々浦々に必要であったという現実と，教団組織を全国的に波及させたいという権力構造とが組み合わされた結果として生み出されたということができるだろう。森岡の教団研究からは，文字として明文化された制度だけではなく，村々に存在した慣習的なレベルの制度が，静態的にではなく，重層的かつ動態的に，つねに葛藤をはらんだ過程として共存している様相が伝わってくる。2冊の本は，人々の死に関わる共同性と権力構造を，「家」という制度を基軸に鮮やかに描き出している。

(米村千代)

▷6 [I-6]参照。

▷7　寺中とは，寺の境内や寺に暮らす人々を指す。ここでは，住職の家族だけではなく，寺や寺に関わる人々を含めて用いている。

Ⅴ 歴史社会学の世界

「生と社会」の厚い記述
内田隆三『国土論』

1 「近現代日本」を立体的に記述する歴史社会学＝現代社会論の試み

『国土論』の奥付には「二〇〇二年十一月二十五日発行」とあり，冒頭のエピグラフには「これは二〇世紀日本という社会性の場を現在へ通り抜ける，あるパサージュの試みである」と書かれている。つまり本書は，今世紀早々に書きあげられた100年の社会記述の試みである。

第一部第一章「大逆と殉情」には，1908年（明治41）の「戊申詔書」が掲げられている。すでに日露戦争（1904-05年）は終わってはいるが，それでも明治はまだ終わっていないような時期からこの書物は始められている。それは，なにか「国民意識の流動化と呼べるような現象が目立ってくる」時期である。

そして最終章である第四部第三章「都市と『私』のカタストロフィ」では，1990年代末（平成10年前後）の都市的な現象としての売春や援助交際が扱われていて，これは本書の刊行の直前，つまりほぼ同時代といってよい時期にあたる。すでに昭和は終わっているが平成もまだ3分の1が終わったというくらいである。もちろん刊行当時に平成が何年までつづくのか，どのようなかたちで終わるのかを予想できていた人はいない。

600頁近くの厚さを誇る大著として，本書は，同時代史を含めた近現代史の研究であり，同時に歴史を通じて問いかけられる現代社会論にもなっている。著者は用いていないが，より歴史社会学的な表現でいえば，「近代化」の試みが一段落して「現代化」の胎動が始まる時期から，さらにその現代化の変動も燃え尽き漂い始める〈現在〉までを描く，ということである。

2 私たちの「生」を規定している〈現在〉

とはいえ本書はいわゆる「社会史」ではない。このことばも著者は用いていない。というのも，「社会の歴史を書く」というときに，まず対象となる「社会」がなにを指すのか，むしろそのことを問題としたいからである。

ここで「社会」とは，客観的に「あるもの」というよりも，なんらかの認識によって「現れてくるもの」ととらえたほうがよいようだ。そうしたとらえ方において選ばれた表現が，「社会性の場を通り抜ける」である。では，それによってみえてくる〈現在〉とはなにか。

〈現在〉とは，私たちの「生（ライフ）」のありようを規定しているものの総

▷1　内田隆三，2002，『国土論』筑摩書房。

▷2　passageとは，フランス語で「街路・小径」「移行・経過」あるいは「箇所・抜粋」の意味。

▷3　多くの場合において「社会史」は，その歴史的記述の対象が曖昧なままか，逆に，記述の対象がかなり限定されている。たとえば，特定の階層に属する人々やなんらかのマイノリティの姿を描けば「社会史」になる，といったように。

▷4　若林幹夫・立岩真也・佐藤俊樹編，2018，『社会が現れるとき』東京大学出版会。

▷5　ライフ（life）には「生命」のほか，「人生」「生活」などの意味がある。

体につけられたラベルのようなものと考えればよい。私たちは「今・ここ」という具体的な時点・地点で生きている。だが自由に生きているようでその生き方はなにかによって規定されている。「規定」と書くと私たちの生き方を制限するようなものに思えてくるが、同時にそれはむしろ私たちの「生」を可能にする基盤でもある。受動的だと単純化してしまうのではなく、規定のあり方を注意深く見定めることによって、必然性と偶有性のなかでさまざまにありうる私たちの「生」の姿を再発見できるようになるというわけである。それは簡単なことではないはずだが、「生」をめぐる制約と可能性の条件としての「社会性の場」をひとつひとつ記述し、つなげてゆこうというのである。

つまり本書において「社会」や「歴史」は、記述の対象というより〈現在〉を見出すための認識の方法である。本書の著者は、それを問う学問として社会学を考えてきた。[6]

別に煙に巻こうというのではない。ときに謎めいた文章で読者を誘いながらも「大著」の形式において本書が追い求めているのは、〈現在〉に対する深い理解である。私たちが感じる「生」をめぐる喜びも悲しみも、虚無も充足も、危うさも確からしさも、すべて〈現在〉のなかにあるのだ。そうした「人間／社会に対する問い」をめぐる歴史社会学の誘いが、本書なのである。

そのために選ばれる記述の対象は無数にありえるということだ。社会とは任意の「現れ」でしかないという『国土論』の基本的な態度をまず学んでおこう。

③ データ利用の自由さ・豊かさ

そうした本書に、データ・資料利用や事例選択という面から接近してみよう。最大の特色はなによりも、選ばれている資料の多彩さ、事例選択の自由さである。資料利用や事例選択に禁欲的で限定的な歴史学ではあまりみられない、歴史社会学独特の可能性をみることができる。

ここでは、「小説」の一節や知識人の「対談」、「新聞」や「雑誌」の記事、社会「評論」や文藝「批評」、あるいは官僚による「文書」や市街地地価・株価といった「統計」、ニュータウンの「地図」、さらには「詩」や「唱歌」（楽譜）、「風刺画」、祝辞や箴言などがかなり自由に引用されている。人々の個別の生だけでなく、私たちの集合的な意識や無意識、そして社会の大きな動きが映し出されているさまざまなテクストたちである。それらの資料が自由に検討に付されることで、社会記述が立体的になってゆく。[7]

一方で気をつけてほしいのは、時代時代における社会の典型や平均像とは到底いえないような事象も少なからず採りあげられているということである。

たとえば、大逆事件や神戸連続児童殺傷事件、東電 OL 殺人事件などが採りあげられている。特異な事件・異常な事件やそれを引き起こした人物に迫ることによって、社会の見取り図を描くことができる場合があるというのだ。事[8]

▷6　内田隆三, 2005,『社会学を学ぶ』筑摩書房。

▷7　「厚い記述」(thick description) も参照。ギアツ, C., 吉田禎吾ほか訳, 1987,『文化の解釈学 I』岩波書店。

▷8　見田宗介, 2008,『まなざしの地獄』河出書房新社。

件を起こした人物は，私たちの社会を構成する人々の「平均」でも「典型」でもない。「代表」というわけでもないだろう。だがそれでも，こうした事件や人物は，私たちをとりかこむ「社会性の場」を，ある角度から鮮やかに浮き彫りにしてくれる存在である[9]。つまり彼らは「象徴」しているのである。

$\boxed{\text{Ⅳ-3}}$でも述べたように，作家や知識人の表現もまた，そのようなものとして考えたほうがよい。彼らは私たちの「平均」や「代表」ではない。しかしものごとを極端まで突き詰めて考えようとする彼らのことばから，本書が記述しようとしている「社会性の場」の構成がみえてくることがある。

あるいは人々に愛された唱歌もそうだ。その歌詞を分析することで，社会学的な検討を行えるというのである。もちろん歌詞に書かれているのは作詞家が書いたものにすぎないが，流行歌は，人々の日常的な感情の起伏に寄り添うことで，その心情がどのように構成されているかを浮かび上がらせる[10]。

このような資料利用や事例選択をする本書においては，通常の「実証↔データ」の関係が成り立たない。実証には，証明する対象を限定する事前の作業が不可欠だからだ。そのため，全貌が明らかではない〈現在〉を浮かび上がらせることは，通常の「実証↔データ」という前提では不可能である。採りあげられている特異な事例はすべてなにかを「示唆するもの」であり，じつはそこには必ず「たとえば，」があり，それが省略されている。「実証」ではなく「例示を積み重ねていくこと」によって本書は成り立っている。

むしろこうしたデータ・資料利用は「収集と展示」に近い[11]。過去の事物はその時代にもっていた本来の機能を失えば「がらくた」となり捨てられるが，偶然にも資料として発掘されれば「遺物」として過去を窺わせるものとなる[12]。

④ 無数の脈絡を見出す作業

本書では，ある部分が思わぬかたちで他のある部分に関わるのをみることがしばしばある。たとえば，戦前から愛された文部省唱歌『故郷（ふるさと）』の歌詞にみられる故郷喪失と，戦後の郊外化・ニュータウン開発とは，かなり離れた章同士で緩やかにつながっている。戦前においてすでに具体性・個別性を喪ってプラスチック化していた「故郷」は，故郷喪失者たちの住むニュータウンの無機質で妙に明るいポストモダン的な意匠の先駆けなのだ。

あるいは「堕落」（形骸化した武士道に違和を唱え，自分の生き方を貫くこと）によって「戦後社会」の始動を宣言した坂口安吾と，「武士道」（消費社会に違和を唱え，自分の生をなにか美的なものに捧げること）によって「戦後社会」の全面化に抵抗しようとした三島由紀夫とのあいだの相似と対比は，日本文学史における両者の存在感の割にはあまり指摘されてこなかった着眼点にみえる。

また，「天皇の人間宣言」（1946年）と「神戸連続児童殺傷事件」（1997年）とが，超越性の形象としての「神」の問題として緩やかに対比させられている。

▷9　色川大吉，1994，『昭和史 世相篇』小学館。

▷10　見田宗介，1978，『近代日本の心情の歴史』講談社。

▷11　社会批評家 W. ベンヤミンの「方法」と関連がある。三島憲一，2019，『ベンヤミン』岩波書店。

▷12　野上元，2010，「考古学・系譜学」『社会学事典』丸善。

敗戦後の1946年に起こったのが「現人神→人間」という移行であるのに対し，阪神・淡路大震災後の1997年にニュータウンで起こったのは少年による「異神」の創造であった。

　それらは，私たちの社会が空間や生の意味づけを規定する（こともある）「超越的なもの」をどのように考えているかを浮かび上がらせている。社会学はいつでも「世俗（化）」のほうを扱おうとするが，「二〇世紀日本」における「社会性の場」を論じるのであれば，「超越的なもの」（のゆくえ）を社会がどう扱っているかという問題を避けることはできない。

⑤ 同一性を緩やかに担保するものとしての「国土」

　以上のように，私たちの「生」を規定する〈現在〉を浮かび上がらせるための歴史記述という課題（→②）が掲げられ，自由で豊かな資料利用や事例選択（→③）や，思いもかけぬ脈絡を見出しこれらを重ね合わせてゆく作業（→④）が本書の特色だと述べてきた。[13]

　知的に快闊であることが本書の特徴だが，それは果てしない放浪ではない。こうした記述の共通の基盤を特定すれば，それはやはり本書のタイトルにある「国土」になるだろう。「国土」とは，社会性の場，つまり人々の「生」が営まれる「舞台」である。文中のことばでいえば，個々の「生」が胚胎する基盤，空間的条件を形作っているものである。

　戦争や国土開発のもつ巨大な力が，私たちの「社会性の場」を変容させてきた。もちろんそうした国土の範域も100年のあいだに大きく変更している。それでも，かろうじて記述の同一性を担保してくれるものを探せば，これはもう国土くらいしかない。天皇もかつては国土と釣り合った身体をもった存在（「国体」）だったはずだが，敗戦によってその座を降りてしまった。[14]

⑥ 「分厚い」歴史社会学という挑戦

　以上のように『国土論』は，私たちの「生」を規定する〈現在〉を浮かび上がらせるために，近現代日本をトータルにとらえようとする歴史社会学の試みである。さまざまな領域に目を配らせつつ「近代化」や「現代化」そのものを大きくとらえようとする歴史社会学は少なくなってきた。[15]代わって盛んに現れるのは，記述の対象を絞ったうえで見出される「○○化する社会」あるいは「○○の誕生」である。対して，歴史記述を通じて本書が格闘しているのは，私たちの「生」を規定している〈現在〉という全貌が見えない相手だ。もちろん問題設定の限定による禁欲的な態度もときには学問的に重要だろう。だが本書を読み直すことで，広く自由な記述を志向する試みとしての歴史社会学の可能性をもう一度確認しておきたい。

(野上　元)

▷13　著者は「あとがき」でその記述を「夢の鎖列」だと述べている。

▷14　天皇の記号と日本文化については，多木浩二，2002，『天皇の肖像』岩波書店。バルト，R.，宗左近訳，1996，『表徴の帝国』ちくま学芸文庫など。「国土と天皇」に関しては，猪瀬直樹，2005，『ミカドの肖像』小学館。

▷15　佐藤俊樹，1998，「近代を語る視線と文体」高坂健次・厚東洋輔編『講座社会学1 理論と方法』東京大学出版会。

Ⅴ　歴史社会学の世界

 個の人生にあらわれる構造の呪縛
見田宗介『まなざしの地獄』

　『まなざしの地獄』は，見田宗介の代表作のひとつである。都市，社会移動，階級，実存，逸脱，社会意識などのテーマに関心をもつ研究者だけでなく，方法論に興味をもつ社会学者からも注目されてきた。

1　都市社会学と実存社会学

　議論は「都市とはなにか」を，簡潔に規定するところから始まる。都市は，いくつかの階級や地域からなる客体的で実体的な構築物，すなわち「沈黙の建造物」ではない。自由に生きようと主体的に願う「無数の」人間が集まり「ひしめき合い」，さまざまな投企の行為や新たに生まれた諸関係のからみあいが存在させてしまう，ある種の「絶対性」をおびた構造の総体である，と。ある悲劇的な事件を引き起こした「N. N.」という個の足跡と主観とを軸に，都市という社会の構造を描きだそうとする実験こそが，この論考における分析の中核である。

　初出の副題は「都市社会学への試論」であった。総合誌『展望』の具体的な依頼が「都市における人間と疎外」だったからだ。だが，頼まれた都市研究の射程をこえて，見田は深く疎外の主題を掘り下げ，個としての人間の実存へと論を展開していく。自著『現代社会の社会意識』への収録時に，副題が「現代社会の実存構造」と変えられ，2008年の河出書房新社版の復刻では「尽きなく生きることの社会学」と改訂された。個にやどる「怨恨や野心や幸福や絶望や倦怠」や「他者たちとの諸関係」に焦点をあわせた，いわば「〈実存社会学〉的な分析」が前景化していく。しかしそれは，見田の関心の変化を表現するというより，この論考に込められた分析の多層性・多義性を暗示するものだろう。

　構想当初の題名が，「まなざしの地獄」ではなく「構造の悪霊」であったという回想は興味深い。見田は「高度成長期の社会という一つの構造が必然的に生みだす悪霊というか，恨みをもった霊魂のような，そういう取り返しがつかないものを捉えたかった」のだと述べている。

　自らを新しい場所において生きなおす（自己形成の）自由を欲しながら，貧困がもたらす社会的な隔壁や，他者たちの「まなざしの相剋性」の非情な規定力のなかで，不自由なままに自分の未来を選ばざるをえない都市流入者・上京者をめぐる（自己成形の）人生がある。

　その人生に作用する「まなざし」とは，他者の眼にみえる（かのように感じら

▷1　見田宗介，1973，「まなざしの地獄」『展望』5月号（見田宗介，2008，『まなざしの地獄』河出書房新社，p. 7）。

▷2　真木悠介，1971，『人間解放の理論のために』筑摩書房，pp. 218-219。

▷3　見田宗介・安田常雄，2012，「対談 同時代をどう叙述するか」『図書』756号，p. 7。

れている）表層において，ある人間の本質を規定し，先取りし，決めつけてしまう力である。そうした「まなざし」を意識することを通じて，人は「〈演技〉の陥穽」と「〈怒り〉の陥穽」というふたつの罠にはまって，自らの自由意志を知らず知らずのうちに侵蝕し，変形させてしまう。そのまなざしの根には，都市という場がはらむ「相剋性」の問題がある。

　ここにあらわれた「相剋性」は，近代社会の原理の基本にも関わる。見田はN. N. が深く憎悪した家郷について，それは「共同体としての家郷の原像ではなく，じつはそれ自体，近代資本制の原理によって風化され解体させられた家郷である」と述べているのは，のちの「『共同体』の彼方へ」に始まるコミューン構想の比較社会学を位置づけるうえでも重要だろう。そして，そうした家郷嫌悪の心情が「ひとつの自己嫌悪」として N. N. という個の「アイデンティティの中枢に居坐ってしまっている」ことを分析した。

② 「金の卵」の構造性と〈演技〉と〈怒り〉の陥穽

　と同時に，この相剋性は近現代の労働力市場の矛盾としても顕現している。具体的には「金の卵」という絶妙な比喩に結晶化する，高度経済成長期の集団就職の若者たちの存在をめぐる矛盾である。金の殻で覆われた卵は，それを自らの労働力として所有できる都会の雇用主にとっては価値ある存在でも，都会という場で新たに孵化して，違う人生を生きようとする青年労働者たちにとっては壊しにくい硬い隔壁にすぎない。

　自己成形としての「〈演技〉の陥穽」が問われるのは，ここにおいてである。N. N. は，上京後いち早く髪の毛をのばしネクタイをつけ，中学ではまったく勉強したことがなかったような研修用テクストを予習して社長に褒められ，高級タバコを吸い，定時制高校への進学を試み，大学生の肩書きを印刷した名刺をもち歩いた。一見「見栄っ張り」の「自己顕示欲」のようにみえてしまう行動は，都会で新たに生きなおそうとすることへの執着であり，みかけの表相性において人間の総体を規定してしまう「まなざし」への対抗であった。他者たちが服装・容姿・持ち物の具体的表相において，あるいは出生・学歴・肩書などの抽象的表相において，予断してしまうからこそ表相を変える〈演技〉において印象操作しようとする。しかし，その目論見は成就しない。そして出生地や履歴書や顔のキズなどにまつわるささいな行き違いから，「転職」をくりかえす。そこで蓄積されていく，故郷や世間に対する〈怒り〉もまた，都市に遍在する相剋性や切断しきれない過去の束縛を乗りこえさせたり，無化したりする力をもたず，ただ N. N. を絶望的な孤独と不可能な脱出願望へと追いやる。

　そこから現代の，あるいは都市の構造が主題化され，ひとりの人間の生活史の実存にもたらされた悲劇を，「N. N. は東京拘置所に囚われるずっと以前に，都市の他者たちのまなざしの囚人であった」と分析した。

▷ 4　真木悠介，1976，「『共同体』の彼方へ」『展望』9 月号（真木悠介，1979，『気流の鳴る音』筑摩書房）。

▷ 5　見田宗介，2008，『まなざしの地獄』河出書房新社，pp. 11-12。

▷ 6　「卵殻が『金』でできているとき，その卵自身の内部生命は，やがてその成長の過程にあってみずからの殻をくい破ってはばたき出すことを封じられ，その固い物質の鋳型の中で腐敗し石化してしまうであろう。」（見田宗介，2008，『まなざしの地獄』河出書房新社，p. 21）

▷ 7　見田がこの論考のなかの現代社会の職業分類において，「履歴書の要る職業と履歴書の要らない職業」という分類の発想を高く評価しているのは鋭い。国籍や職歴や犯罪歴において差別される人々が，プロレタリアにすらなれないから「自営業主」になるという事実は，既存の職業威信スコアとは別な理解を育む。あるいは，自営業者にすらなれないから，さらなる「履歴書の要らない」職業につくという現実を見すえた分類でもあるからだ。

▷ 8　見田宗介，2008，『まなざしの地獄』河出書房新社，p. 40。

③ N. N. とはだれか

「N. N.」は，いうまでもなく1968年にピストルによる連続射殺事件を起こした19歳の少年・永山則夫の頭文字である。永山は死刑判決を受けるが，公判中に書いた『無知の涙』（合同出版，1971年）がベストセラーとなり，見田もまたこの書物に触発されて，実際にこの論考を書いている。しかしながら，この論考の対象が永山則夫だけであり，あるいはそれを一例とする集団就職の逸脱者のケーススタディだととらえてしまうのも，都市社会における殺人者のひとつの事例研究だと割り切ってしまうのも，理解として十分ではない。

N. N. とは，だれか。それは，今ここの現実とは異なるどこか（その意味では「ユートピア」）において，理想のまま自由に生きつくそうと願った主体を，記号として普遍的・一般的に指す。だから，永山則夫であると同時に，1960年代末の若者たちであり，また見田宗介自身でもあったのである[9]。

寺山修司にそのピストル事件の少年の存在を教えられ，時間＝歴史の思想と異なる「空間の思想」から理解すべきことを見田は論じた。また，真木悠介として「加害」とは異なる「加担」の論理を意識しつつ解放の根拠と理論とを模索し，『無知の涙』という著作に自分が向かいあってきた研究人生の主題を重ねうるほどの衝撃を受けた[10]。そうした経緯を丹念にたどれば，むしろ全共闘世代の若者への理解が，この論考の出発点であったことが浮かび上がる。そして見田が1968〜69年の東大闘争において学生から突きつけられた課題を，自らの学問の問題として受けとめて真木悠介名で書いた『人間解放の理論のために』（筑摩書房，1971年）が，この論考の前提となる分析枠組みとして読まれるべきことに気づく。

④ 方法論における隔壁の越境

しかも，この論考は方法論の側面からみて，量的研究法と質的研究法の分裂をのりこえる試みのひとつとなっていることを，見落としてはならないだろう。

それは実証研究の側面における見田の出世作である身の上相談分析の「現代日本における不幸の諸類型」（1963年）や，流行歌の内容分析である『近代日本の心情の歴史』（講談社，1969年）以来の統計の活かし方と内容の読みこみとのあいだに横たわる課題であり，理論的な習作と自ら位置づける『価値意識の理論』（弘文堂，1966年）や「『質的な』データ分析の方法論的な諸問題」（1965年）で提起してきた方法をめぐる問題に，ひとつの解決をあたえる実践でもあった。

「量的／質的」な研究方法の対立とはなにか。端的にいえば，質問紙調査（Questionnaire Survey）によって得られた集合データの分析と，流行歌や身上相談や広告・投書などのいわゆる「質的データ」や，ライフヒストリーの聞き書きなどを素材とする分析をめぐる，方法論的な対立である。素材とするデー

▷9 見田は，N. N. が隣家の飲み屋を覗いていた「ベニヤ板の穴」について，それは「魂を存在から遊離させ」「現在の現実を一つの欠如として開示する」実践だったと論じた。後年，見田自身が幼かった頃，家にはラジオがなく「妹と二人で押し入れに入って，ベニヤ板で仕切られた隣の家から聞こえてくるラジオドラマを聞くことが楽しみだった」と回想しているが，その実感が N. N. の別世界への憧憬と共鳴しうるのは偶然ではない（佐藤健二，2020，『真木悠介の誕生』弘文堂，pp. 206-210）。

▷10 寺山修司，1969，「幸福論」『思想の科学』5月号。見田宗介「空間の思想・時間の思想」『朝日新聞』1969年6月6日夕刊。真木悠介ほか，1969，「被害の論理と加担の論理」『月刊労働問題』137号。見田宗介「人生の贈りもの：私の半生6」『朝日新聞』2016年1月25日夕刊。

タ・資料の特質に内在する対比であるとともに，研究法の対立にまでフレームアップされた理解は，「確かだけれどもおもしろくない」研究と「おもしろいけれど確かでない」研究という，やや粗雑な定式化を生み出していた。

　正直なところ，「質的」の語は理念やイデオロギーでしかなく，技術としての実質を欠いていた。というより，非数量的で非統計的な，雑多で周縁的なさまざまな技法の群れを漠然と指し示す「空」のカテゴリーにすぎなかった。その意味では，質問紙調査による組織的な収集をコンピュータによる処理・製表に結びつけた「量的データ」のほうが，技法としての共有に長じていたことは否めない。しかし，「数字」で表象され，量的にまとめられたデータは，人間の主観の構造を追体験的に了解しうる「ことば」によるデータと異なって，直観的な意味の厚みと拡がりとを欠くという「抽象性」があった。そこに，必然的に「質的」の語が呼びよせられる分析の欠如・空白がある。「まなざしの地獄」は，素材・対象となった人物の「ことば」のもつ高い共感性と意味の複雑な厚みにおいて，その「抽象性」を克服しようとした試みであった。

　さらに「個人を分析しても社会学にはなりにくい」とか「社会学的な分析を志すならば，複数の個人の集合を対象とし，あるいは集団どうしの比較をしなければならない」という，対象設定に関わる固定観念もしくはイメージをくつがえす論考でもあった。やや複雑な言い方になるが，ひとりの人間を対象として選ぶのではなく，ひとりの人間の生（人生）に集約され重ねられていく，あるいは顕現するデータやテクストの集合の総体を，ひとつの「場」としてとらえ，そこに作用として重層していく諸構造を解読するという方法である。そうした方法的な解読を注意ぶかく，自覚的に推し進めるならば，たとえ複数の個人や集団や地域を分析対象として取りあげなくても，つまりひとつに事例をしぼったとしても「社会」は分析しうる。こうしたかたちで個人に焦点をあわせることは，じつは〈社会的なるもの〉を把握するオルターナティブな戦略でもあった。

　その意味で「まなざしの地獄」という試みは，ひとりの人間の生の軌跡のなかに，都市や制度や社会の「構造」の拘束を読み解こうとする試みであり，私自身のことばでいえば「フィールドとしての個人」という方法意識を貫いた作品として，多くの研究者に感銘をあたえてきたのである。[11]

　最後に，この試みそのものが，見田の当時の関心においても完成された作品ではなく，まだ多くの論点を残した試論であったことも読みおとしてはならないと思う。そのことは，初出の『展望』掲載時に付された「後記」に明確に記されている。そこで，この「N.N.論」は「II都市論」「III階級論」の一部からみたきわめて一面的なもので，「I家郷論」「IV国家論」「V言語論」「VI革命論」「VII加害者論」「VIII『第三者』論」「IX歴史構造論」を含む〈全体化的モノグラフ〉として完成させられねばならない，と論じられている。[12]　（佐藤健二）

▷11　佐藤健二，2011，「ライフヒストリ研究の位相」『社会調査史のリテラシー』新曜社，pp. 142-151。

▷12　見田宗介，1973，「まなざしの地獄」『展望』5月号，p. 119。

Ⅵ　収集・分析をはじめる前に

「問う」ことからはじまる
素材の発掘と問題の構築と

1 研究するという動きをつくりだす「問い」

　歴史社会学は，社会の諸現象を「歴史」の厚みにおいて分析する。
　だから，まず過去の出来事がなければならない，と思われるかもしれない。過去に属する現象や事物や記録や記憶などである。その考えは一見，自然なことにみえる。しかし歴史は，実体としてどこかに存在しているものではない。◁1
そのことをあらためて確認する必要がある。資料や記録は，読む者が問いかけないならば，なにも答えようとしない。質問紙調査において，記された「問い」がなければ「回答」を収集できないメカニズムと同じである。主体が適切に問わない限り，対象はそこにあらわれず，歴史もまた知られることがない。◁2
　問いが間違っていれば，反応である答えも不適切を免れない。問いにおいて◁3
大切なのは，自省に開かれた態度である。予想外の事実に驚き，向きあって学ぶ用意もなく，ただ形だけ問うたとしても，なにも見えてこない。
　「問い」は，終助詞の「か」を末尾につけただけの形式的な疑問文ではない。質問紙の設問も同じだが，知りたいことだけをむやみにならべても，だれかが答えなければはじまらない。論文において必要な「問い」は，だれに宛てられた呼びかけなのか。なによりも，自分である。問いかけそれ自体がとらえ方を新しくする提案であり，知ろうという動きを自らにつくりだす。

2 「わからない」だけでははじまらない

　「問い」の本質は，すなわち「既知と未知の化合物」である。◁4
　わからないという「未知」の実感だけでは成りたたない。なにがわからず，なにを調べなければならないのか。そこが明確にならなければ，自らを動かす効果は生み出せない。「わからない」は，現状への安易な停滞になりがちである。動詞の「わかる」に，否定の助動詞の「ない」が付いたことで，動詞性までが打ち消され，状態をあらわすだけに閉じてしまった。だから停滞を動かすには明確化する必要がある。「わかっている」内容と範囲が明確に規定されてはじめて，「わからない」ことの輪郭が具体的に浮かび上がる。
　「なに」の，「どこ」が説明できていないのか。見つめるべきものが見えていないならば，研究者の関心も，興味も，好奇心も動きださない。慣れ親しんだ理解とは異なっているがゆえにわからないのであれば，その障害はなにか，ど

▷1　「〈すでに存在せざるものへの想像力〉と〈いまだ存在せざるものへの想像力〉は，実証と向かいあう歴史社会学を前にすすめる不可欠の動力である。その社会学は，対象が過去の事象であるかどうかすら，動かせない必要条件とはしていない」（赤川学・祐成保志編，2022，『社会の解読力〈歴史編〉』新曜社，pp. vii-viii。

▷2　佐藤健二，1987，『読書空間の近代』弘文堂，p. 205において，ミヒャエル・エンデの「はてしない物語」の「さすらい山の古老」の語りの閉塞を取りあげ，「新しい読みをもたらす人間がこないかぎり，書物と閉じられたまま，無限に既知の物語をくりかえす文字列にすぎない」と論じたのも同じ発想に基づく。

▷3　下心のある誘導尋問や，無理やりの無茶な選択項目の設定が望ましくないように，研究者の思いを押しつけるだけの問いは，貧しい結果しかもたらさない。必要な情報が得られないだけでなく，誤った認識を生み出すかもしれない。

▷4　佐藤健二，2014，『論文の書きかた』弘文堂，p. 58。

こに矛盾があるのか。それらを見すえなければ，認識の生産は動きださない。

まさしく，「既知」それ自体が問われている。「問い」は発動機（エンジン）である。論理の動力において新たな認識を生み出す。だからこそ問題意識のもつ光で，その対象について，あるいはその主題について，自分が知っている事実を意識化し，整理してみる必要がある。そこで，解くべき「問題」が構成される。問題が明確化してはじめて，それを解決する力が求められる。すなわち，答えに向けて知識を集め，論理を組み立て，解をつくる技術が動員される。

③ 「謎」を解く探偵のように

研究は「謎」への能動的な対処，つまり謎解きである。謎は，正答がすでに用意されたクイズではない。言語遊戯の「謎なぞ・謎かけ」(riddle)ではなく，読者を巻き込む不思議としての「ミステリー」(mystery)である。だから，まだ説明できない不可解さや，未知の神秘を化合物として含む。

そのとき，研究者はミステリー小説の「事件」（出来事）の謎に取り組む探偵である。ある時，ある場所，ある状況で，事件が起きる。ミステリーでは殺人だが，社会学では「オルレアンのうわさ」のような出来事のほうが多い。

それは，ブティックの地下更衣室から女性が誘拐された，といううわさであった。現場の観察と証拠集めからはじまる。ただうわさ・流言の場合，現場それ自体が特定できなかったりもする。もちろん「現場」検証を狭い意味に限定しなくてよい。関係者の事情聴取（ヒアリング）も必要になろう。証言で明らかになった，関係者それぞれの主観的事実から，事件を多角的に再構成していくことも不可欠である。関連する資料を証拠として収集することも，大切な作業である。埋もれて忘れられた記録やデータも，広く探られる。そのなかには偽造された証拠や，虚偽の証言も含まれている。人も文書や記録も，意識・無意識のさまざまなウソをつく。不整合あるいは矛盾をふまえて，その虚偽を見破り，その動機や経緯を暴露することも，「探偵」の能力である。

多くのミステリーでは，事件が起きた状況はたとえば「密室」で，だれにも犯行が可能でない。その「不合理」あるいは「説明の失敗」の謎をトリックとして見破り，論理的な理解が可能な物語に変えるのが，探偵の手腕である。解明されるべきは，いかなる「主体」のどんな「意図」から，その出来事が生み出されたのか。関係する人々はどんな「役割」を果たし，どんな「意味」をもってそこに現れるのか。状況の「構造」も語りなおされる。「なぜ」事件が起きたのか。結果が観察され，状況が解明され，原因と動機が探られる。

当初はそのしくみがわからない「謎」の事実に，一定の理論枠組みを内包する的確な「問い」の光をあてる。解くべき問題として明晰に位置づけなおし，観察と調査と推理と検証とによって，事件を解決していく。そうしたプロセスを推し進める探偵は，じつは歴史社会学者なのである。　　（佐藤健二）

▷5　柳田国男は，このプロセスを「史心」と「史力」ということばで論じた。史心とは疑問であり，問題であり問う力である。史力とは，解をつくる技術で答える力だ。認識や理論の生産過程を論じたアルチュセールは，原材料の知識を「第一の一般性（GⅠ）」，生産手段として作用する諸概念を「第二の一般性（GⅡ）」，結果として生み出された新しい認識を「第三の一般性（GⅢ）」と分けたが，ある意味で「史心」はGⅠ，「史力」はGⅡの局面に位置づけることができる。そして，解かれた謎がGⅢである。

▷6　モラン，E.，杉山光信訳，1973，『オルレアンのうわさ』みすず書房。1969年5月，フランスの地方都市オルレアンで流れた，若い女性が次々と行方不明になっているといううわさ話。新聞が「反ユダヤ主義の陰謀」と論じたことで複雑化した。

▷7　「偽文書」は，偽作されたニセモノの文書だが，たとえば鋳物師の由緒書や，漁師たちの浮鯛抄など，各種の手工業や商業から芸能までを広く含む人々が，生業に関わる特権と職能の由来を正当化した効用をもつ。偽文書が，だれによって作られ，どう伝えられ，いかなる機能を果たしてきたのかの分析において，集団をめぐるさまざまな構造を明らかにすることができる。

Ⅵ 収集・分析をはじめる前に

 ## 資料の社会的存在形態の解読
「データの質」の問題

1950年代から1980年代まで，社会学における研究のデータを「量的／質的」に区分する風潮が支配的であった。対照的に対立させて理解する。そのとらえ方の問題点について，すでにいくつかの論文においてさまざまに論じているので，ここでは必要な限りの確認にとどめる。◁1

この対立は，1950年代から主流化した質問紙調査への批判に根ざす。質問紙調査で得られたデータに無自覚に依拠する分析は表層的ではないか，と。前提にある「統計的（数量的）研究法／事例的（質的）研究法」のアプローチの差異についても，社会学者は基本的な区別だと意識していた。その区別の根深さは，もういちど自覚されてよい。さらに掘り下げれば，社会学を枠づける「調査／理論」の対抗も，対立的理解に投影されていた。しかしながら私自身は，この対立も分類も対抗も，結局は疑似的で無意味だと考えていた。

この疑似問題は，固定化され膠着したまま流布していた。私自身の「歴史社会学」は，その設定そのものを乗りこえようとするところから生まれた。「データの質」の解読という方法的立場の主張も，その踏みだしの一歩であった。

 ### 質問紙調査の産業革命

質問紙調査が，社会学の認識生産におけるひとつの技術革新であったことは過小評価するわけにいかない。すべての対象者に同じ「質問文」を提示し，選択肢と回答の「記入方式」があらかじめ用意され，自由記入の「空欄」が設定された印刷物（すなわち調査票）の導入は，データ収集と分析の新たなプロセスを開いたからである。回答者に問えば反応してくれる。その反応がデータとして収集される。まことに効率的な方法である。この複製技術があればこそ，ある一時点においての，大規模データ収集が組織しえた。◁3

そこでの問いはすでに，同一性が固定されている。選択肢もまた少数に限定され，その多くは「順序尺度」を構成している。つまり変数と値とが質問紙で同時に得られる。回答者ひとりひとりを列に配置し，各変数における各人の値を行にならべた「行列」(matrix)のデータが，ほぼ自動的あるいは工業生産的な手順で生成する。回答の行列は，いわばその調査における社会の縮図である。その分析を通じて，把握すべき変数の値の分布や，変数間の相関関係や決定係数を計算できる。計量的・統計的な研究法の標準的な手順が成立した。

▷1　対立そのものは，すでに世界的には1930年代に確立しており，当時のアメリカ社会学史の教科書は，「1918年以後における合衆国の社会学の歴史は，かなりの程度まで，統計的方法とケース・スタディの方法，これら二つの対立的な調査方法の発達の歴史であった」と記している（佐藤健二，2011，『社会調査史のリテラシー』新曜社，p. 172）。日本での事情については同書収録の「量的方法と質的方法が対立する地平」などの諸論文や，「2項対立のあしらいかた」（佐藤健二，2014，『論文の書きかた』弘文堂）などを参照。

▷2　こうした発想は，すでに石川淳志・佐藤健二・山田一成編，1998，『見えないものを見る力』八千代出版，pp. 284-288で論じている）が，あらためて「カード／リスト／マニュアル」の機能と印刷物のメディア的特質と結びつけて，工業生産と対比したのは，佐藤健二，2014，『論文の書きかた』弘文堂，pp. 82-90である。

▷3　大量の調査員が同時期に分業して関わる，国勢調査や世論調査のような巨大な調査が可能になった。

これに対して，質問紙以外の調査の手法は多様で，現地での対面のヒアリングや，既存資料の内容分析（統計資料等も含まれる）あるいは投書や広告やベストセラーの収集や整理は手工業的であった。素材は標準化されておらず，収集の手順も，分析の手法も研究者の個性と熟練に委ねられている。集めた表象のなかにいかに社会があらわれているのか，その理解それ自体が課題だった。

やがて「質的データ」という，やや曖昧で多義的な概念が使われ，「代表性／典型性」などという不格好な二項対立が提示された。しかし，二項のどちらも再検討が必要である。データはいずれにせよ，主体の問題設定の枠組みによって切り取られた断片であり，資料そのものではない。資料や記録からいかにデータを引きだすかの手続きも，そのつど意識的・主体的に組み立てられなければならない。最近では，テクストマイニングなどの自然言語処理のツールの登場によって，ことばの出現頻度や共起や成分の分析を，機械的・網羅的にできる可能性が拡がった。その便利は十分に活用されてよいが，具体的にデータ集合のなにを数え，なにを測り，いかなる関係の分析が提示されているのか。その検討と正確な理解を省略し，資料批判を他者に委ねてはならない。

> 4　ここでいう他者には活用しているソフトそれ自体も含まれる。

② 史料（資料）批判とデータ批判

「質的データ」の分析ではなく「データの質」の解読こそが重要だ，と私が提起したのは，①「質的／量的」という安易で凡庸な対立をのりこえ，②資料とデータの無自覚な混同を切りはなして整理し，③資料・データの存在形態それ自体を分析対象とすべきことを主張したかったからである。そして，その分析において，対象化すべき社会のあらわれを意識化できると考えた。

資料・データがそこに収集され，記録され，ある一定の形をもって存在し，あるいは保存されている。その存在形態それ自体が，社会あるいは歴史の構造的・重層的な作用を読み解く契機となる。具体的には，その資料がいつ，だれによって作られ，いかなる動機と経緯を有し，どのように読まれ，いかにして今ここで利用できるものとなったのか。その基本の構造の検討のなかに，論ずるべき社会があらわれる。もちろん内容分析を軽視するわけではない。しかし形式としての存在形態もまた，さまざまなことを証言してくれる。「だれが」をめぐる問いは，個人主体だけに限定されず，組織などの制度もありうるし，階級のような集合もありうる。印刷や電子化などの複製技術は，その資料の作成の動機やもたらした効果を複雑にする一方で，多量性を通じて社会を刻印していく側面もある。それは複製技術そのものを，メディアとして問う社会学固有の戦略に実質をあたえていくことにもつながるだろう。

> 5　赤川学，2022，「歴史社会学の作法の凄み」赤川学・祐成保志編『社会の解読力〈歴史編〉』新曜社，pp. 201-217。

歴史学における史料批判と同じように，社会学もまた資料・データ批判の実践が，その社会的存在形態の解読として組織されなければならない。個々の資料・データの特質と向かいあうところから分析は始まる。　　　（佐藤健二）

VI 収集・分析をはじめる前に

3 資料分析の方法論
代数学／幾何学／博物学の想像力

VI-2 でふれたように「統計的研究法／事例的研究法」「数量的データ／質的データ」の対比には，不明確で弛緩した対立の無意味な断片が，すでにからみついている。だから，社会学の方法の拡がりを見わたそうとするとき，新たな対比の枠組みで語ったほうが，すこしだけ無用なこだわりから自由になれる。やや実験的で冒険的な企てだが，別な分類を考えてみよう。

試みてみたいのは「代数学／幾何学／博物学」の比喩である。この 3 つは排他的ではない。固有の展開の可能性をもち，競いあうことで補完しあう。

 代数学：変数・関数・方程式

代数学の中心課題は，変数としての概念が描く関係構造の解明である。社会学の分析においても概念の果たす役割は大きく，他の人文・社会諸科学と同じくたいへん重要である。資料・データは，概念と結びつけられてはじめて，その意味が明確化されるからだ。人口の数字に，住民や国民という光をあてるか，職業別に分類するか，出生数あるいは合計特殊出生率として使うか。そうした選択は，論者が立てる問題の分析枠組みに依存する。概念はさまざまな値をとる変数であり，分析枠組みもまた，諸概念を組みあわせてつくられる。

説明変数（独立変数）という用語があるが，説明する力の方向性は，適切かつ方法的に統制されなければならない。説明されるべき概念を，他の現象を説明するブラックボックスとして使ってしまうと，議論がゆがんでいく。デュルケムの「共変法」をはじめ「エラボレーション」「多変量解析」などで語られる，変数と変数との関係の把握と規定する構造の分析が，このアプローチの基本にある。[1]

変数の抽出や定義，方程式の作り方・解き方としての代数学は，実証研究だけでなく理論構築でも大切であり，その相関関係の解明は共通の課題である。

 幾何学：構造・配置の直観的な図形化

幾何学とは，図形と空間を事象の説明において使いこなす想像力である。そもそも視覚的・直観的な特質をもつが，非論理的ではなく，概念＝変数の重視とも両立する。ここでは資料・データ・命題等々の関係構造を，空間的に配置して理解し分析しようとするアプローチとして位置づけたい。この手法も，じつは「量／質」の分割をこえていて，代数学的手法とも対立していない。

図形を用いた分析の例をふたつだけ，イメージの手がかりとして挙げておく。

▷1 「共変法」は現象間の因果関係を検証する比較の方法で，J. S. ミルからデュルケムが学び，『自殺論』の分析で組織的に応用している。佐藤俊樹，2000,「1 枚の図表から」今田高俊編『社会学研究法・リアリティの捉え方』有斐閣, pp. 150-170 などを参照。エラボレーションとは，ふたつの変数での記述に別な変数（第三の変数）を導入することで，変数間の説明・解釈の関係をとらえなおす実践であり，多変量解析はさらに多くの変数の効果を同時に検証する手法を意味する。

見田宗介は「最適社会」における背反性の克服を，「相剋する無数のエゴの要求を，いわば超多元的な連立方程式による最適解として解いて行こうとするもの」だと位置づけた。

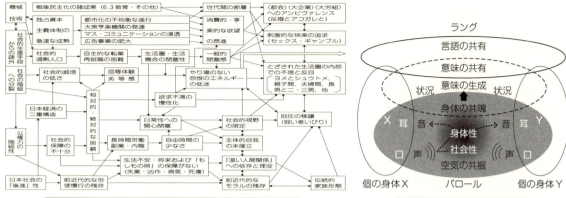

図Ⅵ-3-1 「中小企業労働者・下層農民の要因連関図」　　図Ⅵ-3-2 声言語の模式図

　ひとつは見田宗介が「身上相談」分析で試みた要因連関の図解である。それぞれの身上相談の投書にあらわれている要因を，論理のつながりや関連性・因果関係などを線でたどって鳥瞰的に図示した。ふたつ目は，私自身の「声としてのことば」の身体性と社会性の説明図式で，複数の身体をつなぐ「空気の共振」という現象のもつ身体性・社会性から，いかに意味と言語の人間における共有が生まれるかを示している。いずれも「ことば」と「図形」（矢印や線や円や重なりなど）で表された連関の図示をもって，分析を組織しようとする志向をもつ。

❸ 博物学：一覧するまなざしと分類・比較

　変数の抽出・配置に踏み入る前二者と，異なる方向性をもつ3つ目のアプローチが博物学的な接近である。事例の形態的な特徴に注目し，同種の素材をひろく集め，網羅するなかで全体に迫ろうとする関心が特徴的である。そのように拡張する収集・観察のなかで，比較を生み，類型・分類をつくり，析出する論点をコントロールしながら分析を進めていく。「網羅」は達成しにくい理想だが，収集範囲を拡げ，重ねあわせていくなかで見えてくるものも多い。

　私自身の「クダン」の分析を例に挙げる。人のことばを話し予言する牛が生まれてすぐ死んだ，という怪物のうわさは，流言の偶然の記録にはじまり，新聞記事や民譚やかわら版や随筆などの資料における類話の収集に拡がった。

　多次元に拡がる一覧のなかで，比較がなされ，分類が構築され，共通要素の発見や差異の分析が生まれていく。「クダン」言説の構成要素を抽出し，それが各事例のなかでどのように現れているか。「予言」「対抗呪術」「文字」「見世物」「証文」などさまざまな論点が加わり，そのそれぞれが資料の別な拡がりの追跡を要請した。その拡がりとからみあいを分析することを通じて，最終的に文字を書くことが日常生活に大きな意味をもつ社会と，同時代の「もじり」の文化が対象化された。それは社会心理学的な流言理解とも，民俗学的な信仰零落論とも，文化人類学的な両義性論のいずれとも異なる認識を生み出した。これも博物学的なアプローチのひとつの試みである。
　　　　　　　　　　　　　　　　　　　　　　　　　　　　（佐藤健二）

▷2　見田宗介，1963，「現代における不幸の諸類型」北川隆吉編『疎外の社会学』有斐閣に所収。図Ⅵ-3-1は個別の身上相談のいくつかのテクスト分析を重ねあわせるかたちで構成された。

▷3　佐藤健二，2012，『ケータイ化する日本語』大修館書店が初出だが，図Ⅵ-3-2は佐藤健二，2024，『論文の書きかた』ちくま学芸文庫に再録されたときに加工したものを使っている。

▷4　佐藤健二，2013，「怪物のうわさ」山本泰・佐藤健二・佐藤俊樹編『社会学ワンダーランド』新世社，pp.85-116や，佐藤健二，2024，「『クダンの誕生』の経験をふりかえる」『論文の書きかた』ちくま学芸文庫，第10章。Ⅰ-1も参照。

Ⅵ 収集・分析をはじめる前に

 4 リストの力
全体を観察する作法

　「その事例に代表性はあるのですか」という問いかけに悩んでしまう研究者は思いのほか多い。その耳には「あなたの事例選択は科学的でないですよね」とすら聞こえているのだろう。しかし、この聞きなしは勘違いであり、早とちりである。問いかけた質問者自身が「代表性」ということばを正しく使っているかどうかも含め、冷静かつ明晰に向かいあう必要がある。

① 「代表性」の概念の適切な応用範囲

　「代表性」は、じつはごく限定的な概念である。母集団からの標本（サンプル）選択のプロセスの適切性や正当性を問う局面で使われる。すなわち、その事例が属する「全体」がすでにイメージされ、あるいは具体的に把握できていることが、すべての前提である。対象が全体の特質を表象する標本の集合になっているかを問うているからだ。つまり、選ばれた「部分」としてのサンプルが、もともとの「全体」の集合を適切に代理表象（represent）しているか、という問いである。だからこそ、たとえば住民基本台帳や選挙人名簿のように、対象の全体を一定の条件のもとではあれ網羅する「リスト」が、サンプリングの基礎として重要になる。

　これに対して、事例（ケース）の分析では、そうした「全体／部分」の構造が設定できないことが多い。事例を含む「全体」が、そもそも見えていないこともめずらしくない。さらに、属しうる全体はひとつであるとは限らない。レベルの異なる複数の全体が、理論的にも現実的にも想定できるからである。だから「代表性」を、対象選択の手続き問題として先に措定するのは間違いである。全体との関係を研究の最初から弁明する必要はないからである。その事例の「意味」は、分析が進むにつれて最終的に明らかになっていくと腹をくくってしまっても、大きな障害にはならない。

　その限りにおいて、最初に掲げた代表性をめぐる問いかけの意図は、あらためて問われてよい。その説明があてはまらない事例や現象があるのならば、そうした事例の分析を増補していけばよい。そのように網羅していく方法を、グラウンデッドセオリーは「理論的サンプリング」と呼んだ。

② 全体を見せるためのリストの論理

　ただし「リスト」が「全体」を秩序立て、新たな角度から見せる技術と深く

▷1　佐藤健二, 2024,「調査研究のさまざまな局面」『論文の書きかた』ちくま学芸文庫, 第7章において「代表性概念の肥大」について批判的に論じている。

▷2　グレイザー, B.G.・ストラウス, A. L., 後藤隆・大出春江・水野節夫訳, 1996,『データ対話型理論の発見』新曜社。

VI-4 リストの力

結びついている事実は，方法の可能性の問題として忘れてはならないだろう。

　知っているすべての事例を，あるいは把握している限りの情報を，いわば「総ざらい」にして，一覧表に書き上げてみる。そうした実践は，素朴だが決して無駄ではない。自分の頭から外に出して，あるいは散らばっている典拠から切り取って，一目で見わたせる全体に整理する。それは素材を対象化し，データとして統御するという実践にとって，重要なプロセスである。

　リストをつくること自体がすでに分析に踏みこむ整理の実践である。なぜか。リストとしてまとめようとするときに，分類の仕方や，並べ方の秩序が問われるからである。考えてみると，じつは「質問紙」もまた，問題意識と問いのリストである。リストであると同時に，データを記録するカードでもある。研究する主体の思考もまた，質問紙によって対象化され，一覧される。

　すこし横道に逸れた。もういちど，リストにおける「分類」や「並べ方」の重要性にもどろう。これは一覧することに，いかなる構造と秩序を与えるかという論点である。単なる整理整頓ではない。

　事例にことよせて論じたほうが，伝わりやすいかもしれない。たとえば，関東大震災下での「災害時下殺傷事犯調査表」というリストが，警視庁が1925年7月にまとめた『大正大震火災誌』に掲載されている。▷3 流言による暴行事件を考えるうえで重要な警察の記録だと，私は考えている。資料は各管区内の殺傷事件を一覧表にして掲げたもので，事件を所管した警察署・犯罪の日時・場所・罪名・事実概要・検挙人数・被害者数・処理顛末等のデータを備えていた。

　ところが，この表はそのままでは意味が読みとりにくい。分署ごとに事件が並んでいて，おそらく各署からあがってきた個別の報告を，そのまま合体してまとめただけなのだろう。官僚組織作成のリストなら，そう整理されるのもわかる。署内の報告書としては十分なのだろうが，分析にはなっていない。これではどの署の報告が多かったかの漠然とした印象（これも明確にするならば多い順に並べたほうがわかりやすい）以外には，ほとんどなにも見えてこない。

　しかし，並べかえると見えてくる状況がまったく変わる。この記録は「調書」をもとに，犯罪の日付だけでなく発生時刻まで記されている。だから正確に事件が起こった順に並べかえることができる。たとえば，震災発生の翌日の2日午前9時頃に，王子で起きた日本人土工7名による「殺人強盗窃盗詐欺」の最初の記録のあとに，千住・寺島・亀戸で事件が起こる。同日夕刻，大崎での「不逞鮮人と誤信し殴打傷害す」に始まり，近くの大森・品川に拡がる。この東京郊外のふたつの地域から，殺傷事件が拡がっていることが見えてきた。その解釈の委細にまで，ここで踏みこむわけにはいかないが，「並べ方」の論理を変えただけで，見えてくる構造が異なることは，認識を生みだし，分析を構築する上でまさしく重要な方法に関わる論点である。▷4　　　（佐藤健二）

▷3　佐藤健二，2018，「関東大震災における流言蜚語」『文化資源学講義』東京大学出版会，第12章で「警察に集約された記録から見る流言の実態」として論じた。ここでは，そこに掲げた「表12−3a」（掲載資料そのまま）と「表12−3b」（時系列順に並びかえたもの）の違いを論じている。

▷4　『柳田国男全集』のテクストの並べ方も一例である。従来の定本の「主題別」を切断し，一定の形態（単行本／論文／書簡等）の分類のうえに，発行の時系列に単純に並べることで，新しい関係が浮かび上がることとなった。従来の『定本柳田国男集』（筑摩書房，1962-71，全31巻別巻5）は，農政学，昔話研究，宗教論，生活文化などの「主題別」「ジャンル別」に単行本と論考とを組み合わせて一冊を編み，その集合として著作集を作ろうとした。その結果，分野をまたがる作品の位置づけが不明確になり，分野全体の関連も見えにくく分断される傾向があった。1998年から取り組まれた新全集では，その問題に対して，時系列に並べるというかたちで見えやすい軸を通した。

Ⅵ 収集・分析をはじめる前に

5 固有名詞の力をコントロールする
構造変動としての歴史

　歴史社会学の記述・分析において「固有名詞」をどう扱うか。この問いはシンプルだが奥が深い。社会学的想像力の特質とも関わる，大切な論点になりうる。それが「固有」と「名詞」という，ふたつの論点をかけあわせたところで問われている。つまり，研究のプロセスにあらわれる事象の固有性をどうとらえ，それをいかに語り，どんな歴史性・社会性において読み解くか，という問題である。

1 固有名詞と普通名詞

　固有名詞は，たとえば人名や地名のように，他とは異なる限定性・一義性を指し示す名（呼称）である。それは一面で，事物や出来事の個別性や歴史の一回性を暗黙に示す。そのことで，予想外の歴史的事実のつながりが浮かび上がり，固有の物語に迫れるようなことも実際にある。

　その一方で，柳田国男は『郷土誌論』(1922年) の方法論において，「固有名詞」をあえて重んじなかった。なぜか。歴史の出来事を「普通名詞」において概念化し，構造変動として普遍化して語ることの可能性を，まさしく方法として主題化しようとしていたからである。

　挙げられたポイントは，4点であった。すなわち，①「年代の数字に大なる苦労をせぬこと」，②「固有名詞の詮議に重きを置かぬこと」，③「材料採択の主たる方面を違えること」，④「比較研究に最も大なる力を用いること」である。

　①②は，「朝廷史」（政治史・制度史）や「事変史」（事件史）としての国史から脱却し，日常史・社会史・構造史の記述枠組みを生み出す，柳田の「ティップス」(ちょっとしたコツやテクニック) である。③も新しい歴史のための収集の提案で，方向として同じ目的を共有している。文字資料や文書記録ではなく，事物の存在形態や，口承・習俗としての行動，あるいは無意識までも含む心性の表象が考えられている。④は，そもそも学知が比較より生ずることを，デュルケムと同じように強調している。

　あえて「詮議」と念押しし，扱い方の問題に限定したのは，なぜか。「固有名詞」そのものを排除しようとしてはいないからである。たとえば「京とか鎌倉とか屋島とか関ヶ原とか」の，名を残した英雄・豪傑・才子・佳人を軸にした事変史の大局において，「国の歴史」が語られてしまう。その語り方を柳田は批判し，さらに「わが郷の昔の生活が大局とただ半点の交渉があったことを

▷1　柳田国男『郷土誌論』(『柳田国男全集』第3巻, 筑摩書房, 1997) p. 122。ここでいう「京とか鎌倉」は首都の，「屋島とか関ヶ原」は事件・事変の固有名詞であり，「付会」は郷土史を国史に無理につなぎあわせ，こじつけて説明しようとすることを指す。たとえば「社頭の腰掛石に日本武尊の御遺蹟を伝えたとすれば，社の神もその頃のものとして『人皇十二代景行天皇の御時』とやり」，「本尊は八幡太郎の護持仏などとの噂があれば，直に『天喜四年の春』と来る」(同前, p. 127) ような，大きな歴史とのつなぎあわせでの郷土史の語り方である。

188

誇ろう」と「無理な付会[◁1]」をするような郷土史の関心を，気の毒ながら気概に欠けていると叱咤した。批判しているのは，歴史の「固有名詞」と「年号」の確定に執着する探り方であり，まとめ方である。むしろ「固有名詞」という記号の余分な呪縛を解き，たとえば「都市」や「階級」や「構造的緊張」や「生産力」等々の概念の「普通名詞」の一般性において，出来事の構造を抽象化する。そうした比較と観察と収集と分析とを期待したのである。

2 概念の名詞性の流動化と再組織化

　もうひとつ，名詞のもつ問題とはなにか。それは，探究者の思考が事物そのものに固定化されてしまうことである。実在性に囲いこまれて，可能態の動きを見失ってしまう，普通名詞を含めた「名詞性」の功罪である。それを『読書空間の近代』では，漢字熟語の概念が多く発明された「近代日本語の抑圧」のメカニズムとしてとらえ，さらに「動きを浮かびあがらせるべき動詞や形容詞が，名詞に支配され従属してしまって，固有の働きを失っている[◁2]」と論じた。概念の流動化（概念くだき）と再組織化（概念つくり）の力の衰弱である。

　ここでいう名詞は，研究主体が使いこなす方法としてのことばの〈機能〉に関わる。すなわち，反省的に問おうとする主体こそが，名詞化し固定化した概念を流動化し，その存立に遡って再検討する動きを生み出す。

　私の『読書空間の近代』が，柳田の民俗資料の「三部分類」論に加えたのは，主体が関わる様式という，いわば動詞的な論点である。データ収集のプロセスに「身体性」や「社会性[◁3]」が深く関与する様式の方法的な意識化であった。その意味で，上述の『郷土誌論』の③の論点の深化にとどまらない射程をもつ。

　名詞的な概念の流動化において，主体の「身体性」がいかに役立つか。

　小さな一例だが，「総力戦[◁4]」ということばを考えてみよう。戦争目的のために，国家の有する資源や能力のすべてを動員するという意味の内容だけが強調されたが，なぜ第一次世界大戦の前後にこの考え方が論じられるようになったのかを，国語辞書は説明してくれない。そこを解明するためには，名詞化してしまった概念による現状追認をのりこえ，「総力戦」という戦争の特質を生み出した力の分析に進まなければならない。

　おそらく，さらに一世紀近く前のクラウゼヴィッツ『戦争論』の再検討も必要になろう。『戦争論』における「絶対戦争」の理念型や「政治の延長」論の射程，兵器の技術革新の理解などである。第一次世界大戦では，まだ飛行機は戦闘に本格的には導入されておらず，能力も限定的だった。非戦闘員の民衆が，前線と銃後の区別の消失という総力戦の特徴のひとつを現実に理解するのは，まさしく「空襲」の経験においてであった。総力戦概念の意味が，兵器の技術革新を通じて，人々の身体に実感として生まれる。このような力やメカニズムもまた，この語の意味の歴史として測定されなければならない。　（佐藤健二）

▷2　佐藤健二，2012，『ケータイ化する日本語』大修館書店，p.258。具体例として，明治以後の漢字熟語の名詞の異様な増加だけでなく，「的」を付加しただけの形容詞づくりや，「する」をつけた動詞化などを取りあげ，固有に言いあらわし，言いかえ，解説しなおす力の衰弱を問題にした。

　なお「動詞」「形容詞」の力に注目した歴史記述は，鶴見和子，1977，『漂泊と定住』筑摩書房が論じた，情動を重視した社会変動論の重要性とも呼応する。

▷3　ここでいう三部分類論の「身体性」とは，資料を3つに分類する軸のなかに，目に見える事物や慣習（視覚性），耳に聞こえることば（聴覚性），語られない心意や禁忌（心での感受）等の五感の秩序が込められていることの指摘である。また「社会性」とは，旅人としての採集，一時的な寄留者としての採集，同郷人としての採集など，日常生活の共有を軸とした順序の分類が設定されていることを指す。

▷4　この名詞は軍事力だけでなく，政治的・経済的・精神的な力をすべて動員して戦う新たな戦争形態を指す。現実には大正の頃から注目され，ルーデンドルフの戦争論などを経由して，昭和の日本の「国家総動員」の体制構築を支える概念として一般化した。

Ⅵ　収集・分析をはじめる前に

個人をどうとらえるか
「フィールドとしての個人」と「n次資料」

「構造」の把握を重視することと、「個」に注目することが、歴史社会学の研究において、背反的でなく両立しうることを補足しておこう。私は社会の歴史性の研究において「固有名詞」の効用や主体としての「個人」や「個性」を軽視していない。個をどうとらえるかは、重要な課題である。

「フィールドとしての個人」による超克

Ⅵ-2で「データの質」という論点にふれたが、「質的／量的方法の対立」という疑似問題を流動化するために頼った工夫のひとつが、「フィールドとしての個人」である。これは、Ⅵ-4で述べた「代表性」論の限定とも深く呼応する。さらに社会をどうとらえるかにも関わる。社会学は集団の分析なので、複数の人間あるいは個人の集合を分析することを通じてしか社会は理解できない、ともいわれる。まさにその思い込みをゆるがすための主張だからである。

中野卓はかつて「個性をもったままの諸個人に視点を向けると、それが木をみて森をみない結果となり、社会の存在を否定する結果になるとか、そのため社会学の存在理由を自ら否定することになるなどという恐れが、現在なお本当に果たしてあるのでしょうか」と問いかけ、村のフィールドワークや逸脱集団の参与観察によるモノグラフがありうるように、特定の個人に対するモノグラフ的研究もありうるのではないか、という問題を提起した。そのとき、個人の生活にも経歴にも居所にも移動にも役割にも、その人間の生き方を取り巻く「社会」の関係性・構造性が深く関わりあっている。それゆえにこそ個人はフィールドであり、資料の集積体であることを、中野も直感していた。

社会や集団は、確かに複雑で多元的な構成体である。同じようにまた、個人も多次元的で持続的で重層的な存在であり、複数のさまざまな全体を内包している。その全体のひとつに歴史があり、「生活史」（ライフヒストリー）としての「語り」（ライフストーリー）を追究しうる。多様な全体の断片が重なりうる分厚さが、社会学者の解読の対象となりうる。そうした構想こそが「フィールドとしての個人」の可能性の中心である。

個人を単位としてではなく、フィールドとしてとらえる。それは、社会学の方法論の視点の大きな転換であった。「社会」がひとつの全体で「個人」はそれを構成する部分の単位でしかないという発想が流動化しはじめる。さまざまな意味で社会と名付けられる関係・構造が複雑に集積している場、すなわち

▷1　中野卓, 1981, 「個人の社会学的調査研究について」『社会学評論』32(1)：pp. 3-4。同様に、個人の語りから、社会の構造に迫ろうとする方法知は、プラマー, K., 好井裕明・小林多寿子・桜井厚訳, 1998, 『セクシュアル・ストーリーの時代』新曜社などにもみられる。

フィールドであるからこそ，個人はそれぞれに個性をもつ。

❷ 疑似的な単純化としての「一次資料／二次資料」

その一方で，フィールドのもつ「現場性」を，むやみに特権化し実体化し神秘化してしまってはならない。それは「当事者」を無批判に特権化してしまってはならないのと同じである。調査における観察の直接性は，一面において尊重されるべき特質である。しかしながら対面的で直接的な収集資料やデータだからといって，無前提・無批判に依拠してはならない。一次的実感が，二次的で間接的な記述よりもつねに高い価値をもち真実に近いとする判断は，いささか硬直した基準である。

歴史研究でも社会文化の研究でも，しばしば「一次資料／二次資料」，ときには「一次データ／二次データ」という区分が論じられる。

「一次資料」とは，研究という営みのいわば生の記録である。対象となる人間や出来事に，もっとも近い距離において，すなわち一次性において語られ，記された記録である。だから，一人称という視点からの当事者の語りとも重ねあわせられる。そのほか，その時点での新聞記事，音声記録，写真などの映像資料，日記，政府文書なども，広く一次資料に位置づけられることがある。対象となる現象への近い距離ゆえに，確実性や信頼性が一般的に高い。その一方で，現象に直接に関係した人々による即時的で直接的な記録であるがゆえに，主観的で状況的で即自的な偏りが無意識に刻印されている。

これに対して「二次資料」は，当事者性からは一歩遠ざかった，間接性において基本的に規定され，分類される。二次資料は，いわば作成者によって編集され，加工され，あるいは料理された記録だからである。[2]

ただ歴史社会学の立場からは，いわゆる「一次資料」にしても「二次資料」にしても，ある意味ではすでに関わる緒主体によって下ごしらえされ，記録者や収集者によって料理されている。その意味で，程度の差があることは見きわめなければならないが，まったく「生の」記述があるという理解はナイーブである。その資料を生成させた主体の，「主観的で状況的で即自的な」解釈や分析の偏りが内蔵されていることを，私は歴史や社会や文化の分析枠組みのなかに入れておきたい。その点で，つねに二次資料ではなく一次資料を重視しなければならないと，ひとつ覚えにくりかえす立場には懐疑的である。[3]

つまり，すべての資料は分析主題の立て方次第で，またその資料の存在形態と主題の特質に応じて，一次資料にも二次資料にもなりうる。より一般化して表現することが必要ならば，すべての資料はじつは「n次資料」である。すなわち「n次」の多次元のレイヤーにおいて媒介されている。その「n次」の実態は，分析が進むにつれて解読されていくべきものであり，分析するという実践を最初から支えている基礎なのである。　　　　　　　　（佐藤健二）

▷2　その出来事についての伝聞や，編集された資料集，論評を含む報道の記事，研究として取り組んだ論文の記述，制作されたドキュメンタリーなど，それぞれ作成者の分析や解釈が多く含まれている。

▷3　この論点は，私自身の「社会調査」の定義とも，深く呼応している。標準的な社会学の教科書は，社会調査を「社会事象を現地調査によって直接に観察し，記述および分析する過程」と定義し，現実に近寄って直接にみることと，生のデータ収集を特権化した。これに対し，私は観察や測定や実験や比較を通じて「社会認識を生産するプロセス」であるという，シンプルな規定を対置することで，直接や距離の近さという論点を外すことにした（佐藤健二，2024，『論文の書きかた』ちくま学芸文庫，第6章など）。

VI 収集・分析をはじめる前に

7 歴史社会学とはなにか
歴史性の厚みにおける再帰性

歴史社会学は，比較の方法を使いこなす社会学のひとつのかたちである。文化人類学が空間的に文化の差異を比較することで，自分の文化を明らかにしていく学問だとすれば，歴史社会学は時間軸のなかで異質なものと向きあいつつ，自らの現代を知る試みと位置づけられる。社会学は，近代社会の歩みとともに生まれた。いわゆる近代のすでに分厚い蓄積は，現在と向かいあう社会学にそうしたアプローチの必要性を生んだ。そして，デュルケム以来の比較の重要性は，社会学とはなにかという根源的なテーマともつながっている。

1 「社会史」のインパクト

いささか個人的な回想となるが，1970年代の後半，「歴史社会学」はまったくの死語で，講義でも演習でも，このことばを聞いた記憶がまるでない。じつは遠く1930年代に，文化社会学や知識社会学とともに輸入された，新来の思想であったことをのちに知るが，「歴史社会学」の語を掲げた書物は，背表紙の文字も古びていて，研究室の書架から引きだす人もいなかった。

やがて歴史研究の領域で「社会史」の登場が注目をあつめ，「新しい歴史」研究の必要性があらためて強調された。それは個人的な印象ではあざやかに，「無縁」や「刑吏」や「水」や「病気」や「差別」など，かつて論じられたことがない周辺的で，しかし意外にも身近で，ときに無意識に遠ざけられていた，おもしろい対象と主題が，「歴史」として物語られた。しかしながら，「新しい歴史」研究の本質が，なによりも資料の爆発ともいうべき拡大にあり，そして方法の転換を含む拡張であったことも忘れてはならない。

そこでは，歴史学の主流を構成してきた制度史・政治史の視野の狭さがあらわにされた。あるいは「日本資本主義論争」▷1 的な発展段階の枠組みをあてはめる歴史認識の硬直が批判された。社会学でもまた，現代の横断面から歴史への新たな取り組みが生まれる▷2。それは，「知識人たちの自己批判の回路」▷3 でもあった。阿部謹也の「伝説」研究が想像力をかきたてたのは，それが忘れられた過去の発見ではなく，過去をそのように描いてきた歴史記述や歴史認識そのものに刻印された歴史性の発見であり，主体の内なる歴史意識の拘束の意識化であったからである。

にもかかわらず，当時の社会学は，社会史が提起していた歴史性を，学問の方法に関わる，それほど大きな問題提起だとは受けとめていなかった。のちに

▷1 近代日本の資本主義や民主主義の性格規定をめぐる1930年代の論争。マルクス主義のいわゆる「発展段階論」の日本社会への適用をめぐり，講座派・老農派のあいだで「封建制」「地代」「小作」「マニュファクチュア」「民法」などの論争がくりひろげられた。老農派が封建遺制の存在を認めつつも一定の近代性を主張したのに対し，講座派はその資本主義の前近代性を指摘し，いまだ封建社会の絶対主義段階であると主張した。戦後には，農地改革の性格をめぐって，歴史学・経済学などで論争が再開される。

▷2 たとえば，歴史学の中世社会研究が提出した「アジール」という概念の背後で，その対抗力を支える意味世界の固有性や，都市国家の生成のなかで複合的に生成してくる差別のメカニズム，国民国家における「伝統の創造」，それを支えるメディアの理解，新たな社会運動のとらえ方などが議論された。

▷3 佐藤健二，2000，『歴史社会学の作法』岩波書店，p.8。

「構築主義」として，あるいは「再帰性」（reflexivity），「行為遂行性」（performativity），「立場性」（positionality）と評される，相対性を自覚的に使いこなす方法の核心と呼応していたにもかかわらず，である。

② 「連字符社会学」の意義と限界

　都市社会学，産業社会学，政治社会学，家族社会学など，戦後日本の社会学は主題別の「専門」領域を次々と生み出すことによって，ある意味で独立しようとしていた。その努力は，いくつかの意味で象徴的だった。なによりも，対象が実体としてそこに存在すると措定することで，調査研究による実証が可能となり，必要な理論枠組みの構築を分担することができた。実証を伴う諸専門分野の自己主張は，一種の「民族独立運動」（nationalism）だったのである。

　しかし，戦後のさまざまな社会学講座に「歴史社会学」の一巻は登場しなかった。歴史は，実体的な対象ではなかったからだろう。そうした帰結がいくつかの錯誤と錯視のうえに成りたっていたことを，構築主義の認識論的な転回を経た現在ならば，反省的に考察できる。「都市」も「家族」も「産業」も「政治」も，研究の対象や領域を実体として区分する名詞ではなかった。それはむしろ，研究するという実践を立ちあげるための，理論的＝方法的対象の定立・措定にすぎない。そのことが，実感としても明らかになった。だとすれば，「歴史社会学」をシリーズの一冊に並べる可能性も浮かび上がり，冠した名詞の連字符にあわせて研究を細分化させる必要もなくなる。

　私の師は見田宗介だが，この学者が研究を託した「学」の名前をたどってみることは示唆的だろう。見田が高校生の若き日に「社会心理学」という名詞に感動したのは，それが外なる「社会」と内面の「心理」を統合的に見とおす新しい力を有していると感じたからだ。そして大学生となり，自らの価値意識や社会意識の理論と方法とを鍛え，「まなざしの地獄」という個人に焦点をあわせた研究を転回点として，「人間解放の理論」「存立構造論」という独自の領域での理論構築に取り組む。その探究のなかで，既存の命名とはかなり異質な「比較社会学」を立ちあげ，コミューンを主題とする諸専門「学」の枠組みを超越した研究を提起する。『気流の鳴る音』『時間の比較社会学』『自我の起原』『宮沢賢治』などの作品が生み出され，注目された。そのプロセスで，真木悠介という主体が生み出されるが，その細部には踏みこまない。

　興味深いのは，そうした旅を経て，あらためて主張された立場が，歴史社会学への回帰であったことである。初期の『近代日本の心情の歴史』の試みと，晩年の『社会学入門』『現代社会の理論』などでの人類史的な現代社会の考察が，そこで出合う。もちろん，名称などじつはどうでもよい。そして歴史社会学の名は，社会と人間を歴史性の厚みにおいて分析しようとするすべての試みに開かれているのである。

（佐藤健二）

▷4　たとえば，1950年代の福武直・日高六郎・高橋徹編の『講座社会学』（東京大学出版会，1957-58，全9巻＋別巻1）でも，1970年代の福武直監修『社会学講座』（東京大学出版会，1972-76，全18巻）でも，1980年代の『リーディングス日本の社会学』（東京大学出版会，1985-97，全20巻）でも，1990年代の『岩波講座現代社会学』（岩波書店，1995-98，全26巻・別巻1）や，『講座社会学』（東京大学出版会，1998-2010，全16巻）でも，歴史社会学を正面から名乗る巻はあらわれなかった。2023年から刊行されている『岩波講座 社会学』でも歴史社会学はない。

▷5　佐藤健二，2022，『真木悠介の誕生』弘文堂を参照。この書物では，見田の作品論考をほぼすべてにわたってリスト化している。ここで言及している諸分野の論考・著書について，具体的な書誌事項を知ることができる。

人名さくいん

あ行

赤川学 47,49,117,183
足立己幸 105
阿部謹也 66,131,192
アボット，A. 16
網野善彦 31
アリエス，P. 102
有末賢 34,35
アルヴァックス，M. 55,118
有賀喜左衛門 24,35,36,164,165,167
石井研堂 80,81
石毛直道 104
磯野真穂 104
井上忠司 105
今井登志喜 46
イリイチ，I. 63
ウィークス，J. 20
ウェーバー，M. 17,42-45,48,108,118,128,140-143
ウェスレー，J. 143
ウォード，C. 29
内田隆三 70,172-175
江藤淳 129
エリアス，N. 104,148-151
エリス，H. 21
及川宏 165
大澤絢子 143
大塚久雄 140-143
大宅壮一 64
落合恵美子 25,103
表真美 105
オング，W.J. 93,124-127

か行

加島卓 122
梶山力 140
ガダマー，H-G. 80
加藤秀俊 74
金森修 100
カルヴァン，J. 140-142
川北稔 32
鷹咲子 105
ガンズ，H. 29
カント，I. 80
ギアツ，C. 54

菊池哲彦 105
北田暁大 117,122
喜多野清一 24,165
木本至 19
清沢満之 109
ギルマン，S.L. 160,162,163
ギンズブルグ，C. 68
黒澤明 68
ケメニー，J. 84
高野光平 123
ゴードン，A. 71
コーワン，R.S. 152
コルバン，A. 96,156-159
コント，A. 38
コンラッド，P. 162
今和次郎 29

さ行

サヴィジ，M. 137
坂口安吾 174
佐藤健二 31,35,56,63,71,90,106,127,129,178
佐藤俊樹 54,90,143,175,184
佐藤雅浩 49,76
サンソン，C.=H. 151
ジェンナー，E. 160
清水幾太郎 83
清水洋行 105
ジャノヴィッツ，M. 11
シュッツ，A. 44,45
シュナイダー，J.W. 162
寿楽浩太 100
スコッチポル，T. 17,49
スメルサー，N.J. 17,54
スローターダイク，P. 111
ソンタグ，S. 160-163
ゾンバルト，W. 11

た行

ターナー，J. 29
高木仁三郎 101
竹内幸絵 122
武田尚子 137
タックマン，G. 114
ダンテ，A. 141
近森高明 111

遅塚忠躬 47,48
塚原東吾 100
筒井清忠 1,54
坪内逍遥 80
デュルケム，É. 10,17,48,74,77,144-147,184,188,192
戸田聡 143
戸田貞三 24

な行

ナイチンゲール，F. 160
中野卓 24,35,126,164,167
中野敏男 143
中山茂 100
南条あや 15
ニーチェ，F.W. 143
西山夘三 27
野口英世 160

は行

バーガー，P. 49
ハイデン，D. 155
バウマン，Z. 77
バクスター，R. 142
橋本努 141
パスツール，L. 159
ハッキング，I. 49,78
バナール，J.D. 101
早川和男 26
林述斎 47
原田信男 104
ハリソン，T. 82
パンゲ，M. 74
ピカソ，P. 90,91
廣重徹 100
フィリップス，D.P. 74
フーコー，M. 19,49,69,77,91,94
フェノロサ，E. 38
藤原辰史 56,104,111
藤村操 15,74
布野修司 26
フランクリン，B. 140,141,143
ブルデュー，P. 80,107
ブローデル，F. 47,147
ブロック，M. 17,147
フロム，E. 38-41

人名さくいん

ヘシオドス　90
ベラー，R.N.　143
ボードリヤール，J.　70,71
ポメランツ，K.　48

ま行

マードック，G.　102
マートン，R.　101,106
マクルーハン，M.　3,93
マッジ，C.　82
松平誠　34-36
松本三和夫　101
マルクス，K.　116
三島由紀夫　174

三隅貴史　37
見田宗介　15,32,48,90,176-179,
　　184,185
宮本常一　126
ミル，J.S.　17
ミルトン，J.　141
ムーア，B.　49
牟田和恵　104
モース，M.　146
モティエ，V.　18
森岡清美　24,108,168

や行

柳田國男／国男　55,58,59,89,110,
　　132,133,181,187-189
湯浅誠　105
湯川秀樹　100
吉岡斉　100

ら行

ラドクリフ＝ブラウン，A.R.　147
ルター，M.　140,141
レヴィ＝ストロース，C.　147
ローバサム，S.　21

わ行

渡辺秀樹　22

事項さくいん

あ行

アーカイブ　15, 65, 114, 123, 132-138
アーバニズム論　34
相対死　15
朝日新聞　76, 114
あさま山荘事件　130
アジール　192
厚い記述　54, 129, 172
アドミュージアム東京　123
アナール派　17, 147
アマチュア　81
家／「家」　22, 35-37, 75, 164-168
家連合　164, 165, 167
家連合論　35
医学史　160
一次資料／二次資料　191
一戸前　23
逸脱　78, 94, 162, 176, 190
一致法　17, 49
一等史料　46
一夫一婦制　25
イデオロギー　22, 23, 55, 56, 151, 179
医療化　75, 162
炉　104
因果関係　184
インターネット　14, 15, 65, 92, 123, 134
ウェルテル効果　74
ウクライナ侵攻　10
ウソ　181
うつ　14-16
ウルフェンデン報告　21
うわさ　2, 3, 19, 61, 181
映画　12, 50, 68, 93, 114, 120, 121, 150, 160
映画館　121
エイズ　163
映像資料　58, 191
エージェンシー　129
ええじゃないか踊り　166
エスノメソドロジー　69, 117
エトス　48
エラボレーション　184
エリート　82, 83, 157
厭世　75

か行

大宅壮一文庫　64, 115
オーラルな文化　88, 89
オーラルヒストリー　67
オーラルヒストリー研究　137
オナニー　19, 49
音声記録　191
音声メディア　89

階級　162, 176, 189
解釈主義　137
外傷性神経症　17
階層　161
概念分析　117
加害　18, 76, 77, 178, 179
科学技術立国　101
科学の制度化　100
科学の体制化　100, 101
家業　23
核家族　22
楽譜　118
家産　23
家事　123, 152
家族　22, 24, 25, 103, 123
家族社会学　169, 193
学校給食　105
学校史　66
合衆型都市祝祭　35
活版印刷術　63
家庭　152
家督相続　23
家父長制　25
家父長制家族　23
家父長的　166
竈　104
カリスマ　108, 116, 128
カルヴァン派　140
カルヴィニズム　141
かわら版　89
癌　160, 161
環境管理型権力　77
観光　13, 60, 61, 88, 135
観察者　82, 117, 162
観察の観察　69
観相学　163

幾何学　184
擬似環境　2
擬似問題　182
技術革新　154, 182, 189
既知と未知の化合物　180
偽文書　46, 181
協会史　66
境界論　3
教科書　90
狂気　91, 163
共食　104
行政文書　128
教団ライフサイクル論　108
共同性　25, 34, 164, 171
共同体　177
共変法　184
共有資源　86
拒食症　78
巨大科学　101
キルヒェ　108
近代化　25, 90, 96, 99, 101, 109, 144-147, 167, 172
近代家族　24, 72, 105
近代主義的家族　22
クィア　21, 94, 95
グラウンデッドセオリー　186
グラフィックデザイナー　122
グローバルサウス　110
軍事社会学　13
群衆　157, 166
慶安の触書　47
経済学　91
警察　68, 75, 130, 187
継承　12, 23, 25, 34-37, 86, 87, 164, 167
系図　67
刑罰　77
計量テキスト分析　13, 117
ケータイ　5
ゲーム　4
血縁家族　165
結核　160, 161
毛坊主　170
言説分析　49, 114, 117

事項さくいん

建築　111
限定効果論　29
行為遂行性　193
公害　76
公共性　5, 33, 53, 129
広告　61, 122, 123, 132, 178, 183
広告制作者　122
厚生省（現在の厚生労働省）　11
構造史　47, 54, 188
構造的緊張　189
構築主義　49, 127, 193
公文書　58, 128, 129
公文書館　129
神戸連続児童殺傷事件　173
声の文化／文字の文化　121, 124, 127
国勢調査　182
国民国家　100, 112, 192
国立国会図書館　63, 64, 115, 134
国立国会図書館デジタルコレクション　63, 134
心の病　14
戸主権　23
孤食　105
古書店　123
子育て　103
骨相学　163
子ども食堂　105
コミュニケーション　92, 93
古文書　46
コモンズ　86, 87
コロナ禍　37
コロニアリズム　112
婚外子差別　25
根源的ヒューマニズム　21
今昔マップ　131
コンテクスト　38, 39, 41

さ行
サーベイ調査　136
差異化　162
災害　77
再帰性　56, 57, 114, 187, 192, 193
再帰性・反省性　56
差異法　17, 49
坂田山心中　74
雑誌　114, 115, 173
雑誌記事索引　64
産業社会学　193
三歳児神話　103

3C　110
三種の神器　110
三等史料　46
参与観察　60, 136, 190
自慰　163
シヴィル・パートナーシップ法　21
ジェンダー　18, 25, 34, 72, 78, 94, 95, 102, 123
シカゴ学派　34, 167
事件の歴史　47
自殺　14, 15, 74, 75
自殺論　10, 74
史心　181
私設図書館　64
自然科学　42
寺檀関係　169
自治体史　66
実証主義　137, 144
実存　176
実存社会学　176
質的調査　137
質的データ　178, 183, 184
質問紙　187
質問紙調査　136, 179, 182
児童虐待　77
自分史　66, 67
嗜癖　79
市民教育　57
市民社会　26
社会意識　2, 12, 48, 55, 76, 77, 121, 123, 126, 137, 176
社会意識論　13, 116, 121, 147
社会移動　138, 176
社会運動　12, 121, 192
社会階級　156, 159
社会階層と社会移動全国調査　138
社会科学　11, 17, 26, 42-45, 48, 49, 54, 62, 153
社会学史　38-41
社会学的想像力　188
社会構成主義　21
社会史　17, 31, 56, 71, 83, 107, 162, 172, 188, 192
社会事業　27
社会心理学　3, 39, 185, 193
社会調査　70, 136, 159
社会的ネットワーク　61
社会的不安　3

社会病理　159
社会変動　54, 88, 166, 169
社会変動論　11, 13, 189
社会問題　116, 120
借家人　28
社史　66
写真　191
ジャパンサーチ　134
宗教改革　140
宗教社会学　169
宗教組織　108
集合意識　48, 77, 144-147
集合的（な）記憶　11, 34, 55, 118, 121
集合的不安　3
集合的無意識　3
終戦　90
住宅　84, 85, 111, 152
住宅問題　26
住民基本台帳　186
宗門人別改帳　166
主観的意味　44, 45
縮刷版　123
出版産業　116
主婦　154
聚落的家連合　35, 165, 167
順序尺度　182
女医　72
商家　86, 164, 167
商家同族団　164, 167
城下町　86
情死　15
消費者　70, 71, 122
消費社会　70, 71, 174
消費社会論　70, 71
昭和史論争　66
職業婦人　72
食事サービス　105
食の礼儀　104
植民地主義　112
書誌情報　63
女性雑誌　72
女性専門職　72
書物　62
シリアスレジャー　81
資料の「社会的存在形態」　2
資料の存在形態　191
資料批判　183
史料論　56

197

史力 181
事例的研究法 184
神経症 16
神経衰弱 16, 17
人口学 167
人種 162
心中 15, 75
真宗大谷派 109
真宗教団 168
神人共食 104
真正性 87
身体性 5, 185, 189
新聞 76, 114, 115, 173
新聞記事 191
人文情報学 135
親密性 20, 156, 158
新民謡 88
心理学 42
神話 55
図像学 162, 163
スティグマ 75
生活共同体 24
生活史 112, 177, 190
政治学 91
政治社会学 193
精神医学 15-17, 75, 162
性＝人格論 20
精神疾患 15-17, 49, 75, 78, 163
精神病 15
精神病院 15, 163
精神分析 39, 163
精神分裂病 163
政府文書 191
性別役割分業 25
性欲＝本能論 20
セクシュアリティ 18, 163
ゼクテ 108
世代継承制 37
摂食障害 78, 79, 104
説明変数 184
選挙人名簿 186
戦後 90
戦後改革論 11
全国書誌 63
戦後思想 12
戦後民主主義 101
戦時動員論 11
戦争 10-12, 77, 111
先祖祭祀 164

全体化的モノグラフ 179
全体的相互給付関係 35, 36, 164
戦友会 12
相剋性 177
葬式 168
葬送 170
想像の共同体 12
総力戦 100, 189
総力戦体制 27, 101
組織 170
村落 23
村落共同体 23
存立構造論 193

た行
第一次世界大戦 100
ダイエット 79
大学紛争 91
大河ドラマ 90
大逆事件 173
大衆観察運動 82
大衆娯楽文化 12
代数学 184
第二次世界大戦 91, 100
代表性 183, 186, 190
「大分岐」説 48
大量現象としての歴史 47
大量生産システム 70, 71
山車 60, 86, 87
立場性 193
多変量解析 184
探偵 181
団らん 104
地域社会 28
地域社会学 34
地球温暖化 110
知識社会学 116, 192
知識人 27, 41, 48, 70, 73, 83, 107, 116, 119, 173, 174, 192
地図 67, 133, 134, 173
町内 37, 60, 61, 86
直系家族 23
直系制家族 24
ツイッター 14
通俗教育 81
通俗性欲学 19
帝国主義 112
データアーカイブ 138
データの質 182
データの復元 136

データベース 59
手紙 49, 58, 119, 132, 140, 166
テクスト 38, 39, 41
テクスト空間 133
テクストマイニング 183
テクノロジー 153
デジタル人文学 135
デジタルデータベース 123
伝説 55
伝統 87, 89
伝統家族 23
伝統型都市祝祭 35
伝統の創造 192
統計的研究法 184
動詞 189
動詞性 180
同性愛者 94
同族 167
同族団 164, 166
東電OL殺人事件 173
東洋医学 163
ドクターキリコ事件 14
独立変数 17
都市 156-159, 176, 189
都市空間 122
都市計画 27
都市祭礼 34, 60, 86
都市社会学 34, 35, 193
図書館 62, 123
トラウマ 16, 77
トランスジェンダー 94

な行
内閣資源局 100
内務省 27, 75, 129, 134
内容分析 12, 59, 114, 116, 178, 183
ナショナリズム 12, 40, 112, 150
二次的な声の文化 124
二次分析 136, 138
日常生活 82, 155
日露戦争 91, 172
日記 15, 51, 58, 131, 132, 134, 135, 161, 166, 191
日清・日露戦争 11
二等史料 46
日本学術会議 100
日本学術振興会 101
日本経済新聞 114
日本資本主義論争 192
ニュータウン 173

事項さくいん

は行

ネット心中 14
年中行事 166
ノイローゼ 16, 17

媒体 156
梅毒 163
墓 22, 168
パブリックドメイン 135
パブリック・ヒストリー 57, 113
ハラスメント 76
万国博覧会 112
犯罪 14, 76, 77
阪神・淡路大震災 77, 175
反歴史 41
ヒアリング 181, 183
被害者 76, 77
被害者学 77
比較研究 54, 73, 188
比較社会学 144-147, 193
比較歴史社会学 11, 16, 17, 48, 49, 54
引きこもり 14, 15
美術史 90
ヒステリー 16, 17
ビデオデッキ 123
批評理論 53
肥満 78, 79
百科全書 63
ピューリタニズム 142
病人史 160
標本 117, 186
ファシズム 82
ファシリテーター 57
ファン・コミュニティ 121
フィールドワーク 62, 190
夫婦家族 22
夫婦家族制 24
フォンド（資料群）尊重の原則 65
福祉国家 11, 84
複製技術 65, 88, 93, 182, 183
複製メディア 89
父系 165, 167
婦人解放運動 73
仏教 168
普仏戦争 10
プロテスタンティズム 140
文学場 129
文化財 60, 87
文化史 111

文化社会学 13, 129, 192
文化庁 60
分家 164, 166
文書館 62-65, 129
文書主義 128
分類 185
別家 164, 166
封建遺制 22
封建制 23
奉公人 164-166
方法 184, 187-189, 192, 193
母集団 186
戊申詔書 172
母性幻想 103
保存会 60
ポピュラー文化 112
本家 164, 166
本文テクスト中心主義 133

ま行

マイクロデータ 136
毎日新聞 114
マスメディア 74-77, 114, 122
祭り 34, 36, 37, 60, 86, 87
マルクス主義 167
マルサスの罠 48
満州事変 10
身上相談 185
三原山自殺 74
民主化 22
民謡 88, 89
昔話 55
明治維新 90
明治民法 165
飯テロ 105
メタデータ 134
メディア 45, 54, 86, 88, 92, 93, 114, 122
メディア文書 58
メディア論 2, 58, 89, 117
メランコリー 163
メンタルヘルス 14-16, 78
メンヘラ 15
持ち家 84

や行

屋台 86
家主 28
誘導尋問 180
ユートピア 101
ユネスコ無形文化遺産 60
養育 102

ら行

ライトノベル 120
ライフストーリー 190
ライフストーリー研究 68
ライフヒストリー 167, 190
ライフヒストリー研究 58
ラジオ 88, 89
羅生門効果 68
理解 42, 43
理解社会学 54
理解の理解 69
理化学研究所 100
リスト 187
リストカット 15
リテラシー 4, 118
流言 2, 181, 185
両義性論 3
理論的サンプリング 186
類型 185
ルーツの探究 67
ルター派 140
礼儀 148
歴史意識 35, 86
歴史学 90, 91
歴史観 113
歴史実践 57, 113
歴史社会学的想像力 56
歴史書 90
歴史総合 57
歴史認識 47, 48, 55, 67, 121, 192
レコード 88, 89
レジーム 84
連合赤軍 130
労働 70, 152
論壇 116

わ行

若衆 60, 61
若者 123
ワンオペ育児 103

A-Z

CM 122
Digital Humanities 135
edomi（江戸をみる／みせるデータ
ポータル） 135
Google マップ 131
n 次資料 191

PTSD 77
ROIS-DS 人文学オープンデータ共

同利用センター 135
SNS 14, 15, 83

SSJDA 136
SSM 調査 138

執筆者紹介 （氏名／よみがな／生年／現職／業績／執筆担当／歴史社会学を学ぶ読者へのメッセージ）　＊は編著者

赤江達也（あかえ・たつや／1973年生まれ）

関西学院大学社会学部教授
『「紙上の教会」と日本近代――無教会キリスト教の歴史社会学』（単著，岩波書店，2013年）
『矢内原忠雄――戦争と知識人の使命』（単著，岩波新書，2017年）
Ⅴ-1
ある人生を書くことによって，その人が生きている社会を記述する。そんな歴史社会学について考えています。

赤川　学（あかがわ・まなぶ／1967年生まれ）

東京大学大学院人文社会系研究科教授
『セクシュアリティの歴史社会学』（単著，勁草書房，1999年（2024年新装版））
『明治の「性典」を作った男』（単著，筑摩書房，2014年）
Ⅰ-5　Ⅱ-2
社会学はなんでも研究できますが，社会を成り立たせる歴史的文脈に着目すると，より魅力的な探究になるでしょう。

石島健太郎（いしじま・けんたろう／1988年生まれ）

東京都立大学人文社会学部准教授
How cure was justified: rhetorical strategies for the treatment of colour vision deficiency in the 1970s and 1980s in Japan, *Disability & Society*, 2022.
『戦後日本の貧困と社会保障――社会調査データの復元からみる家族』（共編著，東京大学出版会，2024年）
Ⅳ-12
優れた歴史研究に宿る独特の泥臭さと凄みを楽しんでください。

瓜生吉則（うりゅう・よしみつ／1971年生まれ）

立命館大学産業社会学部教授
『賭博の記号論――賭ける・読む・考える』（共著，新曜社，2018年）
『吉見俊哉論』（共著，人文書院，2023年）
Ⅲ-14
紙からデジタルになっても，馬券が当たる確率は変わりません。それが歴史を知り，社会を知るということです。

高野光平（こうの・こうへい／1972年生まれ）

茨城大学人文社会科学部教授
『昭和ノスタルジー解体』（単著，晶文社，2018年）
『発掘！歴史に埋もれたテレビCM』（単著，光文社新書，2019年）
Ⅳ-5
過去から現在へ，社会がどう変わったかを学べば，現在から未来へ，社会がどう変わるかをイメージできます。

＊佐藤健二（さとう・けんじ／1957年生まれ）

東京大学執行役・副学長／未来ビジョン研究センター特任教授
『ケータイ化する日本語――モバイル時代の"感じる""伝える""考える"』（単著，大修館書店，2012年）
『真木悠介の誕生――人間解放の比較＝歴史社会学』（単著，弘文堂，2020年）
Ⅰ-1　Ⅳ-9　Ⅴ-10　Ⅵ-1　Ⅵ-2　Ⅵ-3　Ⅵ-4　Ⅵ-5　Ⅵ-6　Ⅵ-7
社会学の調査や研究では「一寸した知識」がとても役立つ。歴史社会学のハンドブックとして活用してほしい。

佐藤雅浩（さとう・まさひろ／1979年生まれ）

埼玉大学学術院大学院人文社会科学研究科准教授
『精神疾患言説の歴史社会学――「心の病」はなぜ流行するのか』（単著，新曜社，2013年）
『社会の解読力〈歴史編〉』（共著，新曜社，2022年）
Ⅰ-4　Ⅲ-5　Ⅲ-6　Ⅲ-7　Ⅳ-1　Ⅴ-6
社会学的な研究を遂行する上で，なぜ「歴史」が必要なのか，本書からヒントを得ていただければ幸いです。

塩谷昌之（しおや・まさゆき／1986年生まれ）

東京大学社会科学研究所附属社会調査・データアーカイブ研究センター助教
『趣味とジェンダー――〈手づくり〉と〈自作〉の近代』（共著，青弓社，2019年）
「東京銀座街風俗記録の方法論的展望」『現代風俗学研究』24号，2024年。
Ⅲ-8
近代以前のことばの蓄積にも，容易にアクセスができる時代が来るのを待ち望んでいます。

清水　亮（しみず・りょう／1991年生まれ）

慶應義塾大学環境情報学部専任講師
『「予科練」戦友会の社会学――戦争の記憶のかたち』（単著，新曜社，2022年）
『「軍都」を生きる――霞ヶ浦の生活史 1919-1968』（単著，岩波書店，2023年）
Ⅲ-23　Ⅲ-24
学ぶほどに歴史の悲惨さを知る貴方に，それでも「歴史は楽しくなくちゃ」（保苅実）という言葉を贈ります。

＊祐成保志（すけなり・やすし／1974年生まれ）

東京大学大学院人文社会系研究科教授
『〈住宅〉の歴史社会学』（単著，新曜社，2008年）
『コミュニティの社会学』（共編著，有斐閣，2023年）
Ⅰ-7　Ⅱ-6　Ⅲ-9　Ⅲ-10　Ⅳ-11　Ⅴ-4
社会学にとって究極のフィールドは「自分＝私」です。皆さんの興味と強みを生かしてオリジナルな歴史社会学を育ててください。

鈴木親彦（すずき・ちかひこ／1980年生まれ）

群馬県立女子大学准教授
『共振するデジタル人文学とデジタルアーカイブ』（編著

執筆者紹介 (氏名／よみがな／生年／現職／業績／執筆担当／歴史社会学を学ぶ読者へのメッセージ)　＊は編著者

（責任編集），勉誠社，2023年）
「日本中世絵巻における性差の描き分け──IIIF Curation Platform を活用した GM 法による『遊行上人縁起絵巻』の様式分析」『じんもんこん2020論文集』人文科学とコンピュータ研究会，2020年。
Ⅳ-10
デジタルアーカイブは歴史社会学を質量ともに充実させます。デジタル資料から社会を眺めてみてください。

鈴木洋仁 （すずき・ひろひと／1980年生まれ）
神戸学院大学現代社会学部現代社会学科准教授
『社会人1年目の社会学の教科書』（単著，クロスメディア・パブリッシング，2025年）
『「三代目」スタディーズ──世代と系図から読む近代日本』（単著，青土社，2021年）
Ⅲ-13
すべてのものには「歴史」があり，あらゆるものが「社会学」になります。ともにその魅力を満喫しましょう。

髙艸　賢 （たかくさ・けん／1991年生まれ）
千葉大学大学院人文科学研究院助教
『シュッツの社会科学認識論──社会の探究が生まれるところ』（単著，晃洋書房，2023年）
「戦後ドイツ社会学史の舞台としてのフランクフルト大学──経済・社会科学部の社会学者たちから見た社会研究所」『思想』1208号，2024年。
Ⅱ-1
社会学の扱う「社会」は，つねに歴史の中にあります。本書を通じて社会学の魅力が伝わったら嬉しいです。

武内今日子 （たけうち・きょうこ／1993年生まれ）
関西学院大学社会学部助教
『非二元的な性を生きる──性的マイノリティのカテゴリー運用史』（単著，明石書店，2025年）
「未規定な性のカテゴリーによる自己定位──Xジェンダーをめぐる語りから」『社会学評論』72巻4号，2022年。
Ⅲ-15
性の規範やアイデンティティの一貫性を問いなおしていく刺激的なクィア史を学ぶきっかけとなれば幸いです。

武田俊輔 （たけだ・しゅんすけ／1974年生まれ）
法政大学社会学部教授
『コモンズとしての都市祭礼』（単著，新曜社，2019年）
『コミュニティの社会学』（共編著，有斐閣，2023年）
Ⅰ-9　Ⅱ-5　Ⅲ-11　Ⅲ-12　Ⅴ-5
調査の過程で史資料を発見し，その意味や位置づけをめぐり思考する時間そのものを楽しんでください。

出口剛司 （でぐち・たけし／1969年生まれ）
東京大学大学院人文社会系研究科教授
『大学4年間の社会学が10時間でざっと学べる』（単著，

KADOKAWA，2019年）
『社会の解読力〈文化編〉──生成する文化からの反照』（共編著，新曜社，2022年）
Ⅰ-10
現在の問題意識を明確にすることが歴史という新たな世界を切り拓き，やがて歴史が現在に光をもたらします。

中筋由紀子 （なかすじ・ゆきこ）
愛知教育大学教授
『死の文化の比較社会学』（単著，梓出版社，2006年）
『社会の解読力〈文化編〉──生成する文化からの反照』（共編，新曜社，2022年）
Ⅰ-8　Ⅲ-16　Ⅲ-17　Ⅳ-6　Ⅴ-2
歴史社会学の目線に立つことで，より対象の味わいが深まることを願います。

七星純子 （ななほし・じゅんこ）
常葉大学保育学部助教
「戦後日本における食と家族の変容に関する社会学的考察──高齢者の食事サービスと子ども食堂を中心に」千葉大学大学院人文社会科学研究科，2022年。
「子ども食堂が点在する社会──食の近代家族規範からみる家族外の子どもの食の場の生成」『プロセス思想』2025年。
Ⅲ-20
日常的な営みに宿る歴史性を紐解いたとき，自身の世界が拡がりはじめることを感じてみてください。

＊野上　元 （のがみ・げん／1971年生まれ）
早稲田大学教育・総合科学学術院教授
『歴史と向きあう社会学──資料・表象・経験』（共編著，ミネルヴァ書房，2015年）
『シリーズ戦争と社会（全5巻）』（共編著，岩波書店，2021-22年）
Ⅰ-3　Ⅱ-4　Ⅲ-1　Ⅲ-2　Ⅳ-2　Ⅳ-4　Ⅳ-7　Ⅳ-8　Ⅴ-9
社会がかくある必然性と他でもありうる可能性を説明・理解・構想するのが社会学なら，やはり歴史が必要かなと思います。

林　凌 （はやし・りょう／1991年生まれ）
武蔵大学社会学部専任講師
『〈消費者〉の誕生──近代日本における消費者主権の系譜と新自由主義』（単著，以文社，2023年）
「新自由主義的『官民連携』の条件──兵庫県淡路島における地域開発の系譜から」『社会学評論』74巻4号，2024年。
Ⅲ-3
「History の一番古い用法は，出来事を歴史として語ったものという意味だった」（R. ウィリアムズ）

執筆者紹介 (氏名／よみがな／生年／現職／業績／執筆担当／歴史社会学を学ぶ読者へのメッセージ)　　＊は編著者

品治佑吉 (ほんぢ・ゆうきち／1985年生まれ)

目白大学社会学部社会情報学科専任講師
『戦後日本の社会意識論――ある社会学的想像力の系譜』(共著, 有斐閣, 2023年)
『人生と闘争――清水幾太郎の社会学』(単著, 白水社, 2024年)
Ⅲ-21
社会をみる私達の視点は, 時間的な成層をなしています。その成層の中から, あらたな社会の姿が見えてくるはずです。

馬渡玲欧 (まわたり・れお／1989年生まれ)

名古屋市立大学大学院人間文化研究科専任講師
『ヘルベルト・マルクーゼ――オートメーション・ユートピアの構想と展開』(単著, ナカニシヤ出版, 2025年)
『惑星都市理論』(共著, 以文社, 2021年)
Ⅲ-18
学部の専門が社会学ではなかった私。よくわかるシリーズのおかげで大学院に進学でき, 今の自分があります。

宮部　峻 (みやべ・たかし／1991年生まれ)

立命館アジア太平洋大学准教授
「宗教教団の改革の精神と法学の論理――真宗大谷派の『宗憲』改正過程と川島武宜の議論に着目して」『宗教研究』97巻1号, 2023年。
「宗教のリアリティを捉える――ロバート・ベラーの象徴的実在論の理論的意義」『社会学評論』75巻3号, 2024年。
Ⅲ-22
できるだけよくわかるように書きましたが, わからないところがあれば, 講義担当の先生に質問しましょう！

宮本直美 (みやもと・なおみ／1969年生まれ)

立命館大学文学部教授
『コンサートという文化装置――交響曲とオペラのヨーロッパ近代』(単著, 岩波書店, 2016年)
『ミュージカルの歴史――なぜ突然歌いだすのか』(単著, 中公新書, 2022年)
Ⅰ-2　Ⅱ-3　Ⅳ-3　Ⅴ-3
「クラシック音楽」と「ポピュラー音楽」とカテゴライズされる音楽現象の共通点と相違点を探究しています。

目黒　茜 (めぐろ・あかね／1992年生まれ)

筑波大学人文社会系助教
「花柳病予防法改正運動と『社会的なもの』――「女医」竹内茂代の果たした役割」『思想』1170号, 2021年。
'Women's Eugenics' and Takeuchi Shigeyo: Disease Prevention Strategies in 1930s Japan, 編著, *Gendering Fascism*, Brill, 2025 (forthcoming).
Ⅲ-4
過去から学び, 同じ過ちを繰り返さないようにするためにも, 歴史社会学的な研究が大切だと思っています。

米村千代 (よねむら・ちよ／1965年生まれ)

千葉大学文学部教授
『「家」を読む』(単著, 弘文堂, 2014年)
『家と子どもの社会史』(共著, 吉川弘文館, 2022年)
Ⅰ-6　Ⅲ-19　Ⅴ-8
少し長いスパンで社会を眺めることを通して, 新しいテーマと出会ってください。

流王貴義 (りゅうおう・たかよし／1981年生まれ)

東京女子大学現代教養学部准教授
『デュルケムの近代社会構想――有機的連帯から職能団体へ』(単著, ミネルヴァ書房, 2019年)
「デュルケムにとっての『社会学』――コンテキストへの着眼から見えてくるもの」『社会学史研究』45号, 2023年。
Ⅴ-5
自分の生きている時代から受けている拘束を意識するためには, 過去を媒介とした社会学的な考察が重要です。

やわらかアカデミズム・〈わかる〉シリーズ

よくわかる歴史社会学

2025年4月30日　初版第1刷発行　　　　　　　　　　　　　〈検印省略〉

定価はカバーに
表示しています

	佐	藤	健	二
編著者	野	上	元
	祐	成	保	志
発行者	杉	田	啓	三
印刷者	坂	本	喜	杏

発行所　株式会社　ミネルヴァ書房

〒607-8494 京都市山科区日ノ岡堤谷町1
電話代表 (075) 581-5191
振替口座 01020 - 0 - 8076

©佐藤・野上・祐成ほか，2025　　冨山房インターナショナル・新生製本

ISBN 978-4-623-09858-3

Printed in Japan

やわらかアカデミズム・〈わかる〉シリーズ

よくわかる社会学	宇都宮京子・西澤晃彦編著	本　体	2500円
よくわかる家族社会学	西野理子・米村千代編著	本　体	2400円
よくわかる都市社会学	中筋直哉・五十嵐泰正編著	本　体	2800円
よくわかる教育社会学	酒井朗・多賀太・中村高康編著	本　体	2600円
よくわかる環境社会学	鳥越皓之・帯谷博明編著	本　体	2800円
よくわかる国際社会学	樽本英樹著	本　体	2800円
よくわかる宗教社会学	櫻井義秀・三木英編著	本　体	2400円
よくわかる医療社会学	中川輝彦・黒田浩一郎編著	本　体	2500円
よくわかる産業社会学	上林千恵子編著	本　体	2600円
よくわかる観光社会学	安村克己・堀野正人・遠藤英樹・寺岡伸悟編著	本　体	2600円
よくわかる福祉社会学	武川正吾・森川美絵・井口高志・菊地英明編著	本　体	2500円
よくわかる現代家族	神原文子・杉井潤子・竹田美知編著	本　体	2500円
よくわかる宗教学	櫻井義秀・平藤喜久子編著	本　体	2400円
よくわかる障害学	小川喜道・杉野昭博編著	本　体	2400円
よくわかる社会心理学	山田一成・北村英哉・結城雅樹編著	本　体	2500円
よくわかる社会情報学	西垣通・伊藤守編著	本　体	2500円
よくわかるメディア・スタディーズ	伊藤守編著	本　体	2500円
よくわかるジェンダー・スタディーズ	木村涼子・伊田久美子・熊安貴美江編著	本　体	2600円
よくわかる質的社会調査　プロセス編	谷富夫・山本努編著	本　体	2500円
よくわかる質的社会調査　技法編	谷富夫・芦田徹郎編	本　体	2500円
よくわかる学びの技法	田中共子編	本　体	2200円
よくわかる卒論の書き方	白井利明・高橋一郎著	本　体	2500円

── ミネルヴァ書房 ──

https://www.minervashobo.co.jp/